Erwin Böhm

Seelenlifting statt Gesichtsstraffung

Älterwerden akzeptieren – Lebensantriebe reaktiveren

Erwin Böhm

Seelenlifting statt Gesichtsstraffung

Älterwerden akzeptieren – Lebensantriebe reaktivieren

Edition Das Narrenschiff
im
Psychiatrie-Verlag

Erwin Böhm: Seelenlifting statt Gesichtsstraffung. Älterwerden akzeptieren – Lebensantriebe reaktivieren.
2. aktualisierte Auflage, Bonn 2006
ISBN 3-88414-385-9

Bibliografische Information der deutschen Bibliothek
Die deutsche Bibliothek verzeichnet diese Publikation in der deutschen Nationalbibliografie; detaillierte bibliografische Daten sind im Internet über http://dnb.ddb.de abrufbar.

Die Edition Das Narrenschiff wird herausgegeben von
Beatrice Alder und Asmus Finzen
www.psychiatrie.de/verlag

Umschlaggestaltung: Ute Hüper, unter Verwendung einer Grafik von Detlef Kellermann, Aachen
Satz: Marina Broll, Dortmund
Druck: Clausen & Bosse, Leck

Inhalt

VORWORT

Es geht darum, das Feuer am Leben zu halten
und nicht die Asche anzubeten.
Autor unbekannt

»Sechzig Jahre und kein bisschen weise, aus der harten Schule nichts gelernt«, singt Curd Jürgens. »Wir sind alle über vierzig, haben vom Leben nichts gelernt«, oder so ähnlich singen Brunner und Brunner in einem Schlager, der auf jedem ausgelassenen Fest (natürlich von Mittelalten) gesungen wird.
Nun, natürlich sind wir alle irgendwann über vierzig, sechzig, siebzig oder achtzig Jahre alt. Vor allem merken wir das an unseren Knien, unserem Kreuz, unserem Herz, unseren Krampfadern. Alles ist ein bisschen abgenutzt, verschlissen und verbraucht. Aber kein Mensch schreibt ein Lied darüber, dass auch seine Seele über vierzig, sechzig, siebzig, achtzig Jahre alt ist; auch nicht darüber, dass gerade dieser Seele der Treibstoff ausgeht; dass es oft der Mangel an Seelentreibstoff ist, wenn unsere Beine nicht mehr wollen, wenn unser Herz nicht mehr will!
Sehr oft hat man an diesem Treibstoffmangel – ich möchte ab sofort Seelen-Nahrungsmangelzustand sagen – schon ein ganzes Leben lang gelitten. Man hat sozusagen »schleppend« gelebt, pessimistisch, depressiv eingeengt. Aber man will davon nichts wissen. Jedem ist lieber, seine Knie auf Krankenkassenkosten massieren zu lassen, in einen Kuraufenthalt zu gehen, als sich mit sich und seinen Mängeln zu beschäftigen, sich selbst seinen Seelentank wieder neu aufzufüllen. Es ist eben beängstigend, wenn man als Siebzigjähriger darauf kommt, dass man etwas versäumt hat.
Es macht Angst, Seelen-Nahrungsmangelzustände an sich selbst zu erkennen. Aus der Angst heraus beschäftigt sich der Mensch kaum mit seinen seelischen Alterskrisen und den Möglichkeiten, diese zu bewältigen. Ja, über die Midlife-Crisis wird noch ganz gerne geschrieben und geredet, die ist modern (man braucht sie und man will sie), aber über die »Latelife-Crisis«, wie ich die Alterskrise im höheren Lebensalter bezeichne, redet keiner mehr, kein Wissenschaftler, kein Politiker! Wir wollen nichts davon hören! Ist ja klar,

es betrifft ja diese Menschen auch selbst, die Wissenschaftler und die Politiker!

Die Menschen der heutigen Welt leben illusionär und visionär. Sie reden die Welt gesund, sie träumen vom Paradies. Wir reden uns gesund, statt uns gesund zu machen. Wir sind sozusagen Gesundheitsredner statt Gesundheitsmacher. Das braucht Sie nicht zu verunsichern, das ist halt so, nicht nur im Gesundheitswesen. Jeder Mensch spielt heute lieber und vergisst das Arbeiten. Der Jugendliche spielt im Internet, der Mittelalterliche spielt Entspannung im Wellnessbereich. Jeder spielt, »beschäftigt« sich am Arbeitsplatz. Das Wort Beschäftigungstherapie kommt aus der Befriedigung des Spieltriebes. Arbeiten hingegen hat den Hintergrund der Befriedigung des Leistungstriebes. Da heutzutage alle spielen wollen, verkauft man überall (auch in der Werbung) Illusionen, imaginäre Gegenstände und Gefühle, positive Einstellungen. Alles wird gesund, schön, einmalig geredet, aber nicht gemacht!

Darum will auch jede Firma Altersprodukte – Jungbrunnen – illusionär verkaufen. Das heißt natürlich auch, dass uns die Jungen am Leben lassen, solange wir Alten diese Produkte auch kaufen. Wenn wir selbst zum Kaufen zu dement geworden sind, werden wir abserviert!

- Irgendein besonderes Wässerchen für schönes Haar bei Sterbenden,
- Mineralwasser mit Sauerstoff für das demente Hirn,
- Multivitamine für Vitalität,
- Viagra für die Emotionalität,
- »Anti-Demenz-Hämorrhoidensalbe« für einen jugendlichen Po.

Das heißt, dass alles, was verkauft werden kann, beworben wird und »in« ist, uns somit auch auf Seniorenmessen angeboten wird. Wir Alten vergessen dabei aber, dass auch wir uns verkaufen. Wir verkaufen uns in und aus unserer Biografie. Biografie ist die unendliche Komödie, »ein Leben lang wichtig sein zu müssen«. Erst im Alter lernt man, dass »Wichtigsein« aus einer Mischung zwischen Weisheit und Kindlichkeit besteht. Weisheit ist ohne Kindlichkeit nicht denkbar. Der rein Intellektuelle hat zwar die Schärfe des Verstandes, er besitzt aber weder Herz noch Humor. Von allem ein bisschen zu haben, ist das Geheimnis des Lebens!

Aber alles, was nicht sein darf – also die Realität – darf auch in der Welt des positiven Denkens nicht sein:

- Da gibt es keine Alten, denen es psychisch schlecht geht!
- Da gibt es keine Rentner an der Armutsgrenze!
- Da gibt es keinen »Unversorgten«!
- Ja, da gibt es nicht einmal Missstände in Heimen!
- Der Staat hat keine unglücklichen Alten!

Für diese Zustände gibt es wirklich nichts, weil damit ja keine Geldeinnahmequelle mehr verbunden ist. Diese Alten werden versteckt und verschwiegen!

Wir Alten kommen aus einer anderen Realität als unsere Kinder. Wir wissen schon, dass nicht alles Gold ist, was glänzt, sodass uns weder die Pharma-Werbung noch die Wellness-Lockrufe verunsichern können. Wir wissen, dass wir zum alten Eisen gehören, und damit der Umgang mit uns selbst im TV verboten wird. Wie ich vor kurzem über die Zeitung erfahren habe, wurde sogar eine Sendung mit Jürgen Fliege (ARD-Sendung im Jahre 2004) mit dem Thema »Kritik in Seniorenheimen« gestoppt. Das gibt es eben nicht in einem Volk der positiven Denker!

Natürlich soll man das Thema Alte nicht nur negativ betrachten und nur Missstände aufzeigen, man muss auch – wenn man schon Missstände aufzeigt – Wege aus dem Labyrinth der Alterssituation finden und darstellen. Trotzdem ist die Wahrheit über die heutigen Alten für alle zumutbar. Dass es nicht nur Freude macht, »endlich in Pension zu sein«, ist Realität, aber ich glaube, dass es lernbar ist, »noch zu leben« und »wieder zu leben«! Dies möchte ich mit meinem Pflegemodell (für Fachpersonal), aber vor allem mit diesem Buch (für Laien) versuchen. Wie sagt doch Pfarrer Fliege immer: »Passen Sie gut auf sich auf!« Das möchte ich auch für uns erreichen. Und so ist es zumutbar, in diesem Buch über die Wahrheit zu schreiben.

Klar ist, dass der Alte, vorwiegend der psychisch auffällige Alte, seiner Gemeinde und seinen Nachbarn lästig wird. Klar ist daher aber auch, dass wir Alten uns selbst helfen müssen! »Hilf dir selbst, sonst hilft dir keiner«, heißt ein in der Altersliteratur gängiger Ausspruch. Das geht aber nicht mit dem für Senioren so üblichen Wellnesswahn. Es hilft nur ein Lebenstraining nach den Mustern aus dem schon gelebten Leben. Wir brauchen, wenn Sie so wollen, ein gefühlsmäßiges Biografieprogramm!

Heute wird der Mensch älter als seine Seele, seine Gefühlsseele verkraftet!

Viele Autoren, die über die Altersprävention schreiben, schreiben über den Körper: die Knie, das Kreuz, das Herz und sonstige Organe. Vergessen Sie aber nicht: »Solange man lebt, sei man lebendig«, und lebendig ist man, solange man am Leben bleiben will und kann. Dafür ist aber nicht unser Knie und unser Kreuz, sondern unsere Seele als Lebensenergie (Elan vitale) zuständig. Füllen sie Ihren immer leerer werdenden Seelentank mit Energie! Lernen Sie – wieder – zu leben! Geben Sie Ihrer Seele Schlüsselreize, auch wenn die Knie schmerzen!

Im Alter gehen uns die seelischen Lebensenergien zunehmend aus. Es wird eben alles langweilig, alles ist immer gleich bleibend, alles war schon einmal da. Es kommt zu einem »Losigkeitssyndrom«. Man wird, wenn man nicht auf sich achtet: humor*los*, witz*los*, gefühl*los*, trieb*los*, energie*los*, appetit*los*, schlaf*los*, stuhl*los*, hoffnungs*los*, kraft*los* usw.

Gesundes Altern heißt also, unseren Energiespeicher wieder zu füllen, wieder »aufzutanken«. Erfolgreiches Altern heißt somit, seine Gefühle wieder anzunehmen. Dies heißt auch, in der eigenen Biografie nach Lebensmustern (Schlüsselreizen) zu suchen, die uns früher erfreut haben; wie mit der Steinschleuder schießen, mit Knöpfen Fußball spielen oder auch nur einfach egoistischer zu werden, wenn man zu selbstlos war. Verbrauchen Sie Ihr Geld selbst. Sie wissen, wie das ist: Bei jeder Leichenrede war der Verstorbene immer »ein guter Mensch«! Das bleiben Sie auch dann, wenn Sie nichts mehr zu vererben haben!

Vergessen Sie nicht, dass das Rationale, das Denkhirn ab – ich sage mal ein Datum – dem fünfundsechzigsten Lebensjahr seine Bedeutung verringert, dass aber das emotionale Hirn, die Gefühlsseele an Bedeutung gewinnt. Es hat also keinen Sinn, im Alter nur die Knie, das Kreuz oder das Gedächtnis zu trainieren. Viel wichtiger ist es (damit Sie die Knie überhaupt wieder beweglich machen können), Lebensfreude zu gewinnen. Was sagen oft ältere Leute (und ich kenne das aus meiner beruflichen Erfahrung): »Was geht mich der Frühling an?, »Ein Leben lang war ich aktiv und jetzt liege ich herum wie ein alter Hund«, »Sibirien ist wärmer gewesen als das Altersheim (da hab ich wenigstens Russisch lernen dürfen)« (Felix Mitterer).

Trainieren Sie aus der breiten Palette an Möglichkeiten, die in ihnen steckt, wieder Spaß am Leben zu haben. Gehen Sie in ihrer Biografie zurück und fragen Sie sich, was Ihnen denn als Kind, als Kleinkind Spaß gemacht hat. Es ist doch unsinnig, den Menschen zu raten, sie sollen sich im Alter einen Kleingarten kaufen, wenn sie schon als Kind die Gartenarbeit gehasst haben. Suchen Sie in Ihrer Schatztruhe (frühkindliches Gedächtnis), woran sie Spaß hatten. Seit kurzem schieße ich wieder mit einer Steinschleuder, das macht mir Spaß, weil es mir als Kind schon Spaß gemacht hat. Füllen Sie ihre Seele neu mit altem Material, dann vergessen Sie, dass Sie vierzig, sechzig, oder achtzig Jahre alt sind und Ihnen das Kreuz wehtut.

Ein Witz? Es diskutieren ein Gynäkologe und ein Priester, wann denn das Leben eigentlich beginne. Natürlich sagt der Priester »Bei der Zeugung!«, der Gynäkologe aber meint: »Nein, nein, erst wenn ich das Kind heraushole!«. Die Diskussion nimmt kein Ende und so entschließen sie sich, eine alte Frau auf der Straße zu befragen. Sie finden eine und fragen sie: »Sagen sie, gnädige Frau, wann beginnt ihrer Meinung nach das Leben? Mein Freund der Gynäkologe sagt bei der Geburt, ich als Priester sage, wenn das Kind gezeugt wird.« Da meint die alte Frau: »Meine Herren, Sie haben beide Unrecht. Das Leben beginnt dann, wenn die Kinder aus dem Haus sind und der Gatte verstorben ist!«

Sehen Sie, das ist das Leben! Daher: Hören Sie nie auf anzufangen, fangen Sie nie an aufzuhören!

Wien, im Sommer 2004
Erwin Böhm

1 SEELENLIFTING – EINE EINFÜHRUNG

Der amerikanische General Mac Arthur
hatte während seines Aufenthaltes in Manila
folgende Worte über seinem Schreibtisch angebracht:
»Niemand wird nur deshalb alt,
weil er eine gewisse Anzahl von Jahren gelebt hat.
Der Mensch wird alt, der seine Ideale verleugnet.«

Die Jahre graben Runzeln in die Haut, aber diese entstehen in der Seele. Und zwar immer dann, wenn die Begeisterungsfähigkeit dahinwelkt. Nicht die Jahre, sondern Kummer, Zweifel, mangelndes Selbstvertrauen hemmen das Wachsen der Seele.
Du bist so jung wie dein *Glaube*, so alt wie deine *Zweifel*, so jung wie deine *Hoffnung*, so alt wie deine *Hoffnungslosigkeit*.
Solange unser Empfangsgerät funktioniert und Botschaften von Menschen, Erde und Himmel über Schönheit, Großherzigkeit und Kraft entgegennehmen kann, solange ist man jung. Wenn alle unsichtbaren Telegrafendrähte herabgeweht sind, dann ist man alt!
Viele älter werdende Menschen sind an ihren im Alter entstehenden Verhaltensstörungen (zumindest) mit schuld. Sie verlieren ihre Ideale, nehmen mit der Außenwelt keinen Kontakt mehr auf; sie ziehen sich sozusagen in sich selbst zurück. Damit ist schon vorprogrammiert, ob jemand im Alter ein alter Ackergaul, ein Rennpferd oder gar ein störrischer Esel sein wird. (Echte Erkrankungen sind zumindest teilweise ausgenommen.) Es ist der Umgang mit unserem eigenen Lebenslauf, der bestimmt, ob wir im Alter noch laufen oder einen »Abstellplatz«, der sich meistens Heim nennt, benötigen; ob wir Feuerstuhl oder Rollstuhl fahren.
Für Tiere ist, wie man weiß, das Altern wesentlich einfacher. Viele Tierschutzorganisationen kümmern sich um die armen alten »Hunderln«. Viele Einzelpersonen nehmen sich nach den verschiedenen Tier-Fernsehwerbesendungen, wie es etwa »Wer will mich?« war, ein Katzerl oder Vogerl mit nach Hause. Wer aber, frage ich Sie, nimmt sich einen alten Knacker oder ein böses altes Weib mit nach Hause? Für den »alten Menschen« kann noch so viel Werbung gemacht werden, den bringen wir nicht an den Mann (oder die Frau).

Die Alten braucht keiner und will keiner, außer vielleicht, und hoffen wir das für uns, wir uns selbst! Und da dies so ist, müssen wir uns selbst um uns kümmern. Wie heißt es so schön in einem Spruch: »Hilf dir selbst, sonst hilft dir keiner!«

Es ist daher wichtig, ja sogar überlebenswichtig, für sich selbst psychische Altersvorsorge, Seelenlifting, zu betreiben. Seelenlifting ist somit der Versuch, ein Leben lang am Leben zu bleiben! Was bedeutet nun diese plakative Überschrift: Seelenlifting, werden Sie sich vorerst einmal zu Recht fragen. Warum benötigt man heute im 21. Jahrhundert, in dem es doch so tolle Therapien, Therapeuten und Operationsmethoden gibt, so etwas wie Seelenlifting? Ganz einfach: Erstens weil man ihre alternde Seele nicht operieren kann und zweitens weil wir heute älter werden als dies unsere Seele verkraftet. Die meisten unserer Vorfahren sind schon lange Zeit vor ihrer eigenen Senilität oder Demenz gestorben. Früher starben die Menschen stehend, beim Arbeiten auf dem Felde oder auch am Fließband. Die Auswirkungen eines Morbus Alzheimer oder einer Hirndemenz waren für sie kein Thema; sie haben, wenn man es böse ausdrücken will, ihre eigene Hirnarterienverkalkung (oder Ähnliches) nicht mehr erlebt.

Heute betreiben die Mediziner operative, technische Medizin. Gebrochene Schenkelhälse werden verschraubt und herabhängende Halshaut wird gespannt, alte Herzen werden mit diversen »Röhrln« neu belebt. Was aber immer noch nicht beachtet wird, ist ein Frischoperierter, dessen Körper zwar lebt, der aber seelisch nicht mehr teilnimmt. Er ist ein seelisch Toter mit neuem Herzen oder Prothesen. Es stellt sich die Frage: Kann dieser Mensch nicht mehr leben oder will er nicht mehr? Es ist eine Frage der Seele, des Lebenswillens, der Lebensenergie. Das Problem des »Sehr-alt-Werdens« ist heute nicht mehr wie früher das Rheuma, die Gicht, die Herzinsuffizienz, sondern ganz banal gesagt, unsere Seele. Diese Seele ist für das Alter, das wir heute erreichen (können), nicht gemacht, nicht konstruiert!

Der Mensch wird eben älter als seine Seele verkraftet!

Sie sehen, nicht die Gesichtshaut, die Beine, das kranke Kreuz oder sonstige körperliche Mehrfacherkrankungen sind die Altersprobleme von heute, sondern das Leben an und für sich. Das schon gelebte Leben und das noch kommende Leben sind die Probleme des Alters. Somit ist das seelische Älterwerden das dringendste und zugleich verdrängteste Problem unserer Zeit.
Historisch gesehen hat sich die Medizin über viele Jahrzehnte (auch aus Geldgründen) nur mit den körperlichen Problemen auseinander gesetzt. Die Seele war (und ist noch immer) egal. Die Ursachen, warum man sich nicht mit seelischen Störungen des höheren Lebensalters beschäftigt, sind vielfältig. Unter anderem musste man sich früher in der Forschung vermehrt um die Kinder und Jugendlichen kümmern. Die Kindersterblichkeit war ein drängendes Problem. Somit hat man den Kindern und Jugendlichen logischerweise die größte Aufmerksamkeit entgegengebracht. Man hat den Alten, ja selbst den älter werdenden Menschen kaum Beachtung geschenkt. Hinsichtlich des alternden Menschen bestand sozusagen für die Forschung keine Dringlichkeit. Jene, die nicht mehr konnten, fielen maximal der privaten Wohlfahrt oder Fürsorge in die Hände, aus der sich später, als die Fürsorge in die öffentlichen Ausgaben integriert wurde und es daher auf einmal Geld gab, auch die verschiedensten Träger entwickelten. Erst in den letzten Jahren hat sich das Bild gewandelt. Aus Kostengründen wurde die Langlebigkeit statt der Kindersterblichkeit zum Problem.
Ein zweiter Grund, warum man sich früher (und auch heute noch) nicht um das Alter gekümmert hat, liegt in der affektiven Natur der Sache selbst. Viele Menschen hielten und halten den körperlichen und geistigen Verfall der Menschen für eine Naturnotwendigkeit, die man eben – ob man will oder nicht – einfach hinnehmen muss, gegen die man nichts tun kann und mit der man sich abfinden sollte (Irreversibilitätstheorie). Alles was der Mensch nur hinnehmen muss, verdrängt er, will nichts davon wissen. Er möchte so lange wie möglich nicht daran erinnert werden. Man schiebt den Gedanken an das Alter beiseite und sucht sich im Alltagsleben andere,

freundlichere Themen wie Verreisen, Wellnessprogramme oder Kulturevents. Und wenn das alles nicht möglich ist sind zum Beispiel Krankheiten, vom leichten Schnupfen bis zu operativen Eingriffen, auch Alternativen zum Thema Älterwerden.
Diese Taktiken – man könnte auch Ersatzhandlungen sagen – funktionieren auch ganz gut. Die Frage ist nur, wie lange? Viele älter werdende Menschen übersehen, verdrängen, vergessen, dass dem Staat das Geld ausgeht und somit diese Ersatzhandlungen, die viel Geld kosten, beendet werden müssen. Natürlich, solange man noch auf einer Akutstation als Frischoperierter sein Leben genießen kann, geht es einem gut. Man erfährt Zuwendung, die Krankenkasse zahlt – die Welt ist in Ordnung. Nun muss man aber, da werden Sie selbst schon draufgekommen sein, seit neuestem auch als Frischoperierter die Klinik so schnell wie möglich verlassen. Oder anders ausgedrückt, man wird in noch nicht ganz wiederhergestelltem Zustand entlassen. Das ist ganz klar, da die Spitäler seit einiger Zeit nur für die Leistung und nicht mehr für die Tage, die Sie irgendwo herumliegen, bezahlt werden. Die Klinik muss schauen, so schnell wie möglich den Nächsten operieren zu können. Das geht aber nicht, wenn Langzeitpatienten die Betten belegen.
Und sofort ist das eigentliche Altersproblem in Sicht und für den Betroffenen spürbar geworden. Wohin mit dem rekonvaleszenten Alten? In der Klinik kann er nicht bleiben, der OP-Tisch und die Betten werden gebraucht. Am einfachsten ist es, den Operierten in ein Heim zu transferieren. Dort ist der Betroffene billiger und für die Öffentlichkeit – wie man so sagt – »weg vom Fenster« untergebracht. Nun können Sie sich schon vorstellen, warum man sich so wenig um die Altersforschung bemüht. Wer will schon das Altern erforschen, wenn es ganz normal ist, ins Heim zu kommen! (Auch das Heim wird erst wieder interessant, wenn jemand dort die Missstände aufzeigt.)
Das Altern an sich wollen ja die Forscher weder erforschen noch wollen sie etwas davon hören; sie wollen ja auch nicht alt werden und sterben! (Auch Forscher sind nur Menschen, sagt man.) Daher suchen auch Altersforscher Ersatzhandlungen und widmen sich heute der Erforschung der gesunden Alten. Die daraus entstandene Wissenschaft nennt man Gerontologie. Somit ist es wieder kein

Wunder, dass fast alle Forschungsergebnisse, aber auch die damit beschäftigten Berufsgruppen wie Pädagogen, Soziologen nur in der Gerontologie zu finden sind. Sie sehen schon, es ist sehr schwer, über etwas zu schreiben oder zu reden, was keiner hören will. *Das trifft den Leser ins Herz.*

Und wissen Sie, genau das will ich mit diesem Buch! Ich möchte Sie mit diesem Buch *berühren*. Ich möchte mit dem Inhalt dieses Buches Ihre *Seele*, Ihre *Gefühle* erreichen, Sie dazu anregen, sich zu bewegen. Dies versuche ich einerseits mit einer gefühlsbetonten Sprache, andererseits mit Hinweisen auf die Realität. Ich verwende hier die harte Wirklichkeitssprache der Gegenwart und nutze die Erkenntnisse aus meiner zweiundvierzigjährigen Berufserfahrung. Ich schreibe hier nicht, wie es in beinahe allen Altersratgeber-Büchern geschieht, über Hühneraugen oder Hämorrhoiden und Ähnliches, sondern darüber, dass wir Älterwerdenden eines Tages sogar vergessen, dass wir Hämorrhoiden haben!

Nun zurück zu unserem Thema: Altern und Alter wurden erst (und damals auch nur vorwiegend körperlich gesehen) nach dem Zweiten Weltkrieg interessant und somit geschäftsfähig, pardon, ich wollte natürlich sagen, gesellschaftsfähig! Mit dem Fortschritt der Medizin hat man sich allmählich mehr um die Alten bemüht. Man operiert sie und kann sie mithilfe der technischen Medizin körperlich wieder auf Vordermann bringen. Mehr umworben werden aber die »gesunden Senioren«, die man auf Seniorenmessen und Seniorenausflügen befriedigen kann.

Auf der Strecke bleiben die »verwirrten Alten«. Für die muss ein neues, ein anderes Geschäft her. Und dieses ist den Medizinern mit der Diagnose: »Morbus Alzheimer« wunderbar gelungen. Wie aus dem Boden gestampft, entwickelte sich der Morbus Alzheimer endemisch (also überall dort, wo es genug Heime und Verwahrungsinstitutionen gibt und die Pflegeversicherung dafür bezahlt). Mit dieser Namensgebung für das Nachlassen bestimmter Hirnfunktionen entstand ein neuer Markt, auf dem sich »Alzheimervereine und -gesellschaften« ebenso tummeln wie »Warm-satt-sauber-Pflege-Institute« (siehe Glossar). Alle opfern sich plötzlich für die an diesen Krankheitssymptomen Leidenden förmlich auf! (»Weniger ist mehr« wäre auch hier gesünder!) So wird vielen Betagten oft nur aus Geschäftsgründen der Stempel der Senilität auf die Stirne gedrückt, die Menschen werden mit einem negativen Halloeffekt (siehe Glossar) belegt, befundet und diagnostiziert. Die alte Ansicht, dass Altersverblödung eine Naturgegebenheit ist, wurde somit im 20. Jahrhundert wieder eingeführt!

Ich selbst bin ein Verfechter der psychogeriatrischen Altenpflege. Ich habe den Beweis erbracht für eine rehabilitative Beeinflussbarkeit von so genannten Demenzklienten (Übergangspflege nach Böhm). Da ich zweiundvierzig Dienstjahre als Gesundheits- und Krankenpfleger in diesem Milieu zugebracht und dieses auch reformiert habe, glaube ich, mich so intensiv mit den Problemen beschäftigt zu haben, dass ich Ihnen dazu Wesentliches sagen kann. Darüber hinaus meine ich, dass eine weitere Kompetenz auch darin liegt, selbst schon alt zu sein. Außerdem habe ich auch privat viele Menschen altern gesehen. Und so kann ich jetzt in meinem eigenen Alter auf einer breiten Palette von Erfahrungen aufbauen.

Ein Leitsatz für dieses Buch ist demnach auch: »Alter für Alte – aus der Praxis für die Praxis.« Dieses Aus-der-Schule-Plaudern soll Ihnen Gedanken über das eigene Alter näher bringen und Ihnen auch Tipps geben, die Ihnen helfen können (sollten), ein lebendiges seelisches Alter zu erreichen, obwohl Kreuz und Knie schmerzen. Es ist, wenn Sie so wollen, eine Art von Lebensberatung, wie Sie mit Ihrer eigenen Seele umgehen sollten, damit Sie bis ins hohe Alter ein »Anti-Alzheimerklient« bleiben.

Ich schreibe als Zeitzeuge (also einer von gestern), der auch noch in der Gegenwart und in der Zukunft leben will, für Zeitzeugen (auch Leute von gestern), die das Gleiche wollen wie ich.

Auch mir selbst ergeht es wie Schopenhauer. Dieser hat das Phänomen »Älterwerden« mit einem Fernglas verglichen, durch das man als Junger verkehrt herum durchschaut, als Alter aber dann richtig. Es ist sehr komisch, wenn man durch dieses Fernglas richtig herum durchschaut. Plötzlich ist alles so nahe: die Pensionierung, diverse Alterserkrankungen, aber auch der Tod. Plötzlich spürt man die Angst, so komisch zu werden wie die eigene Mutter, der Nachbar oder gar der eigene Freund.

Daher dachte ich mir für mich und für Sie: Kinder, es ist Zeit zum Handeln! Denn wer nicht handelt, wird behandelt! Beschäftigen

Sie sich mit sich, lernen Sie, sich selbst auszuhalten. Gehen Sie mit mir und diesem Buch (als Vorlage) in sich. Denn wie heißt es so schön: Der Nachmittag Ihres Lebens wird anders sein als das Leben am Morgen.
Übrigens, man möge mir die vielen negativen Beschreibungen nicht übel nehmen; wen es nicht trifft, den gehen sie nichts an. Wen es aber trifft, der möge sie sich zu Herzen nehmen und nicht sein Problem auf mich übertragen.

Die ausschlaggebenden Faktoren für dieses Buch

Den Anstoß, ein Buch zum Altern zu schreiben, gab wohl unter anderem mein angeheirateter Sohn Thomas. Er sagte, obwohl ich ganz frisch mit meiner neuen Gattin Hannelore verheiratet war, zur Begrüßung und bei jeder anderen Gelegenheit »Servus Älterste« zu ihr. Damals störte mich das. Wie konnte ich nur die »Älterste« heiraten und wie kommt der junge Mann, noch dazu der Sohn, dazu, seine Mutter als die »Älterste« zu bezeichnen? Eine Frechheit! Nun, heute, als selbst »Ältester« – nämlich innerhalb der Familie – weiß ich, dass die Anrede »Älterster oder Ältester« eine Art von positiver Zuwendung ist.
Der Älteste galt bei den Römern als Primus inter Pares, als Erster unter Gleichen eines Gemeinwesens, also auch der Familie. Die Ältesten sind die, die sich mit den Stammesritualen auskennen, sozusagen die Erfahrenen, die wissen (sollten), worum es im Leben geht! Die normalen Begriffe für alte Menschen in der Wellnessgeneration heißen: Senioren, Ruheständler, Greise, Pensionisten ... auch nicht so toll, finde ich. Und in der Jugendszene gar: Grufti, Komposti und Ähnliches. Sie alle haben einen negativen Beigeschmack von Verwirrtheit, Gebrechlichkeit und damit auch einen Zusammenhang mit dem nicht mehr wirklich Brauchbaren, also dem »alten Eisen« oder dem Wohlstandsmüll.
Der Ausdruck »Älteste« hingegen trifft den Nagel auf den Kopf. Wir sind die Ältesten einer Familie, sind die, die den Grundstein für die gesamte Familienbiografie gelegt haben, auf dem sich prak-

tisch und faktisch die Familie aufgebaut hat und weiter aufbaut. Diese Ältesten können mehr oder weniger alt, mehr oder weniger verwirrt, mehr oder weniger geh- und sehbehindert sein, sie sind und bleiben eines: die Älteren und meistens auch die Eltern und Großeltern, eben Primi inter Pares. Als Bergsteiger würde ich sagen, sie sind die erste Seilschaft, die schon Veränderungen innerhalb der Familie durchlebt und durchstiegen hat. Die anderen, die Jüngeren, kommen entweder nach (der Apfel fällt nicht weit vom Stamm) oder gehen einen ganz anderen Weg. Nun gibt es Ältere, die unglaubliche Kraft besitzen und die Familienseilschaft auch noch im hohen Alter anführen können und dies (bis zum Gipfel) auch wirklich tun und andere, die schon auf halbem Wege aufgeben (in der Klettersprache gesagt: »eingehen«). Für diese »Frühausscheider« sei dieses Buch gedacht. Es soll für die Älteren, die vorzeitig aufgeben wollen (obwohl die Tour noch nicht zu Ende, die Schutzhütte noch nicht erreicht ist), eine Art Markierung, eine Weghilfe sein.

Ich kann Ihnen vorzeigen, wo der Weg verläuft, gehen müssen Sie trotzdem selbst!

Spaß macht mir heute schon die Vorstellung, dass eines Tages mein Sohn, meine Tochter, die Enkelkinder »Primi inter Pares« sein werden, und die nächste nachwachsende Generation auch zu diesen wieder »Alte« oder »Grufti« oder noch etwas Ärgeres sagen wird.

Wie Sie schon wissen, habe ich mich natürlich lange Zeit, bevor ich dieses Buch zu schreiben begonnen habe, hingesetzt und andere »Altersweisheitsbücher« studiert. Dabei musste ich immer wieder feststellen, dass die meisten Autoren solcher Bücher selbst noch nicht den Status »Älterste« zu sein, erreicht haben. Es scheint also so zu sein, dass es Autoren gibt, die jetzt schon Angst haben, alt zu werden und aus eigenen Ersatzhandlungsgründen etwas schreiben, was sie weder er- noch durchlebt haben. Diese Buchinhalte sind somit meistens für die »Ältersten« unbrauchbar. Sie liefern maximal Lebensweisheiten für das erste und zweite Drittel unseres Lebens, und das meist auch nur aus körperlicher Sicht.

Natürlich fiel mir bei meinen Nachforschungen auf, dass neben somatischen, körperlichen Ratschlägen besonders häufig Ratschläge für Gedächtnistraining – das Hirnjogging – gegeben werden. Das

bringt mich als Profi der Psychogeriatrie natürlich immer zum Lächeln oder Schmunzeln, denn ich habe in meiner langjährigen Praxis eines noch nie erlebt: dass ein Mensch, hat er den Großteil seiner Gehirnfunktionen bereits eingebüßt, erfolgreich Hirntraining machen kann.
So heißt es in fast jedem dieser Bücher, man möge doch Schach spielen lernen, Kreuzworträtsel lösen oder gar mit Plastilin basteln oder Ähnliches. Nun, das ist natürlich lustig (und manchmal sogar nicht unrichtig), aber das Problem des Alterns ist ja nicht, dass man »senkrecht: ein Vogel mit drei Buchstaben«, der ja immer derselbe ist, nicht schon längst auswendig weiß, sondern dass der Ältere (so ab der Midlife-Crisis) seine Probleme in seiner Seele, in seinen Gefühlen (und nicht in seinem Hirn) suchen und finden sollte.
Wenn Sie mir gestatten: Man muss eben als Grauhaariger beginnen, ein Weißhaariger (oder so wie ich, ein Glatzkopf) zu werden. Aus der Praxis heraus kann ich behaupten, dass alte Menschen eher das Problem von Seelen-Mangelzuständen als von Begriffsmangelzuständen haben. Viele dieser, meistens schon ein Leben lang bestehenden Seelen-Mangelzustände, die nie richtig bearbeitet, gesehen, erkannt und korrigiert worden sind, werden im Alter manifest. Sie führen dann zu einer Verhaltensauffälligkeit (allerdings meistens nur für die anderen – die Beobachter – nicht für den Betroffenen selbst). Da kann mir übrigens der Vogel mit drei Buchstaben (meistens heißt er Ara oder Uhu) auch nicht weiterhelfen.
Da hilft mir viel mehr, mich mit meinem eigenen Vogel auseinander zu setzen, mich über jenen Vogel, der mich ein Leben lang beflügelt (oder gebremst) hat, und den man in der Fachsprache Neurose nennt, zu informieren. Dieser Vogel (Neurose) führt oft erst im Alter zu unangepasstem Verhalten und kann in der Folge ein Dekompensationsgrund (ein Auslösungsgrund für ein demenzielles Syndrom) werden. Es ist ein Vogel, der in unserer Menschenseele tiefer sitzt als der an der Oberfläche unseres Gehirns (Gedächtnisspeicher) sitzende Vogel namens Ara.

Beschäftigung mit dem eigenen »Vogel«

Kennen Sie den Mann, der nie gelernt hat, das zu sagen, was er zu sagen gehabt hätte? Nämlich: »Ich heirate dich nicht«, oder wenigstens: »Wenn ich dich schon geheiratet habe, lasse ich mich jetzt von dir scheiden«. Da ist die Gattin, die das Gleiche fühlt, aber sich nicht einmal getraut, darüber nachzudenken. Sie hat ihr Leben lang ihren Vogel damit gefüttert, dass sie sich um andere statt um sich selbst gekümmert hat. Sie hat, weil sie den Gatten nicht geliebt hat, altruistische Dienste übernommen oder vier bis fünf Katzen durchgefüttert.

Zugegeben, die beschriebenen Muster haben auch meistens ganz gut funktioniert, zumindest bis zum Älterwerden; viele sogar ein Leben lang. Keiner der Menschen in diesen beiden Beispielen ist darauf gekommen, dass er oder sie unglücklich ist. Vielleicht wären ihr die Katzen bei einem anderen Partner völlig egal gewesen. Sie weiß es Gott sei Dank nicht! Keiner der beiden hat begriffen, dass die Lebenszeit vergangen ist und weiter vergeht, dass die Eigenarten des Gatten und der Gattin zunehmen und beide immer verschlossener und introvertierter und daher auch unbeweglicher geworden sind. Und sie übersieht, dass die Katzenanzahl zunimmt und die Verwahrlosung beginnt. Die bis dahin funktionierenden Lebenslügen haben standgehalten, aber nun im Alter beginnen sie zu zerbröckeln. Der Selbstbetrug fällt den beiden auf den Kopf! Sie haben sich selbst betrogen – die Lebenslüge hat sie eingeholt.

Warum, werden Sie sich fragen, vereinsamen manche Eheleute im Alter? Sie leben sich praktisch auseinander, jeder geht in seine ursprüngliche Heimat zurück. Zwei Bäume, deren Wurzeln ineinander verschlungen sind und deren Stämme eng nebeneinander stehen, können sich, wenn sie weiter in die Höhe streben, wieder voneinander trennen, der eine nach Osten (er bildet sich weiter) und der andere nach Westen (sie mag nichts Neues kennen lernen). Die Ehe ist faktisch und praktisch eine geistig-leibliche Gemeinschaft. Aber die Natur bringt es mit sich, dass die leibliche Gemeinschaft im Alter anders wird. Früher sind die beiden vielleicht durch eine Art sexuelle Faszination von der leiblichen Gestalt des anderen angezogen worden. Aber die Schönheit und die sexuelle Faszinati-

on sind verschwunden. Was bleibt? Zwei nicht zueinander passende Menschen, die man Ehepaar nennt. Wenn man die Tiefen (Wurzeln) des anderen nicht versteht, versteht man eben den anderen nicht! Solange man sich geistig anpassen kann, geht dies noch. Versagen aber alle Anpassungsrituale (keiner lässt sich scheiden, weil jeder das Haus behalten will), bleibt im Alter nur mehr ein Sich-aus-dem-Wege-Gehen, eine Vereinsamung übrig.
Mein Vorschlag: Erinnern Sie sich gemeinsam, wie toll die Liebe einmal war (auch dann, wenn sie nur technisch sexuell toll war). Wie heißt es so schön: »Die Erinnerung ist das einzige Paradies, aus dem wir nicht vertrieben werden können!« Wenn Sie sich nicht positiv erinnern, wenn Sie nicht an sich arbeiten, sondern nur Katzen pflegen und andere altruistische Aktionen setzen, werden sie eines Tages der Umgebung auffallen. Sie werden als mürrisch, multimorbid, eigenbrötlerisch, verlangsamt oder verwahrlost bezeichnet werden. Und dies natürlich nur hinter Ihrem Rücken, denn wer sagt einem so etwas schon ins Gesicht?
Plötzlich, weil Sie sich angeblich so geändert haben, wird die Umgebung feststellen, dass man diesen »Alzheimer-Patienten« nicht mehr brauchen kann – weder im Tierschutzverein noch in der Caritas. Sie sehen selbst, der Tierschutzverein entlässt nun die sich früher ach so aufopfernde Helferin und lässt sie fallen. Ja, selbst die Kirchengemeinschaft wird eines Tages die verwirrte, immer bösartiger werdende Frau entbehren können. »Na ja«, wird es im Team heißen, »wir sehen schon ein, diese Leute sind ja wirklich nicht mehr die, die sie waren, sie sind eben nicht mehr kooperativ.« Sie sind mit einem Wort unangepasst(!) und damit für die Lebenslügen der Vereinsbrüder (das sind die, die sich weiterhin noch selbst betrügen, also die so genannten Normalen) störend.
Jetzt treffen Sie wieder Ihren Vogel (aus dem Beispiel). Sie »fliegen«, fliegen raus aus dem Nest, in dem Sie sich ein Leben lang aufgehalten haben. Das biografische Traumleben ist vorbei, der Ernst des Alterslebens beginnt. Das Leben wird schwerer! Diesen Mann, diese Frau, holt erst jetzt (im Alter) ihr lebenslänglich bestehender Seelen-Nahrungsmangelzustand, unter dem sie faktisch immer schon gelitten haben, ein. Sie haben ihr Leben vertrödelt und nicht begriffen, worum es in Wirklichkeit geht! Sie haben sich ein Leben

lang selbst betrogen. (Man könnte sagen, sie haben sich selbst um das Leben betrogen.) Sie sehen, Älterwerden muss man lernen und das womöglich schon ab der Kindheit. Sie müssen sich jetzt schon fragen: Was bleibt übrig von meinen Träumen? Was kann ich im dritten Drittel meines Daseins davon noch brauchen? Gedächtnistraining, obwohl es um Gefühle geht, wohl nicht! Sobald man aus dem Tierschutzhaus, aus der Caritas rausgeflogen ist, muss man sich – was bleibt einem schon übrig – eine neue Lebenslüge (in der man seine Wichtigkeit bestätigen kann) suchen.

Man sucht in seinen Kindheitserinnerungen nach brauchbarem, bekanntem, sicherheitsgebendem »alten« Material. Einige wählen das Sammeln von Material bis zur Verwahrlosung, weil es als Kind gut getan hat, immer Kugeln im Sack zu haben. Man konnte mit anderen Kindern tauschen, sich somit beliebt machen. Andere flüchten in die körperliche Krankheit. Sie werden wichtig, weil sie mit ihrem kaputten Kreuz, dem lädierten Knie (das sie sich ja immer schon hätten behandeln lassen wollen) von einem Arzt zum anderen gehen können und nun wieder wichtig sind, weil sie schon im Warteraum dem nächsten »abgestürzten« Patienten mitteilen können, wie schlecht es ihnen geht. Einigen dieser »Abgestürzten« geht es noch schlechter, sie haben keinen Hang zu Ärzten oder zu körperlichen Erkrankungen, sie stürzen ab, indem sie aus der Welt der bewusst Teilnehmenden zum Zuschauer umsteigen, also aussteigen, sie werden (sie erscheinen) »verwirrt«. Verwirrte sind wie Menschen, die das Telefon nicht abheben. Sie sind nicht erreichbar! Diese »Aussteiger« werden dann von denen, die sie rausgeworfen haben, zur eigenen Gewissensberuhigung als, Sie wissen schon, Demente oder »M. Alzheimer« bezeichnet.

Sie sehen, dass eine kleine Veränderung im täglichen Leben genügt, um auffällig zu werden, dass eine kleine Lebensumstellung ausreicht, um die menschlichen Probleme kumulieren zu lassen. Sie können sich sicher vorstellen, dass diese Problemanhäufung eine weitere Anpassung an das moderne Leben im Hier und Jetzt behindert.

Auseinandersetzung mit dem eigenen Altern

Vor kurzem saß ich bei unserem Dorfwirt und sprach mit etlichen älteren und mehrfach erkrankten Menschen, ob sie denn einen Vorschlag hätten, wie ich mein neues Buch über das Altsein oder Älterwerden betiteln könnte. Da ich eine Art »Hardrock«-Referent und -Autor bin, schlug ich ihnen Titel als Einstiegshilfe für unser Gespräch vor. Wie es mit: »Vorwärts Grufti, es geht zurück«? oder »Jünger werden wir nicht mehr?« wäre. Nun, obwohl ich Profi bin, rechnete ich nicht mit der Reaktion, die es daraufhin gab. Alle Gesprächspartner sahen sich weder als alt noch als Grufti, alle waren entsetzt – natürlich über mich. Sie wären ja eigentlich alle in den besten Jahren, hätten Schwung und Elan und wollten vom Alter nichts wissen und schon gar nichts davon, dass die Jungen sie als Grufti bezeichnen. Sie lehnten praktisch und faktisch mehr oder weniger das Älterwerden ab und wollten nichts davon hören.
Lustig fand ich diese Reaktion, weil dieselben Alten ein paar Minuten vor diesem Gespräch eigentlich nur über ihre Erkrankungen gesprochen hatten. Sie hatten auch erzählt, was ihnen alles passiert war, als sie selbst im Spital lagen. Jeder sprach nur aus seiner Sicht über das Alt- (oder das noch Jung-)Sein. Von meiner Sicht der Dinge wollten sie nichts hören. Sie haben nicht gelernt, sich anzupassen! Sie haben nicht gelernt, das Altern anzuerkennen! Sie haben maximal akzeptiert, dass die Beine älter werden, aber – bei Gott – nicht die Seele oder gar die männliche Potenz! Es scheint also so zu sein, dass man nicht nur den Tod verdrängt, sondern schon das Wort »Altern« genügt , um eine Ersatzhandlung zu setzen und eine Aggression (in diesem Fall gegen mich) auszulösen.
Dieselbe Situation (oder wenn Sie so wollen, die finanzielle Ausnützung dieser Tatsache) spiegelt sich auch in den so genannten »normalen« Ratschlagsbüchern für werdende Alte wider. Da liest man Titel wie: »Hurra, ich bin sechzig!«, »Ab jetzt wird nie mehr gearbeitet!«, »Fit in das Alter!« und dergleichen. Daraus spricht meines Erachtens eine Art »Wellnessideologie« und »Seniorenmessen-Faszination«. Diese Bücher sind meistens von jungen Laien oder Pseudolaien geschrieben, die uns nahe legen, dass wir ab sofort alle Wellnessbereiche – natürlich für gutes Geld – benützen dürfen

und auch sollen. Es versteht sich wohl von selbst, dass die »nicht mehr anpassungsfähigen Senioren« auch hier ausgeschlossen werden. Die sollen gefälligst in einem Heim aufgehoben werden, um die Wellness- und Saunabereiche nicht zu stören. Aber ich frage Sie, stören nicht immer alle Menschen alle Menschen? Wenn man ältere Verhaltensauffällige im Wellnessbereich nicht haben will, ist es wohl so, dass man auf das Geld der »Störenfriede« nicht angewiesen ist. Wie lange noch, ist die Frage.

So war es eigentlich nur logisch (ich hätte es besser wissen müssen), dass das Wirtshausgespräch damit enden musste, dass alle Beteiligten auf mich böse waren, ja fast auf mich losgegangen wären. In der Fachsprache würde man sagen, meine Gesprächspartner haben ihre Probleme mit dem Älterwerden auf mich projiziert und mit Ablehnung (meiner Person und nicht ihres Altersproblems) reagiert. Es könnte sein, dass es mir auch mit diesem Buch so ergehen wird, aber das riskiere ich.

Nun, meine Herrschaften, so kommen wir nicht wirklich weiter! Fest steht, dass wir alle älter werden, fest steht, dass wir – ob wir es wollen oder nicht – auch alle schrulliger werden. Fest steht aber auch, dass der Mensch von der Hoffnung lebt!

- Wir warten alle noch auf das Christkind, das uns beschenken wird.
- Wir warten darauf, dass sich unsere Hoffnungen im Alter erfüllen mögen.
- Wir hoffen auf die »ewige Jugend« und darauf, keine Schmerzen haben und nicht sterben zu müssen!

Fest steht aber auch (sie haben das bei meinem Gasthausgespräch gesehen), dass wir so genannten »psychisch gesunden Alten« (das sind die, die sich noch anpassen können) auf die so genannten »schrulligen Alten« (das sind die, die sich nicht mehr anpassen können) auch keinen Wert legen.

So gesehen könnte man die Menschen in die Kategorien der »alten Alten« und der »jungen Alten« unterteilen. Die »jungen Alten« wären dann jene, die sich dem heutigen Zeitgeistphänomen noch anpassen können und wollen. Diese Gruppe steht denen gegenüber, denen diese Anpassung an »das Hier und Heute« nicht mehr gelingt. Oder jenen, die sich nicht mehr anpassen wollen (auch die soll es ja geben; es sind, wie Sie schon wissen, die Aussteiger). Dieser Generationenkonflikt, der Kampfplatz der Anpassungsfähigkeit, ist nicht, wie wir annehmen müssten, der Kampf zwischen den heute Jugendlichen und den Alten, sondern der Kampf zwischen den Grauhaarigen und den Weißhaarigen.

Nie in der Geschichte gab es diese Situation: Unsere eigenen Kinder – unsere Töchter und Söhne – sind schon grauhaarig, während wir zur Generation der Weißhaarigen gehören. Wir Weißhaarigen vergessen oft, dass die Grauhaarigen schon lange nicht mehr »Kinder« sind. Wir behandeln sie, als ob sie noch unsere Kinder wären, wir bemuttern sie, wollen gute Ratschläge geben und manchmal sogar Geld, obwohl diese uns fremd gewordenen Leute schon in einer ganz anderen Welt leben als wir. Somit gehen die Weißhaarigen den Grauhaarigen auf die Nerven und umgekehrt. Wir werden heutzutage so alt, dass die Grauhaarigen unsere Erbschaft gar nicht mehr brauchen können, wenn es soweit ist. Und das ist gut so!

Wir Weißhaarigen wollten, dass es unseren Kindern einmal besser ergehen sollte als es uns ergangen ist. Wir verwöhnten sie, beschenkten sie mit dem Freizeitkult und heute wundern wir uns darüber, wie fremd uns diese Generation ist. Von den Enkeln will ich schon gar nicht mehr reden, das würde ja ein weiteres Buch füllen. Man sollte mit zunehmendem Alter lernen, dass die Grauhaarigen die Weißhaarigen, aber auch die Enkelkinder alleine leben lassen sollten und umgekehrt! Ganz interessant zu dieser These ist mein Leben verlaufen (ich bin heute auch schon ausgemustert, sprich pensioniert). Ich bin in einer Welt aufgewachsen, in der es nur Alte gab. Alle jüngeren Menschen, vor allem die Männer waren in meiner Prägungszeit (1940–1946) im Krieg. Ich bin überzeugt, dass dies einer der Gründe ist, warum ich mit Weißhaarigen so gut umgehen kann, warum die Geriatrie mein Beruf und zugleich mein Steckenpferd geworden ist. In meiner Jugend gab es nur solche.

Die heutige Jugend bekommt komischerweise dieselben Prägungen wie ich. Wenn man heute auf die Straße geht und sich umschaut, gibt es nur Alte und Hunde! Alle anderen sitzen vor dem PC, surfen im Internet und sind auf der Straße unsichtbar. Das müsste doch bedeuten, dass die heutige Jugend mit den Alten wieder »können« wird. Sie sind uns Alte gewohnt, sie sind von uns umzingelt. Aller-

dings müssten wir Alten lernen, diese Nähe zuzulassen, lernen, die Jungen zu akzeptieren und mit ihnen mitzutun. Wir Weißhaarigen müssten uns mit den Langhaarigen und Gepiercten und nicht mit den Grauhaarigen einlassen, von jenen müssten wir Neues lernen, um hier und jetzt lebensfähig zu bleiben!
Der Inhalt dieses Buches soll (unter anderem) ein Versuch sein, Sie davon zu überzeugen, dass wir Alten auf die Jungen zugehen sollten, und mit diesem Zugehen auf die Jungen Vorbeugung (Prävention) gegen unsere soziale Isolation, also unser eigenes Alleingelassensein betreiben sollten. Das heißt, unsere Aktivität ist gefordert.

Worüber uns keiner informiert

Leider gibt es wenige Menschen, die überhaupt Interesse daran haben, Älterwerdende zu informieren, welche Chancen für ein lebenswertes, erfülltes Alter bestehen. Wer hätte denn Interesse daran, uns die Wahrheit zu sagen, ja wer könnte es? Einige, das ist ja auch nett von ihnen, informieren uns über das »Altern«, aber dabei handelt es sich lediglich um ihre *Vorstellungen* vom Altwerden. Aber, wie heißt es so schön, glauben heißt nicht wissen! Andere wieder reden nur über ihre eigenen Erfahrungen, die sie in ihrer Biografie mit sich selbst gemacht haben. Aber passen diese Erfahrungen zu den unseren?
Dann gäbe es da noch die Politiker, die uns informieren könnten. Aber da die Pflege und Umsorgung der Alten immer mehr in die öffentliche Hand übergeht, der Staat damit aber sichtlich überfordert ist, können sie uns auch nicht wirklich informieren, sonst würden sie die letzten (Altwählerstimmen) auch noch verlieren!
Haben Sie sich auch schon gefragt, ob Sie selbst in einem Altenheim landen werden? Wie hoch ist die Wahrscheinlichkeit, dass es dazu kommt? Nach meiner langjährigen internationalen Erfahrung würde ich sagen, dass sehr wenige alte und sehr alte Menschen, bezogen auf die Gesamtzahl dieser Altersgruppe, in einem Heim landen.
Die Anzahl jener Menschen, die in Institutionen wie »Betreutes Wohnen« leben, wird in der nächsten Zeit zunehmen, da das Geld

für die stationäre Pflege ausgeht. Die meisten körperlich erkrankten Alten werden zu Hause gepflegt. Die meisten psychisch auffälligen Alten werden (aus Überforderungsgründen der Betreuer) abgeschoben. Aber die meisten dieser psychisch auffälligen Alten leben alleine und ohne Betreuung.
Von den Betagten bis Hochbetagten werden in der Literatur verschiedene Angaben gemacht; durchschnittlich ergibt sich folgendes Bild:
40 % für die Umgebung unauffällig (und daher alleine lebend)
30 % von den Verwandten betreut
20 % im Heim (vorwiegend körperlich erkrankt)
10 % im betreuten Wohnen oder Tagesstätten
Das heißt, keiner informiert uns darüber, wie das Altwerden in der Zukunft aussehen wird. Sie sagen uns nichts darüber, dass in den meisten Spitälern, Heimen und sonstigen Institutionen noch immer vorwiegend »Ablagerungspflege« betrieben wird. Eine ernst zu nehmende Altersrehabilitation findet nicht statt. Rehabilitation ist – von der Krankenkasse aus gesehen – nur für Junge lohnend. Was kann einen Menschen in die Situation bringen, dass er eine rehabilitative Pflege benötigt? Viele Ursachen können dazu führen. Man nennt solche Abstürze Dekompensationen. Diese gibt es seelisch und organisch.
Organisch: eine Operation oder ein Schlaganfall; das typische »zu wenig Trinken«; die falsche Einnahme von Medikamenten; Seilbahnfahrten; Herzversagen oder Lungenerkrankungen, das Fehlen von Folsäure, Elektrolyten ...
Seelisch: Ein Todesfall in der Familie – wobei dies auch der Kanarienvogel sein kann, wenn dieser die Bezugsperson war. Viele Dekompensationen entstehen, weil man plötzlich seine Ich-Wichtigkeit nicht mehr bekommt. Eine Frau, die ein Leben lang gekocht hat, plötzlich nicht mehr kochen kann oder darf (weil sie Essen auf Rädern bekommt), dekompensiert genauso wie ein Mann, der pensioniert wird und mit seiner Pension nichts anzufangen weiß.
Damit die Bevölkerung nicht rebelliert, rehabilitiert man auch auf Kassenkosten Blinde, Schizophrene, Süchtige oder Kriminelle. Letztere bekommen, habe ich mir sagen lassen, sogar Freigang; der Alte im Heim allerdings (oft) nicht!

Von der Spitalspflege ins Heim

Natürlich werden Sie sich fragen, wie das eigentlich vor sich geht, dass man etwa nach einer Schenkelhalsfraktur und deren Nagelung oder mit dem neuen Hüftgelenk fast vom OP-Tisch herunter in einem Heim landet. (Das werden Sie ja hoffentlich schon gehört haben!) Nun, dies ist eine Geschäftssache. Die Träger (die es Barmherzigkeit gegenüber Alten nennen) »tragen« sie direkt von der Chirurgie ins Heim. Auch hier werden sie so lange »getragen« (darum nennt man diese Organisationen auch Träger), solange sie noch Geld haben, der Staat noch zahlt oder sie noch ein Haus besitzen. Zahlt keiner mehr, ist das Haus verkauft, ist auch die Barmherzigkeit meist zu Ende.
Das heißt in der Praxis, Sie werden in fast jedem Spital oder Heim von einem (gehenden Bewohner), den wir GOGO nennen wollen, zu einem nicht mehr gehfähigen Menschen, einem NOGO, gepflegt! Es ist sehr einfach, einen noch gehenden Menschen zu einem liegenden zu pflegen. Das ist nur logisch, das Spital bekommt nur für die Operation bezahlt, das Heim nur, wenn Sie schlecht gehender oder liegender Bewohner sind.

Die reizlose Umgebung

Ein Mensch lebt nur dann, wenn er genug Reize um sich und in sich hat. Vergessen Sie nicht, dass der Mensch drei Wochen ohne Nahrung, drei Tage ohne Trinken, aber keine drei Minuten ohne seelische Reize leben kann. In fast jedem Spital, Heim oder jeder sonstigen Ablagerungsstätte fallen aber beinahe alle Reize aus. Die Umgebung ist reizlos. Der Fachmann nennt dies: »Es-ist-nichts-los-Syndrom«. Die Folge ist, dass der Mensch resigniert, regrediert und sich, gefördert durch die Hotelleistungs- und Behandlungspflegesituation, auf die körperliche Ebene zurückzieht. Er lernt, dass er nur dann Zuwendung vom Personal bekommt, wenn er auffällt, wenn er laut ist, wenn er weint, wenn er bösartig ist oder wenn er Schmerzen hat und diese lautstark äußert. Manchmal soll auch das andauernde Läuten an der Schwesternglocke Erfolge ge-

zeigt haben. (Wenn sie nicht entfernt wurde, weil Sie ein Dauerläuter sind.)
Da der Alte nicht dumm ist (er hat eine emotionale Intelligenz, über die wir später noch reden werden), greift er auf die Verhaltenseigenarten zurück, die er als Kind erlernt hat. Er hat erfahren, dass er nur dann die Mutter zu Gesicht bekommt, wenn er Wirbel macht. Und so macht der Alte wieder »Tango« oder »Zores«. Er beginnt, wie früher als Kind, über sein Knie, über Schmerzen am Schenkelhals und dergleichen zu jammern oder geht in der Nacht geistern. Damit bekommt er, was er will (nicht immer, was er braucht): Zuwendung, mehr Schwestern, mehr Ärzte, mehr Leben! Manchmal geht dieses Verhalten allerdings auch ins Auge. Statt mehr Zuwendung bekommt er mehr Psychopharmaka.

Eine andere Form der Fixation ist die Arztfixation

Es ist klar, dass sich dieser Mensch nicht mehr auf das Dasein im Hier und Jetzt fixiert, sondern auf seine Schmerzen, auf seinen Blutdruck und Ähnliches. Er und seine Umgebung nehmen nur mehr das schmerzende Knie wahr, nicht das Befinden, nicht die Seele. Er fixiert sich auf sein Knie, der Arzt auch, und damit schlägt der alte Mensch das, was wir Patientenkarriere nennen ein. Er wird vom gehenden zum liegenden Patienten, vom lebenden zum psychisch toten!
Unabhängig von der Unterbetreuung der Seele kommt in heutiger Zeit auch noch die Eigenart der Verrechnung in einem Spital zum Tragen. Die Spitäler bekommen von der Krankenkasse nur mehr Geld für Sachleistungen. So ergibt die Operation Nr. 22999 (Meniskus) für das Spital eine Summe von 2.000,- Euro. Ist dieser Eingriff abgeschlossen, gibt es kein Geld mehr! Das heißt, man kümmert sich nicht mehr um Sie. Sind gerade genügend Spitalsbetten frei, muss das Spital (faktisch sich für Ihre Gesundheit aufopfernd) ein neues Leiden, eine neue Krankheit erfinden. Sie müssen irgendeine neue Krankheit bekommen. Und ich schwöre Ihnen, die lässt sich finden! Findet man bei Ihnen diese nicht, obwohl man alles durchuntersucht hat, was bezahlt wird (wie Magenspiegelung oder

Rektoskopie), verlegt man Sie in ein Heim, weil Sie als Spitalspatient zu teuer sind. Die Heimkosten sind natürlich im Vergleich zu den Spitalskosten eine Ersparnis. Der Alte wird billiger. Auch das Heim will nun verdienen, es verdient aber nur an einem liegenden Bewohner. Das heißt, der gehende, mobile Gesunde ist ein Verlust. Damit ist es kein Wunder, dass alte Patienten im Spital für die Heimpflege vorbereitet werden. Sie haben dann einen wunderbaren neuen Schenkelhals (aus Titan), nur gehen lässt Sie keiner mehr damit!

Meine persönlichen Ängste vor dem Pflegepersonal

Ich persönlich, als langjähriger Leiter von Pflegeeinrichtungen, habe ja nicht nur Angst, von einem Spezialisten zum anderen geschickt zu werden, sondern sogar vor meinem Personal, und besonders wenn ich mir vorstelle, einmal von diesem gepflegt zu werden. Eines Tages, als ich so durch meine Stationen ging, fiel mir auf, dass ich Angst bekam – Angst, eines Tages selbst hier zu landen. Allerdings war mir der Grund meiner Angst nicht sofort klar. So setzte ich mich und fragte mich, was es denn sein könnte, was mir Angst vor meinem immer jünger werdenden Personal macht? Ich dachte mir dabei, dass ich mit einer Selbstanalyse, meiner sehr gefühlsbetonten Biografie eine Erklärung finden könnte.
Ich überlegte für mich selbst, wie ich geprägt wurde, was mir (als Kind) gut getan hat, was mir jetzt gut tun würde, was meine Bedürfnisse seien. So entschied ich mich, eine Art von Mini-Biografie von mir zu erheben und stellte mir folgende Fragen:
Wie habe ich als Kleinkind gelernt, Gegenstände anzufassen?

1. Ich bin Kriegskind. Ich hatte keine Kuscheltiere. Ich streichelte auch keine Hasen oder sonstige Tiere. Die haben wir gegessen und nicht lieb gehabt und gestreichelt, meine Prägung ist also nicht auf weiches, kuscheliges Material ausgerichtet. Aber ich habe täglich auf meinen Vater gewartet, bis er von der Arbeit nach Hause kam und mir Eisenteile zum Spielen mitbrachte. Das heißt, eine meiner erste Prägungen ist: Es tut mir gut, wenn ich etwas Hartes zum Anfassen habe.

2. Auch war es so, dass mein Vater klettern ging. Da ich mich mit ihm identifizieren wollte, ging natürlich auch ich klettern. So lernte ich harte Steine anzufassen und zu lieben, das tut mir heute noch gut. Sie sehen, auch meine zweite Prägung handelt von harten Gegenständen und nicht von Blumen oder Federn oder sonstigem Bastelzeug.
3. Ein wichtiger und oft gehörter Satz meines Vaters lautete: »Handwerk hat goldenen Boden«, sodass mich handwerkliches Denken und Handeln prägte.

Ich kann somit sagen, dass viele meiner positiven Prägungen mit hartem Material zu tun hatten. Nun verstand ich plötzlich, was mich an meinen Abteilungen oder an meinem Personal störte und mir Angst machte. Bei jedem Stationsbesuch wurde mir nur durch das Sehen der Situation meine Zukunft klar. Ich sah, nein spürte, was auf mich zukommen könnte. Man wird mich eines Tages auf einer Station aufnehmen, ein zwanzigjähriges, »therapeutisch geschultes« Mädchen wird über mich herfallen und mir (ihr) Bastelmaterial in die Hände drücken und freundlich sagen: »Herr Böhm, wir machen nun aus Ton einen Aschenbecher, wir basteln.« Nun, ich persönlich kenne mich ja schon recht gut. Ich werde den Ton in die Hand nehmen und ihn der Therapeutin mit den Worten: »Mit dem Glumpert spiel ich nicht!« nachwerfen. Daraufhin wird meine Therapeutin (die ja von meiner Pension und Staatszuschüssen bezahlt wird) in meine Pflegedokumentation schreiben, dass ich verbal aggressiv sei und ihre gut gemeinten Ratschläge nicht annehme. Die Folge wird logischerweise sein, dass der Arzt mich auf Drängen des Personals ruhig stellen wird. Ich werde einige Tropfen Beruhigungsmittel bekommen und somit ruhig gestellt sein. Solch einen Vorgang nenne ich: aus einem unangepassten einen angepassten Klienten machen.

Erschreckend dabei ist, dass alle diese Vorgänge durch unser eigenes Geld finanziert werden, das heißt mit anderen Worten, dass wir Alten unseren seelischen Tod selbst bezahlen! Ich denke, dass Sie sich schon vorstellen können (das ist ja nur ein ganz kurzer Ausschnitt aus dem täglichen Leben im Heim), dass ich da nicht ganz angstfrei in die Zukunft blicken kann, dass ich mich wehren muss, um lebendig alt werden zu können.

Sie werden verstehen, dass man etwas für sich selbst und für die anderen Altersgenossen tun muss. Das war für mich ein Grund mehr, eben dieses Buch zu schreiben.
Natürlich gibt es auch anders geprägte Menschen als mich. Wenn Sie ein Leben lang gerne gebastelt haben, dann werden Sie an diesem Aspekt des Heimlebens Freude haben und das Heim ist Ihr Geld wert. Aber Sie müssen mir auch erlauben, dass ich alle anderen Menschen, die so geprägt sind wie ich, warnen muss. Denn viele Heimbedienstete – Gott verzeihe ihnen – »wissen nicht, was sie tun« und behandeln alle gleich!

Der Zeitgeist und wir Alten

Die Falten des alternden Antlitzes sind durch die Mimik in Muster gelegt. Sie bekunden, was an Sorge, Leid, an Bosheit oder Güte von den Muskeln des Gesichtes dem alten Kopfe aufgedrückt wurde und so dauerndes Zeugnis des inneren Menschen geworden ist. Ich sitze oft da und frage mich, ob ich selbst schon (und wenn ja, in welcher Dosis) altersverblödet bin, also eine senile Demenz habe? Oder ob mich der heute vorherrschende Zeitgeist nur so verblödet erscheinen lässt. Ich frage mich dann oft, ob ich mir nicht auch noch so ein Piercing machen lassen sollte? (Sie wissen ja, das sind diese eingepflanzten Eisentrümmer, welche die Jungen am Kopf oder sonst wo tragen.) Ob ich mir meine Resthaare lila färben sollte, um etwas jünger auszusehen? Ob ich doch noch lernen sollte, einen Computer zu bedienen oder ich mir gar ein Handy kaufen sollte und dauernd auf der Straße telefonieren sollte? Oder ob ich gar eine Telefonzelle mit Farbspray bunt anmalen sollte? (Ich habe gehört, da könnte man sich auch noch in Szene setzen. Dann würde mich wenigstens die Polizei suchen, wenn mich schon die eigenen Kinder nicht besuchen!)

Ich weiß nicht, ich weiß nicht, bin ich blöd oder die heutige Zeit?

Frage über Frage. Ist man alt – ist man nicht alt? Ist man Senior oder ist man schon Grufti? Ist es der Zeitgeist oder ist es mein Hirn? Bin ich schon ein Alzi? In dieser oben erwähnten Stunde, in der ich meine eigene Person und Psyche befragte, fiel mir ein Brief in die Hände und ich muss zugeben, der hat mir persönlich weitergeholfen. Dieser Brief wurde von einem älteren Herrn aus Deutschland anlässlich einer Heimeröffnung in seiner näheren Umgebung an dieses Heim geschrieben. Herr Felix schreibt: »In unserer näheren Umgebung hat heute ein Seniorenheim seine Pforten geöffnet. Alle freuen sich (angeblich)! Sie laden voller Freude mich und meine Gattin zu einem Tanzabend am Tag der offenen Tür ein. Aber ich frage Sie: Wer will schon tanzen, wenn er so wie ich eine Gattin zu Hause hat, die (angeblich) an einem M. Alzheimer leidet? Wer will schon im Pensionistenheim tanzen mit einer Gattin, die ihn Tag und Nacht mit ihren Wahnvorstellungen quält und nicht schlafen lässt? Wenn es denen, die uns helfen wollen, ernst wäre, dann würden sie doch eine Fachschwester schicken, die mit meiner Frau und deren Paranoia umgehen könnte, aber mich doch nicht zum Tanz einladen. Ich kann daraus nur schließen, dass diese Leute Nichtfachleute sind oder dass sie es nur auf mein Geld abgesehen haben. Die wollen, wie man so sagt, anscheinend nur gesunde Alte ausnützen, aber keine Kohlen für sie aus dem Keller holen.«
Ich denke, dass dieser Brief nur einen geringen Teil unserer heutigen Altersfürsorge-Ideologie widerspiegelt. Aber er hat meine eigene Angst, ich sei verblödet, sehr gemindert! Denn offensichtlich ist der Zeitgeist der Anbieter mehr verblödet als meiner. Aber glauben Sie ja nicht, dass der Zeitgeist nur in der Altenpflege verblödet ist, er ist es überall. Ich kaufte mir vor kurzem ein neues Auto. Laut Prospekt hat die Firma Qualitätskontrollen, Qualitätszertifikate und einen Schauraum wie ein aseptischer Operationssaal. Da mir schon bei der ersten Ausfahrt eine Schraube verloren ging, fuhr ich in die »Qualitätswerkstatt« und wollte eine solche Schraube haben. Nun glauben Sie ja nicht, dass ich diese bekommen konnte. Sie bekommen nur, was derzeit gerade auf Lager ist. Alles andere gibt

es nicht. Ich musste in mein altes Werkzeuglager (wo ich natürlich auch verrostete alte Schrauben habe) gehen und mir meine passende Schraube suchen, und das Problem war gelöst! Nicht wir Alten haben eine Schraube locker, sondern unser Zeitgeist, das heutige Zeitgeistphänomen. Es gibt eben alles, aber nur auf Hochglanzpapier und in der Werbung, nicht in der Wirklichkeit!
Altersweisheit ist, diese Entfremdung zu akzeptieren. Die heutige Zeit ist die, die es derzeit gibt (nicht die uns bekannte, die war). Die heutige Zeit ist, wie sie ist! Günstig ist es für uns Älterwerdende, die neue Zeit mit unserer Vergangenheit und Erfahrung zu mischen. Ich kann ja doch noch immer in meinen Keller gehen, mir aus der alten Schraubenlade eine Schraube raussuchen und bin fertig!
Ich denke, das ist ein gutes Beispiel, wie man Erfahrungen aus der Vergangenheit im Sinne der Altersweisheit mit der modernen Zeit mischen sollte. Eigentlich (das weiß ich erst heute) hätte mir das schon früher auffallen können, denn es ist ja völlig klar, warum Anbieter und Kunde nicht zusammenpassen und auch nicht zusammenpassen können. Die Kunden stammen aus der Brotarbeitergeneration, die jungen, so genannten Fachleute aber aus der Milchtrinker- oder Zahnspangengeneration. Wie sollen die wissen, was wir Alten brauchen? Wie sollen die wissen, was eine 14er-Schraube ist? Die haben ja nicht einmal eine Werkzeugkiste mit verrosteten Schrauben zu Hause! Die Zahnspangengeneration lebt aus dem Spieltrieb. Sie tut ihr Bestes: durch »Spielen« Geld zu verdienen! Sie sehen schon, was ich meine. Institutionen müssen, um dem heutigen Zeitgeist entsprechen zu können, auf Glanzpapier, bunt und in PC-Sprache Werbung machen. Übrigens, es war auch die Einladung des Herrn Felix zum Tag der offenen Tür auf Glanzpapier gedruckt!

Zeitgeist-Altenpflege heute

Wenn wir das Ganze auf die heutige Altenpflege umlegen, ist eines klar: Keinem Autoverkäufer ist der Käufer wichtig, wichtig ist nur der verkaufte Wagen! Auch im Altersheim scheint oft nicht der alte Mensch wichtig, sondern nur dessen Pension und Pflegegeld! Es entsteht so das Gefühl, dass man in der so genannten Fachpflege die Bewohner gar nicht will oder braucht, man braucht nur ihr Geld und so genannte »gesunde Alte«, zu denen man barmherzig sein kann. (Also: Neuwagenkäufer, aber keine Ersatzteile). Geht das Geld aus, ist auch diese Form der Barmherzigkeit beendet. Ausnahme sind natürlich die Laiendienste und die Menschen, die kostenlos pflegen. (Übrigens, auch Pfuscher haben viele verschiedene Schrauben zu Hause auf Vorrat!)

Der Neuwagenkauf scheint somit ident mit der Frage: Welche Betagte dürfen noch am Leben bleiben? Welche sind noch werbewirksam?

Werbewirksam sind:

- Der gesunde alte Klient. Das ist jener, der im Prospekt »Bewohner« heißt. Das ist jener Patient, der noch an einem Wellnessprogramm teilnehmen, in einem Heim mehr oder weniger nur wohnen, dafür aber mehr bezahlen kann als in einem Fünf-Sterne-Hotel üblich ist. Das heißt, Heime müssten eigentlich »Hostels« heißen, die Schwestern gegen Kellnerinnen und Stubenmädchen getauscht werden. Das wäre effizienter, billiger und würde uns Alte nicht somatisieren.
- Aber auch Kunden, die in ein somatisches Zentrum passen, also in Heime mit Pflegequalitätsangeboten, die Patienten mit körperlichen Gebrechen, also körperlich Schwerkranke brauchen; je liegender, desto besser!

Nur wenige Anbieter – wie die »Böhm-Häuser« – beschäftigen sich mit jenen Menschen, die durch ihr Alter bedingt seelische Verhaltensstörungen haben. Diese fallen ja einerseits den Pflegekräften »auf den Wecker« und andererseits durch den staatlichen Versorgungsrost. Übrigens, es wird Ihnen ja selbst schon aufgefallen sein, dass das so genannte soziale Versorgungsnetz immer größere Maschen bekommt. Da kann schon der eine oder andere durchfallen!

Eigenprävention

Nun, ich will zu den Trägern und den Häusern nicht so böse sein, denn einen Großteil der Schuld tragen die Alten selbst. Denn offensichtlich kümmert sich kaum ein Älterwerdender um sein eigenes älter werdendes Hirn, außer jenen noch gesunden, die Seniorenmessen besuchen; also die Wellnesssenioren. Aber auch die sind nicht auf der Messe, um sich um ihr Älterwerden zu kümmern, sondern eher um ein kostengünstiges Reiseziel zu ergattern.

Älterwerden ist eine Krise! Jede Krise soll der Entwicklung dienen! »Wenn die Menschheit nicht sämtliche Krisen ihrer Entwicklungsphasen bewältigt hätte, säßen wir heute alle noch im Urwald auf den Bäumen.« Das ist ein guter Spruch, mit dem ich Sie auf ihre eigene Vorbeugung einzustellen versuche. Natürlich ist es gar keine Frage: auch Knoblauch essen ist eine Art von Vorbeugung, doch der Knoblauch alleine macht das Kraut nicht fett. Der Knoblauch muss mit Zusatzmitteln eingenommen werden, und über diese Zusatzmittel werde ich Sie informieren. Prävention (Vorbeugung) heißt somit, auch »auf die eigene Seele aufzupassen«. Was hilft Ihnen schon die Diätesserei oder das Hautlifting, wenn sie blöd werden? Prävention heißt, eine Möglichkeit zu schaffen, der Reparaturmedizin (die nur die körperlichen Funktionen wiederherstellt) ausweichen, entkommen zu können.

Wer betreibt schon Vorbeugung, und sei es nur mit Knoblauch? Sie liebe Leser, haben mit diesem Buchkauf wenigstens selbst den ersten Schritt zur Vorbeugung getan. (Oder hat man Ihnen das Buch geschenkt?) Sie informieren sich über das »Älterwerden Ihrer eigenen Seele!« Sie informieren sich im ersten Teil dieses Buches darüber, was beim Älterwerden in Ihrer Seele vor sich geht, im zweiten Teil, was sie außer »Knoblauch essen« noch tun müssten, damit der Knoblauch überhaupt helfen könnte. Und in dem in Planung befindlichen, weiteren Buch werden wir uns um die anderen kümmern, also jene Leute, denen der Knoblauch auch nicht mehr helfen kann. Vielleicht ist das Ihr Vater, Ihre Mutter, Großmutter, oder doch gar Sie selbst? In diesem Buch werde ich aber auch aus der Schule plaudern, was Ihnen alles in einem Heim passieren kann und über das, was wir uns alle fragen: »Gehen wir nun in ein Heim

– oder bleiben wir am Leben?« Auch das Heim, Sie wissen schon, ist natürlich auf Hochglanzpapier etwas anderes als in der Realität! Ich sitze hier beim Schreiben meines Buches und höre Tag und Nacht die Werbung für den »Männer-Gesundheitstag« im Radio. Da könne man sich über alles das informieren, was Sie bekommen können, wenn Sie Prostata-Vorsorgeuntersuchungen machen lassen, den Hormonstatus erheben lassen usw. Toll! Bravo! Hut ab! Wenn ich aber selbst einen Termin bei einem Urologen möchte, muss ich mich mindestens einen Monat vorher anmelden! Sollte ich diesen Termin nicht einhalten können (ich bin ja nicht Vollpensionist, der den Arzt beschäftigen möchte, wenn der gerade Zeit hat), kann ich den nächsten Termin, ungefähr wieder in einem Monat in Anspruch nehmen! Sollten sie allerdings durch reinen Zufall einen Arzttermin bekommen, dann, ja dann müssen sie damit rechnen, »Befunde« zu erhalten. (Natürlich nur, wenn diese nicht verloren gehen.) Befunde sind Zahlen, die meistens fast gar nichts darüber aussagen, wie es Ihnen geht. Sie sehen, eigentlich geht's um nichts, vor allem nicht um Sie! So muss man also sagen: *»Kümmern Sie sich selbst um Ihr Befinden, sonst kümmert sich keiner!«*

Angehörige, die leidenden Wesen

Noch im Jahre 1979 stand als Nonplusultra der Altenpflege die körperliche Fürsorge und Beaufsichtigungspflicht sowie die sich daraus ergebende körperliche Pflege im Vordergrund. Wenn die alte Mama oder der Papa ein reines Leichentuch – ach verzeihen Sie mir den Schreibfehler – ein reines Leintuch haben, ist die Welt schon in Ordnung! Wenn bei der Besuchszeit im Heim alle liegen und alles nach Desinfektionsmittel duftet, ist man schon beruhigt. Dies führt heute noch dazu, dass die Heime für die Angehörigen, aber nicht für die Bewohner gebaut werden. Der Angehörige, der Junge, will etwas Neues aus Beton und Kunststoff; es muss alles wie in einem Nobelhotel schön und modern sein. Der Alte will etwas Heimeliges, etwas, das ihm schon in seiner Kindheit gefallen hat und das vertraut ist. Es ist für jemanden, der den Krieg erlebt hat, kein Wunder, dass er aus einem Betonhaus flüchtet, weil er glaubt, in einem Luftschutzraum zu sitzen. Aber was soll es, gebaut wird von den Jungen für die Jungen. Die vergessen bloß, dass das Heim auch abgewirtschaftet und alt ist, bis sie an der Reihe sind. Wir Alten sind nur zufällig da oder eben wie viele auf der Flucht, »raus aus diesem Bunker«!

Man befolgte bis ungefähr 1979 die Grundsatzlehre der Irreversibilitätstheorie, die besagt: »Alle Altersveränderungen, auch die der Seele, sind nicht mehr gutzumachen, ja vermehren sich sogar mit der Zunahme des Alters!« Dass heißt, dass alte Menschen zunehmend und unausweichlich körperlich gebrechlicher und psychisch dümmer werden. Das bedeutete für die Praxis der Pflegeträgerverbände und der Politiker, noch mehr »Ablagerungsstätten« (Heime) zu bauen und dann die Alten in diese modernen, meist aus Beton und Glas errichteten »Ausgedinge-Häuser« im Sinne einer »Warm-satt-sauber-Institution« abzulagern. (»Und Ruhe ist in der Hütte!«)

Man wusste es nicht besser; die Verwandten, die Pflegepersonen und Träger waren (und sind) zufrieden. Ihr schlechtes Gewissen war beruhigt. Seit 1979 sollte aber eine so genannte rehabilitative Altenpflege betrieben werden! Das heißt, dass auch geistig-seelisch auffällige Alte rehabilitativ therapiert (und nicht »betreut«) werden sollten. Das ist das Jahr, in dem ich begonnen habe, Menschen in ihr altes Zuhause rückzuführen (Reversibilitätstheorie). Inzwischen ist dies mit weit über 12000 Menschen gelungen.

Die Heime sollten nicht mehr nur zum Aufheben, sondern zum Aufleben dienen! Theoretisch und praktisch sollte nicht der Körper, sondern die Seele das Maß aller Dinge sein. Am schönsten wäre natürlich eine Mischung, die man »Ganzheitlichkeit« nennt: die Seele, den Geist und den Körper sowie dessen Umgebung zu pflegen. Aber wer zahlt das schon, frage ich Sie?

Wer ganzheitlich pflegt, muss früher oder später auf die Idee kommen, dass Pflegeheime, Spitäler oder sonstige soziale Dienste auch für die Rehabilitierung der Klienten, das heißt, ihre Rückführung in ihr Milieu zuständig sind. (Übergangspflege nach Böhm: Betagte Klienten sollten nicht zum Ableben, sondern zum Aufleben in ein Heim kommen.)

Sie sehen, nicht die Alten sind Kasperln, sondern die Welt an sich ist ein Kasperltheater und dies vollkommen unabhängig von den

Generationen! Lustig, nein eigentlich traurig, ist: dasselbe Kasperltheater, das im normalen Alltag abläuft (Sie wissen schon: kein Autohändler hat eine 14er-Schraube), läuft auch in der somatischen, körperlichen Szene ab. Auch bei den Ärzten steht die Behandlung der Krankheit und nicht die Behandlung des Kranken im Vordergrund.

Das Befinden oder der innere Schweinehund im Alter

In jedem Menschen sitzen sozusagen mehrere Seelen und oft bekämpfen diese einander. So möchte ich nach dem Mittagessen gerne eine Zigarette rauchen oder mich etwas ausruhen. Wenn ich aber rauche, bekomme ich ein schlechtes Gewissen – Sie wissen schon, wegen der Gesundheit – also muss ich gleich nach der Zigarette Rad fahren (oder Knoblauchkapseln essen), um das schlechte Gewissen in den Griff zu bekommen. Würde ich mich niederlegen, dürfte ich nur wenig essen, weil ich nichts verbrauche und dies gesundheitsschädlich wäre, ich könnte maximal Salat essen und dann liegen gehen. Wenn meine Gattin zu Hause wäre, könnte ich essen und hernach Sex haben. (Das verbraucht angeblich auch Kalorien und ist gesund.) Die ist aber nicht da, die ist gerade in einem Turnkurs (schade). Ich sage Ihnen, mir ist Essen und Rauchen und hernach Rad fahren lieber! Da hab ich wenigstens drei Genüsse, solange ich noch lebe. À la longue geht es in unserem Leben doch nur um eines: um die Mitwirkung beim Kasperltheater, das sich in Summe eben Leben nennt.

So lange man lebt, sei man lebendig! Man lasse sich weder von seinem Arzt noch von seinen Verwandten davon abhalten!

Natürlich habe ich, bevor ich das Buch zu schreiben begonnen habe, gründlich recherchiert. Ich habe sogar Jugendliche über diesen modernen Senioren-Wellness-Werbewahn befragt. Die fast logische Antwort war eindeutig. Fast alle Jugendlichen sagten, dass wir Alten doch mehr positiv denken sollten! Sie sehen, sie müssen sich ihre Medikamente selbst machen. Diese Medikamente heißen: Lebe, solange du leben möchtest, lebe, solange du leben kannst! Erwarten Sie in diesem Buch also keine Angabe über Medikamente, die wie ein Jungbrunnen wirken. Erwarten Sie sich eher Medikamente, die in Ihnen selbst erzeugt werden können!

Die Biografie als Therapie

Diese, uns am Leben haltende Medikation nenne ich thymopsychische Biografie (thymogen bedeutet: durch Gemütsbewegung veranlasst). Streng genommen ist es nur Ihr eigenes gelebtes Leben, das sie entweder weiter am Leben erhält oder Sie umbringt. Die eigene Gefühlsbiografie (also unser Leben gesamt gesehen) lässt uns nicht nur weiterleben oder bringt uns um, sie kann auch unsere eigenen spezifischen Symptome (Probleme) im Alter ausmachen. Wir erzeugen uns (könnte man sagen) unsere Symptome selbst! Unsere eigene Biografie führt uns zu unseren eigenen, streng spezifischen Altersauffälligkeiten, die der Fachmann als »Demenzen« oder als »Verwirrtheiten« bezeichnet.
Lebensbiografien sind Krisenbiografien. Krisen geben die Chance zur Entwicklung oder zur Dekompensation. (Letzteres ist: das Sich-nicht-mehr-anpassen-Können.) Sie alle wissen ja aus eigener Erfahrung, dass wir uns immer weiterentwickeln. Der Mensch geht von einer Entwicklungskrise in die nächste. Alle haben denselben Sinn, nämlich sich zu entwickeln. Wir entwickeln uns vom Geburtstrauma ausgehend von Trotzphase zu Trotzphase bis hin zur letzten Trotzphase, nicht sterben zu wollen. Über die kindliche Trotzphase, die Pubertät, die philosophische Krise geht es in die Midlife-Crisis und schließlich in die Latelife-Crisis. Jede dieser Krisen führt zu dem Gefühl, »sich überhaupt nicht mehr auszukennen«, »die Welt nicht mehr zu verstehen« und zur Notwendigkeit einer Neuorientierung. Sollte keine Neuorientierung (Anpassung) erfolgen, ist die völlige Desorientierung nahezu eine Dauererscheinung.
Jeder Mensch sollte sich frühzeitig die Frage stellen: »Was hilft mir, mit der Alterskrise besser fertig zu werden?« Natürlich ein erweitertes Wissen um die Dinge und natürlich, wer sagt es, der Knoblauch (die Prävention)! Nur wer vollkommen begreift, wie die eigenwillig (erscheinenden) Verhaltensweisen alter Menschen zustande kommen, kann sie akzeptieren. Nur wer erfasst, dass der körperli-

che und seelische Umkehrprozess auch bei durchaus gesunden Senioren automatisch zu charakteristischen Veränderungen führt, hat Verständnis. Nur Verständnis führt zu einem besseren Zusammenleben der Generationen. Das heißt, mehr Information an die Jugend, an die Verwandten über das seelische Altern ist erforderlich, um das Los der Alten zu verbessern und das »Zur-Last-Fallen« zu verändern.

Einige Jugendliche behaupten, dass wir Alten zu alt werden und dass sie den so genannten Generationenvertrag aufkündigen wollen. Sie haben ja nicht mit fünf oder zehn Geschwistern teilen müssen, darum müssen sie jetzt für fünf oder zehn Geschwister mit zurückzahlen. Und, auch die heute Jugendlichen haben eine hohe Lebenserwartung. Oder aber sie müssen den Spruch meiner Mutter beherzigen, der lautet: »Wer nicht alt werden möchte, muss sich rechtzeitig umbringen!«

Das ist aber schwer, möchte ich meinen! Zum Erschießen zittert man schon zu viel und schießt immer daneben. Beim Erhängen stürzt man vielleicht vom Sessel, holt sich einen Schenkelhalsbruch und dann kostet man die Öffentlichkeit noch mehr. Und das Vergiften, na ja, das ist so eine Sache, unsere Altersleber ist schon so viel gewohnt: Alkohol in rauen Mengen, alte verdorbene Lebensmittel aus der Kriegszeit. Das heißt, wir Alten wüssten gar nicht, wie viel Medikamente wir nehmen sollten, damit es wirklich klappt! Und außerdem, und das ist das Wichtigste, möchte ich Ihnen schon sagen, es würde mir um mich Leid tun, wenn ich mich umbrächte; ich war immer gut zu mir, fühle mich in mir wohl. Was soll das also, bitte!

Das war natürlich früher anders (in der guten alten Zeit). Da starb man brav mit sechzig an einer inneren Erkrankung oder gar an Altersschwäche (mit siebzig Jahren). Es standen eben die somatischen, körperlichen Probleme im Vordergrund. Viele Betagte leiden heute nicht an ihrem kalendarischen oder biologischen Alter, sondern am Bumerang-Syndrom der Medizin. Die Medizin schafft es, uns achtzig, neunzig Jahre lang – und dies manchmal sogar körperlich schwer krank – am Leben zu erhalten. Die Medizin und vor allem die Forschungsergebnisse haben es geschafft, uns ins hohe und sehr hohe Alter zu bringen und dann faktisch erst einen Morbus

Alzheimer oder besser gesagt, eine senile Demenz (nach Böhm: Verhaltensstörung) zu entwickeln. Früher starb der Mensch an plötzlichem Herzversagen, an Wasser in den Beinen und ähnlichen Symptomen.
Heute stirbt aber die Seele vor den Beinen. Jeder Mensch braucht zum Leben Energie (nicht unbedingt die Beine): *Seelenenergie – Elan vitale!* Lebensenergie ist der immerwährende Versuch, am Leben, an der Gegenwart teilzunehmen. Das bedeutet: jetzt leben, heute leben, nicht gestern und nicht vorgestern! Gegenwart heißt »jetzt«. Denn das Vergangene ist schon vergangen – die Zukunft hat aber noch nicht begonnen. Apropos Zukunft: Das gilt auch für unser Sterben, vergessen Sie nicht: »Solange wir leben, ist der Tod nicht da – wenn der Tod da ist, sind wir fort!« Also, was soll das Ganze, wir haben uns ja vor der Geburt auch nicht gefürchtet, brauchen uns demnach auch nicht vor dem Tod zu fürchten!
Daher versuche ich, so lange wie möglich »jetzt« zu leben, nicht abhängig zu werden, weder von den eigenen Kindern noch von einer Pflegeperson!
Sollte uns aus irgendeinem Grund die Energie (Elan vitale) ausgehen, nehmen wir am Leben nicht mehr teil. Wir sind dann nicht mehr lebende Menschen, sondern Menschenattrappen, Pappkameraden, liegen im Spitals- oder Heimbett herum und befinden uns in der Warteschlange zum Paradies.
Dieser Energieverlust führt dazu, dass wir uns nicht mehr bewegen »wollen«.

- Wir bewegen uns nicht mehr – wozu auch?
- Wir pflegen und baden uns nicht mehr – wozu auch?
- Wir ziehen uns keine neue Unterhose an – wozu auch?
- Wer braucht das schon im Paradies, frage ich Sie?

Da wir die Lebensaktivitäten (auch Bedürfnisse) nicht mehr benötigen, erfüllen wir uns diese auch nicht mehr selbst (es wäre ja unlogisch). Die Folge ist, es kommen die Altenpfleger und erfüllen uns die von uns nicht mehr benötigten Bedürfnisse in ihrer Dienstzeit. Man nennt diese Aufopferung (für Geld natürlich) die »Durchführung der ATL (Aktivitäten des täglichen Lebens)«. Diese Hilfestellung bei den ATL werden von der Pflegeversicherung bezahlt. Nicht bezahlt hingegen wird Leben oder Wiederaufleben, oder gar dem Leben wieder Leben zu geben (Reaktivierung), oder wenn Sie so wollen, die Rehabilitation von Betagten mit einer Altersverwirrtheit.

Na ja, wer soll denn noch daran interessiert sein, dass die Mutter, die nun endlich ein Heimbett hat, wieder zum Leben erweckt wird und vielleicht sogar wieder nach Hause gehen möchte. Wer braucht die da noch? Im Zimmer der Mutter wohnt schon das Enkelkind oder ein Hund. Auch das neue Sofa würde durch Mama nur wieder beschmutzt werden. Da ist es besser, sie bleibt im Heim und wir Verwandten schimpfen auf das Heimpersonal, wie schlecht es für so viel Geld pflegt! Wissen Sie eigentlich, dass Ihre Mutter das Heimpersonal gar nichts angeht? Wissen Sie eigentlich, dass Pflege so gesehen nichts anderes als Prostitution ist? Solange die Mama oder der Staat zahlen, bekommt sie Zuwendung, Gespräche, Schachspiel, Basteln und Ähnliches. Wenn kein Geld mehr da ist, ist eben die Bezugspflege beendet!

Sie sehen schon, dass wir Betagten uns um uns selbst kümmern müssen, oder wie würde Verona Feldbusch sagen: »Hilf dir selbst, sonst wirst du geholfen!«, oder so ähnlich. Immerhin, sagten unsere Eltern ja auch einmal im Sinne der Prügelsprache: »Dir werde ich schon helfen!«, »Wenn du böse bist, kommst du in ein Heim!«, »Wenn du nicht brav bist, stirbt die Mama!«.

Kümmere dich um dich, bevor es andere tun! Reize deine Seele selbst; gib ihr Abenteuer und Lustgefühle. Solange du lebst, sei lebendig. Unternimm Prävention gegen den eigenen Seelentod. Hör nie auf anzufangen, fange nie an aufzuhören! Sie sehen, die hauptsächlichen Fragen im Leben heißen: Hab ich noch Energie und wenn nicht, von woher bekomme ich welche? Habe ich eigentlich gelebt? Gab es für mich ein Leben vor der Senilität?

Wenn ein Hindustan-Kind geboren wird, begrüßt es der Priester mit folgenden Worten: »Mein Kind, du trittst weinend in die Welt, während alles um dich herum lächelt. Bemühe dich so zu leben, dass dereinst, wenn du die Erde verlässt, du selbst lächeln kannst, während alles um dich herum weint.« Der Hindustani, der bei seinem eigenen Begräbnis lächeln kann, hat gelebt. Seine Bilanz ist in Ordnung. Er hat alles genossen, er hat alles versucht. Er war schon überall dort, wo die armen Hascherln – die Leichenfeiergäste – erst

hin müssen! Er hofft nicht, dass sich die Erben freuen über seinen Tod, denn er hat sein Geld schon selbst verbraucht. Welch glücklicher Toter!
Sie sehen schon in der Einleitung: Es geht mir nicht um die Beschönigung des Alters, nicht um Wellness, nicht um die tolle Gesundheit mit Gesichtscremes und das richtige Mittelchen zum Einatmen aus der Aromatherapie, was man heute in ihrer Gesamtheit auch Antiaging nennt, es geht mir – und um das sollte es auch Ihnen gehen – um das Leben an sich. Diese von mir bekannte Einstellung zum Leben benötigt eine Beratung, die ich Ihnen hiermit geben möchte. Ich berate Sie in den nächsten Zeilen wie, sagen wir mal eine Art Kabarettist, aber ich schwöre Ihnen, die Realität ist noch viel ärger!

Gedanken vor der Heimaufnahme – Fibel für zukünftige Bewohner

Ich würde gerne jedem Menschen, der überlegt in ein Heim zu gehen (oder von den Verwandten dazu genötigt wird), vorher folgenden Brief mit auf den Weg geben:
Werter Patienten-Anwärter! Lieber Bewohner-Anwärter!
Sehr geehrte Frau! Sehr geehrter Herr!
Bevor Sie sich in ein Heim begeben, um sich aufnehmen zu lassen, machen Sie vorerst einmal eine Exkursion in dieses Heim. Heute gehen alle auf Exkursion. Warum nicht auch Sie als Heimanwärter? Achten sie darauf, dass Sie als Anwärter nicht in ein Heim kommen, wo Wärterinnen tätig sind. Ratsam ist es, die Exkursion mit einer Patientenvisite bei Ihrer/Ihrem zukünftigen Stationsschwester oder -pfleger zu verbinden. Alle machen Visiten, warum nicht Sie? Bei dieser Visitation kommt es darauf an, die Biografie Ihrer künftigen Betreuer zu erforschen.
Erst die Erforschung der Biografie Ihrer Pflegepersonen wird Ihnen Aufschluss darüber geben, welche Bedürfnisse Ihre zukünftigen Betreuer haben. Nach diesen, dem Pflegepersonal eigenen Bedürfnissen, werden Sie dann ja schließlich gepflegt. Das heißt, die

Bedürfnisse der Schwester/des Pflegers werden auf der Pflegedokumentation zu den Ihrigen gemacht, welche dann fachlich »Bedürfnispflege« oder »Erfüllung der emotionalen Grundbedürfnisse der Klienten« genannt werden. Das heißt, die Biografie der jeweiligen Pflegeperson, vorwiegend der Stations- oder Oberschwester, gibt Ihnen Aufschluss darüber, in welcher Form die Bedürfnisse Ihrer Oberschwester gestillt werden. Bedürfnispflege heißt, dass die Bedürfnisse der jeweiligen Pflegeperson an Ihrem Körper und Ihrer Psyche befriedigt werden müssen. Ihre zukünftige Betreuung ist also ganz abhängig von der Biografie der jeweiligen Pflegeperson. Man nennt dies (und meint den seelischen Anteil der Pflegeperson) in der pflegerischen Fachsprache: mit Empathie und Akzeptanz betreuen.

Liebe statt Hiebe: So ist besonders darauf zu achten, dass Ihre zukünftige Pflegeperson wenigstens nicht ganz ohne Liebe in ihrer Familie aufgewachsen ist; oder gar schon vier oder fünf unglückliche Liebschaften oder Ehen hinter sich gebracht hat. Sollte dies der Fall sein, dann ist es durchaus möglich, dass Sie als Gatten-, Kinder- oder Hundeersatzperson von der altruistischen Pflegeperson zu Tode gepflegt werden. Denn unsere Kollegin (sagen wir, es sei eine weibliche Pflegekraft) will nichts anderes als Liebe spenden und natürlich retour erhalten.

Würden Sie ihr immer, wenn Sie sie treffen, sagen, dass sie die liebste Schwester der Station sei und Sie unglücklich sind, da sie erfahren haben, dass sie in Urlaub geht. Sie würden dafür Zuwendung im Sinne einer überprotektiven Mutterversorgung erhalten und würden sich gut an zu Hause erinnern können. Diese Liebe würde sie Ihnen solange spenden, bis Sie bettlägerig sind.

Hautkontakt: Hernach würden Sie Betreuer benötigen, die in ihrer Biografie aufweisen, dass sie als Säugling zu wenig Hautkontakt erhalten haben; erwischen Sie so eine Schwester, kann Ihnen nichts passieren, denn sie wäscht und putzt liebend gern. (Nachholbedarf an Hautkontakt)

Brav: Wurde Ihre Betreuerin zur Folgsamkeit erzogen, werden Sie meistens mit Prädikaten wie »der war heute sehr brav«, »der war sehr angepasst«, »heute Nacht war er lieb und folgsam« beschrieben.

Fleißig: Achten Sie besonders darauf, dass Ihre zukünftigen Betreuer nicht besonders fleißig sind, denn dies ergibt sich meist daraus, dass er/sie in der eigenen Kindheit als faul geschimpft wurde. Er/sie wird versuchen, seine frühere Schimpfperson Lügen zu strafen, und ist daher besonders fleißig (in der Fachsprache als sinnloser Aktivismus bekannt) und wird versuchen, Ihnen jegliche Arbeit abzunehmen, selbst jene, die Sie noch selbst leisten könnten. Er zeigt Ihnen täglich, dass eigentlich Sie faul und unbeweglich sind, und nicht er. Ist dies der Fall, würde ich als sympathikotoner Typ [siehe Glossar] oder als Mensch, der noch lebensfähig ist (zwei gesunde Hände hat), dieses Heim nicht betreten. Wir Pflegenden wollen für Sie immer das Beste, und das Beste ist immer das Schlechteste, das man für den anderen tun kann.
Raucher: Sind Sie Raucher, müssen Sie streng darauf achten, nicht einer Gesundheitsfanatikerin in die Hände zu fallen (grüne Biografie, Kinder von Biobauern ...). Das Rauchen wird Ihnen dann eingestellt und es wird Ihnen ferner sicherlich erklärt, wie gesund es sei, nicht zu rauchen, sondern stattdessen kleine Waldspaziergänge zu unternehmen. Das heißt, wenn Sie Raucher sind, müssen Sie sich unbedingt eine Pflegestation suchen, in der auch die Stationsschwester raucht und das Rauchen an sich als Lebensqualität oder – wenn Sie so wollen – als menschliches Grundbedürfnis ansieht.
Trinken: Trinken Sie gerne ein Gläschen Wein, müssen Sie darauf achten, nicht bei einer totalen Abstinenzlerin aufgenommen zu werden oder Nachfrage halten, ob vielleicht der Gatte der Stationsschwester ein Alkoholiker ist; denn was sie zu Hause nicht schafft, nämlich dem Gatten das Trinken abzugewöhnen, wird sie bei Ihnen tun, und dies wird ihr gelingen. Sie sitzt, bedingt durch ihren weißen Mantel (Kittel), den sie trägt, am längeren Ast. Weiße Mäntel (Kittel) führen immer dazu, dass derjenige, der ihn trägt, sofort weiß, was der andere braucht oder fühlt.
Kommerzieller Typ: Wurde Ihr Verwalter zum kommerziellen Typ erzogen (aus einer Kaufmannsfamilie), dann Achtung: Sie erhalten Schonkost; diese schont vor allem die Brieftasche der Verwaltungskasse, kaum aber Ihren Magen! Für Sie wird das teuer, denn Sie müssen dann in der Anstalt Schonkost essen und sich beim Aus-

gang ein scharfes Gulasch kaufen, damit Ihr Magen wieder in Ordnung kommt.

Formalismus: Ist Ihr Verwalter aus einer Beamtendynastie, dann ist er ein Formalist, und Sie müssen, selbst wenn Sie auf das WC gehen wollen, ein Gesuch mit drei Durchschlägen abgeben.

Ganzwaschung: Kolleginnen, die streng erzogen wurden und mit der Prügelsprache: »Putz dich, setz dich, wasch dich« sozialisiert wurden, werden wahrscheinlich dazu neigen, den Genuss der täglichen Waschung über Sie ergehen zu lassen. Sollten Sie nicht denselben und absoluten körpereigenen Reinlichkeitsfimmel besitzen, flüchten Sie schon vorzeitig aus diesem Heim und suchen Sie sich ein anderes. Wurde Ihrer Betreuungsperson gleich nach jedem Essen, nach Schokolade-Genuss von der strengen Mama der Mund abgewischt, dann werden Sie nach jedem Essen eine Teilwaschung des Gesichts erfahren.

Hygieneschwester: Bei Pflegepersonen, die in ihrer Kindheit nicht mit »Matsch« spielen durften, wird Ihnen noch ärger mitgespielt, denn diese Leute stecken noch in der analen Phase und werden meistens Hygienebeauftragte.

Gesprächstherapie: Sind Sie ein nicht allzu gesprächsbereiter Mensch oder haben Sie ihr Leben lang nicht viel gesprochen und hat Sie ihr Beruf auch nicht dazu veranlasst, so müssen Sie darauf achten, nicht unbedingt in ein Pflegeheim zu kommen, das als kooperativ kommunikativ verschrien ist. Sie erkennen ein solches Heim daran, dass schon bei der Pforte viele Zettel darauf aufmerksam machen, dass wieder Gesprächsgruppen, Tagesgruppen, Diavorträge stattfinden und Sie herzlich dazu eingeladen sind, ebenfalls zwei Stündchen mitzuplaudern. Positiv ist, wenn Sie verwirrt sind, denn dann haben sie Ihre Ruhe! Mit Verwirrten kann man ja schließlich nicht therapeutische Gespräche führen. Sollten Sie aber – biografisch gesehen – selbst ein Leben lang Querulant gewesen sein, dann melden Sie sich als Heimbeirat und Ihr Lebensabend ist gesichert.

Essen: Fragen Sie bei Ihrer zukünftigen Stationsschwester nach, welches ihre Lieblingsspeisen sind, denn sollten Sie etwa ein Zuckergoscherl sein und trotzdem Diabetes haben, kann es schon vorkommen, dass das Pflegepersonal, welches gerne Fleisch isst, Ihnen jegliche Süßigkeit verbietet, und Sie dann gezwungen sind, sich Ihre

Naschereien heimlich einzuschleusen. Ihre Pflegepersonen sind jung, sie sind in der Freizeitgesellschaft groß geworden. Hunger und Durst ist ihnen – emotional gesehen – nicht bekannt. Denken Sie daran, denn es wird Ihnen, als von der Kriegszeit geprägtem Menschen, kein Pfleger abnehmen, dass Sie Ihr kaltes Nachtmahl von gestern aus Angst vor Hungersnot im Nachtkästchen aufheben. Man wird Sie viel mehr belächeln oder als Schweinderl bezeichnen. Sie müssten ihre Notration daher woanders verstecken!

Fachspezifische Pflege: War Ihr(e) Stationsschwester oder -pfleger früher auf der Chirurgie, dann wird es wahrscheinlich vorkommen, dass Sie täglich auf Abszesse oder Furunkel abgesucht werden. Der Grundgedanke besteht darin, dass man zwar Ihre Seele nicht kennt, aber dafür weiß, wie ein Furunkel zu behandeln ist; sodass man endlich wieder einmal Zugsalbe auflegen oder die anatomische Pinzette zum Einsatz bringen kann. Sollten Sie also nicht wollen, dass in jedem Ihrer Wimmerl (Pickel) herumgestochert wird, suchen Sie sich bitte eine andere Aufenthaltsstätte für Ihren Lebensabend. War Ihre zukünftige Betreuerin früher HNO-Schwester, müssen Sie damit rechnen, dass man Ihnen täglich ins Ohr schaut, denn dann ist natürlich das Ohr das wichtigste Organ. (Prägung ist Prägung, und was man kann, das kann man!)

Nachholgeneration: Besondere Vorsicht ist bei den vierzig- bis fünfzigjährigen Stationspflegepersonen geboten, da dies jene Generation ist, die an Nachholbedürfnissen leidet. Das heißt in praxi: gerade dieses Heim wird mit wunderschönen, tiefliegenden Fauteuils ausgestattet sein. (Sie werden sich niedersetzen und aus diesen Sesseln nie mehr herauskommen). Auch die Innenarchitektur dieses Heimes wird Sie eher an ein Museum als an eine Stätte der Geborgenheit erinnern. Denn das, was wir nicht hatten, meint das Personal, soll wenigstens Ihnen zu Gute kommen! Natürlich auf Gemeindekosten, das ist klar. Erkennungszeichen solcher Institutionen ist, dass gerne »Offene-Tür-Tage« gemacht werden, an denen gezeigt werden soll, »was sie alles haben«, nicht, »was sie alles können«. Denn meistens können sie außer Ausfüllen von Anforderungsscheinen nichts, sonst müssten sie nicht mit Möbeln kompensieren!

Die normale Person: Sie sollten auch nachfragen, ob Ihre zukünftige Schwester überhaupt Schwester werden wollte. Sollte der Beruf hoffentlich keine Berufung, sondern ein reiner Zufallstreffer sein, also, wollte Ihre Stationsschwester eher Straßenbahnfahrerin oder Taxilenkerin werden, aber diesen Beruf nicht erlernt haben, also durch reinen Zufall Schwester sein, dann glaube ich, liegen Sie in diesem Heim richtig! Sie werden einem normalen Menschen begegnen, der einen normalen Umgang mit Ihnen pflegt.

Zeichen- und Maltherapie: Besondere Vorsicht ist in Heimen geboten, in denen sehr viel para-medizinisches Personal beschäftigt wird. Sollten Sie also nicht unbedingt zeichnen wollen, sich in diesem Heim aber vier oder fünf Maltherapeutinnen aufhalten, müssen Sie das Heim mit besonderer Vorsicht betrachten. Denn es wird ihnen »Malen« angeboten werden. Sollten Sie aber gar zeichnen können und wollen, so kann es Ihnen widerfahren, dass Sie nicht mehr entlassen werden, weil die Zeichentherapeutinnen unbedingt Ihre gigantische Zeichnerei zu ihrem Weiterleben benötigen. (Fachlicher Einwand: Immer wenn ein so genanntes Programm angeboten wird, erhöhen sich die Aufenthaltstage automatisch.)

Hart oder weich, das ist hier die Frage: Kommen Sie aus einem Metall verarbeitenden Beruf (Prägung: Umgang mit hartem Material), so sei im Grunde genommen vor Ergotherapeutinnen gewarnt, die ihr Hauptaugenmerk auf Plastilin oder weiches Material gerichtet haben. Es kann Ihnen passieren, dass Sie Tag und Nacht Aschenbecher aus Ton anfertigen müssen, die Ihnen dann zu Weihnachten wieder zum Ankauf angeboten werden.

Milieusprache: Sollte Ihre zukünftige Stationsschwester denselben Dialekt sprechen wie Sie, also nicht in hochdeutscher Form theatralisch manieriert sprechen, dann liegen Sie wahrscheinlich goldrichtig. Das Milieu stimmt.

Redeinhalt: Sie müssen auf verschiedene Redestile Ihrer zukünftigen Pflegeperson achten. Redewendungen verraten Ihnen bei der Patientenvisite, worum es sich im Inhalt handeln könnte. Spricht eine Pflegeperson etwa davon, dass Sie »einen stillen, netten Lebensabend« in diesem Heim erleben werden, so müssen Sie darüber nachdenken, ob Sie wirklich Ruhestand haben wollen.

Sex: Sollte ihre Betreuungsperson sexuell streng erzogen worden sein, mit den Sprüchen wie: »Wenn du onanierst, fällt dir dein Spatzi ab«, dann ist klar, dass Sie sich Ihr sexuelles Verlangen im Alter an den Hut stecken können. Dann werden Sexualität oder Tagträume von schönen Frauen oder Männern als unangepasst abgetan. Dann dürfen Sie den Playboy oder das Playgirl natürlich nicht lesen, aber auch Liebschaften – und seien sie auch nur auf seelischer Ebene – nicht eingehen. Denn Futterneid ist der größte aller Neidformen. Wie kommt man wirklich dazu, allen und vielleicht sogar »glücklichen Menschen« zuschauen zu müssen? Als Ersatzhandlung könnten verbale Entgleisungen Ihrerseits zum Einsatz kommen – die oft Wunder wirken können!

Ruhe oder nicht Ruhe: Die meisten Ihrer zukünftigen Betreuer haben in der Schule noch gelernt, dass dem Betagten ein Ausgedinge oder Altenteil, also ein ruhiger Lebensabend zusteht. Diesen werden Sie besonders bei jenem Personal erhalten, wo der Vater unserer Pflegeperson schon immer wieder sagte: »Wann bin ich endlich in Pension?« Die Pflegeperson muss annehmen, dass alle alten Leute faul sind und Ruhe wollen. Das Defizitmodell, so würde der Soziologe sagen, ist bei der Betreuungsperson geprägt. Sie wird meinen, dass es vollkommen ausreicht, in Ruhe im Tagesraum zu sitzen (alleine versteht sich).

Ethisch moralische Verantwortung: Kinder die ohne Kompetenz aufgewachsen sind (siehe Biografie), werden als Betreuer glauben, dass sie für Sie verantwortlich sind. Sie werden mit Ihnen umgehen, wie mit einem unmündigen Kind. Das Ganze ist natürlich sogar gut gemeint. Denn jede Mutter (auch ohne Grundkurs) weiß, was für ihr Kind das Beste ist. Wenn Sie also nicht entmündigt werden wollen, machen Sie mit dem Heim Ihrer Wahl (und nicht das Heim mit Ihnen) einen Pflegevertrag. Vorsicht! Gerade inkompetente Menschen pochen darauf, Ihre »Verantwortung« zu tragen. Ihre Beine können Sie sich brechen, wann Sie wollen, und nicht, wann die Schwester es will!

Fach-Verantwortung: Immer mehr Pflegepersonen führen Krankenpflege per Pflegeplanung durch, das heißt, es wird für Sie das beste, maximale Aktivierungspotenzial gesucht und eingesetzt. Nach vielen Teamstunden, bei denen sich das Personal um Sie (aber ohne Sie) bemüht, wird ein Pflegeprozess ausgearbeitet. Nun halten Sie sich gefälligst daran, denn wenn Sie das Angebot nicht annehmen, ist man böse auf Sie und bezeichnet Sie im schlimmsten Fall als

unangepassten Patienten, als therapieresistenten Klienten. Diesen, sich der Hausordnung oder dem Programm widersetzenden Mitmenschen muss man natürlich mit Falli-um (in der Fachsprache Valium) zur Einsicht bewegen.
Politische Prägung: Nicht nur Sie, sondern auch das Personal hat eine politisch geprägte Geschichte. Ich bitte Sie daher, darauf zu achten, nicht mit der falschen politischen Zeitung in Ihren Händen im falschen Heim Eintritt zu verlangen.
Lieber Klient, überprüfen Sie die Biografie Ihrer zukünftigen Betreuungsperson genau und halten Sie, wenn Sie sich bei der ersten Patientenvisite nicht auskennen, eventuell eine zweite ab, oder ziehen Sie sich mit anderen betagten Klienten zu einem Konsilium zurück. Denn nichts ist schwerer zu ertragen als eine Reihe von ruhigen Tagen ... Und nichts ist anstrengender als täglich zu baden, und nichts ist lebensbedrohlicher als rundherum Sterilität.
Sollten Sie bei der Patientenvisite nicht die gewünschten Erhebungen durchführen können, ersuchen Sie die Stationsschwester um einen »differenzialdiagnostischen Ausgang« [siehe Glossar] in ein Wirtshaus. Ich glaube, dass Sie Ihre zukünftigen Betreuer (Krankenschwestern und -pfleger) nirgendwo besser kennen lernen werden als nach zwei Vierteln Wein. Ich denke, dass bei einer so schwerwiegenden Entscheidung wie einer Heimaufnahme, eine genaue Diagnose Ihrer Betreuer und eine Prognose Ihres weiteren Lebens einen, ich möchte fast sagen, überlebensnotwendigen Eingriff darstellt, der sich wirklich lohnt!
Es wünscht Ihnen einen erholsamen Ruhestand
Ihr Autor

Wenn Sie jetzt noch immer in ein Heim wollen, dann ist Ihnen nicht zu raten. Wenn Sie hingegen leben wollen, verfolgen Sie den Inhalt dieses Buches weiter. Lesen Sie ihn nicht nur, sondern leben Sie ihn!

2 ANPASSEN ODER AUFBEGEHREN: BEIDES!

»In dem Augenblick,
in dem das Kind in uns stirbt,
beginnt das Altern.«
(Francois Maurois)

Die Gemeinschaft, so sagt man, bestimmt über soziale Vorgänge in einem Staat. Somit bestimmt auch die Öffentlichkeit, wie sie mit ihren Alten umgeht und ob sie sich an die Tatsache anpassen wird, dass diese immer mehr werden. Aber auch wir Alten spielen mit, nämlich mit der Frage, ob wir uns an die anderen noch anpassen können oder wollen. Also wird die Anpassung die Zukunftsfrage innerhalb der Generationen sein.
Kein Mensch versteht den anderen, das hat nichts mit Senilität zu tun.

Ist Anpassung möglich?

Viele Jahre habe ich aus Forschungsgründen mit diversen Pensionisten- und Rentnervereinigungen Butterfahrten, Ausflüge oder wie das alles heißt, mitgemacht. Ich wollte wissen, ob sich Rentner (in Österreich: in Ruhestand getretene Arbeiter) und Pensionisten (in Österreich: in Ruhestand getretene Angestellte und Beamte) gleich oder ganz anders verhalten; ob Pensionisten oder Rentner eine für sich homogene Gruppe darstellen, oder ob sie einander (wie bei Menschen üblich) sowieso nicht verstehen. Ob sich Menschen verstehen können oder nicht, hängt direkt damit zusammen, ob ein Mensch den anderen aushält oder nicht.
In der Altersforschung wird natürlich die Frage noch diffiziler; sie lautet: Kann ein älterer Mensch einen anderen älteren Menschen (ein Weißhaariger einen Grauhaarigen) überhaupt akzeptieren? Diese Exkursionen (die ich immer mit meiner Gattin durchführte, wobei wir immer die Jüngsten waren) führten mich zu der Überzeugung, dass die Pensionisten mit den Rentnern nur sehr schwer

kommunizieren können. Beide Gruppen sind in ihrer geprägten Biografie fixiert. Die einen sind als Kinder auf der Straße groß geworden, die anderen, die Bürgerlichen, wurden mit übertriebenen Normen erzogen und mit Sicherheitsneurosen ausgestattet. Beide sprechen ein österreichisches Deutsch, aber in einer für den anderen unverständlichen Emotionssprache. Sie sprechen jeweils eine aus ihrem Milieu heraus geprägte Gefühlssprache. Beide Gruppen sind in Wirklichkeit Fremde im selben Ort. Beide Gruppen fühlen, dass der andere ein »Anderer« ist. Nun sind aber »Andere« auch immer Fremde, und Fremde machen Angst. Man weicht ihnen am besten aus. Eine Anpassung ist nur schwer möglich und würde jedem Einzelnen viel Energie abverlangen. Aber, so frag ich Sie, will man im Urlaub Energie abgeben? Nein, man will ja Energie gewinnen. Andersdenkende, Andersfühlende stellen für uns eine Arbeit, eine Anpassungsarbeit dar. (Ausnahmen bestätigen die Regel.)

Die Bürgerlichen (das sind in Österreich die Pensionisten) reisen weit, fahren in fremde Länder, in denen wir Ausländer – wie ich immer sage – gar nichts verloren haben. Sie reisen von Indien bis in die Wüste Gobi und (hoffentlich!) auch wieder retour. Sie meinen, sie hätten die Welt gesehen, erlebt und kennen nun wirklich alles bis in den letzten Winkel. Nun, die Wirklichkeit sieht etwas anders aus: Diese Pensionisten fliegen Vierstern, fahren mit einem Viersterneautobus, wohnen in einem Viersternehotel und reden am Abend in ihrer Viersternsprache, wo sie bisher schon überall waren. Sie reden oft ohne jegliche Emotionen (und manchmal auch ohne Wissen) von dem soeben vergangenen Reisetag. Sie reden gebildet in Pseudolatein und geben Wissensreste von sich, die von der Matura (dem Abitur) noch hängen geblieben sind. Das Tischgespräch ist oberflächlich und ohne Streit. Man redet eben über die Ruinen von ..., über die Kathedrale in ..., über einen wunderschönen romanischen Bogen, den man vor Jahren gesehen hat, aber nicht über die heute genossenen Erlebnisse.

Vor kurzem war ich in Lissabon; wie üblich schlossen sich uns ein paar Damen an. Wir erkundeten zu Fuß (Freizeit von den Viersternen und der Reiseleiterin) die Gegend. Plötzlich sah ich eine furchtbar schmutzige, einheimische Bar – toll! Natürlich wollte ich in diese Bar, ich wollte echtes Lissabon und seine Menschen erle-

ben. Die Damen streikten, sie gingen nicht hinein. Zu schmutzig, zu einfach, zu gewöhnlich war die Bar für sie. Man könnte auch sagen, zu einheimisch – so viel Abenteuer wollte man doch lieber nicht! Plötzlich war das Viersterne-Schutzschild, die Sicherheit beendet – das Leben hätte beginnen können.
Sie wissen, ich bin der Profi, und ich habe dabei Angst bekommen. Ich stellte mir diese Damen als Heiminsassen vor, die sich im Heim dasselbe Glücks- und Sicherheitsgefühl erwarten wie auf ihrer Viersternereise. Sie wissen aber noch nicht, was sie in der Wirklichkeit erwarten wird! Es erwartet sie kein Viersternehotel, keine Viersterne-Bedienung, sondern die harte Realität, die keiner sehen oder hören will!
Ganz anders spielten sich die Autobusreisen mit Rentnern ab. Da gab es keine tiefsinnigen Gespräche über ionische oder dorische Säulen. Was es aber gab, war viel Stimmung, Emotion, Gefühl. Da gab es keine Gespräche darüber, was wohl die alten Steine für ein Tempel waren? Da gab es eher Gespräche, ob man diesen oder jenen Pullover kaufen sollte, oder ob dieser nicht doch zu Hause billiger sei. Da gab es schon während der Busfahrt mitgebrachte, selbst gemachte Mehlspeisen und in den Pausen selbst gewärmte Würstchen. Da gab es Bier schon beim Einsteigen in den Bus. Bei der Organisation der Würstchenwärmung und -verteilung haben alle, auch die Gehbehinderten, mitgemacht. Alles hoch emotional, praktisch organisiert und voller Humor. Na ja, Kinder der Straße sind eben auf der Straße zu Hause. Da gab es keine Schwierigkeiten, in der schmutzigsten Kneipe einzukehren; eher das Problem, wo ist die nächste? Da gab es keine Berührungsängste mit Schmutz, mit zerlumpten Einheimischen. Da gab es kein sicherheitsneurotisches Denken und Fühlen. Man spürte die Arbeiterklasse – natürlich meistens eingefleischte Sozialdemokraten. Sie beleben einander. Sie betreiben in der Gruppe emotionales Hirntraining (statt dem in jedem Altersweisheitsbuch empfohlenen »noopsychischen Gedächtnistraining«). Sie leben ihre sozialistische These aus: einer für alle – alle für einen.
Sie können sich nun vielleicht vorstellen, dass diese beiden Typen einander im täglichen Leben nicht einmal begegnen, jeder ist in seinem Milieu zu Hause und bewegt sich nicht in das andere. Nur

in diesem, dem eigenen, Milieu fühlt man sich zu Hause und verstanden. Im täglichen Leben versteht keiner das Milieu des anderen. Es bleibt unbekannt. Beide Typen erscheinen für den anderen verhaltenseigenartig, aber – und das ist wichtig – nicht senil im Sinne des Wortes.

Die Reaktionen der beiden Typen sind, wenn man die Prägungen studiert, typisch. Die Bürgerlichen finden ihre Befriedigung in und mit ihrer Noopsyche (Verstand im weitesten Sinne, siehe auch Glossar). Sie haben einen Lustgewinn durch rationales Handeln und intellektuelle Beschäftigung. Sie sind im Sicherheitsdenken verankert und befinden sich auf dem Boden der noopsychischen Befriedigung. Die Arbeiter finden ihre Befriedigung mehr in der Thymopsyche (gefühlsbetont), sie leben lust-, und triebbetont, und wenn man so will, haben sie Lustgewinn im banalen Leben.

Meiner Meinung nach haben beide Typen Recht. Sie fahren durch die Welt, jeder lebt nach seiner Art, der eine mehr mit emotionaler, der andere mehr mit rationaler Intelligenz. Wenn sich schon die einen Alten an die anderen Alten nicht anpassen können, kann man sich vorstellen, was herauskommt, wenn man über das Thema Alter politisiert. Der eine will Viersterneheime, der andere solide durchschnittliche Häuser; der eine wünscht chinesisches Essen, der andere Schmalzbrote mit Knoblauch. Der eine wird alles auf Sicherheit und Sterilität setzen, der andere aber auch eine leicht verwahrloste Wohnung akzeptieren können.

Wo sich beide Typen treffen könnten, ist beim Philosophieren über das Alter. Beide Typen wurden geprägt, haben gelernt, dass Alter etwas Negatives ist. Viele jetzt fünfzig- bis sechzigjährige Pensions- und Rentenanwärter sagen nach einem Heimbesuch: »Weißt du, wenn es bei mir einmal so weit ist, dann bringe ich mich lieber um!«

Wie steht nun der ältere Mensch zu sich und zum Los der anderen älteren Menschen? Hat er je gelernt, alt zu werden? Hat er das Älterwerden als Chance empfunden und genützt? So wie Bürgerliche, Bauern und Arbeiter – um nur ein paar zu nennen – von ihrer Zeit und Umgebung geprägt wurden, wurden auch die Wissenschaftler und die Moralapostel, die sich mit dem Thema Altsein beschäftigen, geprägt. Schauen wir uns nun die Prägungen, die Ansichten aus der Geschichte der Altersheilkunde an.

Irreversibilitätstheorie

Über viele Jahre wurde selbst auf Universitäten die so genannte Irreversibilitätstheorie gelehrt und Alter als kollektives Negatives gesehen. Ganz grob gesagt heißt das: Der Mensch wird immer älter und gebrechlicher an Geist und Körper. Da ist nichts zu machen, das ist naturgegeben. Diese Einstellung zum Alter wurde (und wird) von einer Generation auf die nächste Generation übertragen. Man könnte fast sagen, es handelt sich um einen kollektiven (Alters-)Negativismus. Einen solchen gab es früher auch in der Psychiatrie, und zwar in jener Zeit, in der man als Therapie vorwiegend Ruhigstellen und Aufbewahren betrieben hat. Die Psychiatriereform bewirkte viele Änderungen, unter anderem entpsychiatrisierte man Fachausdrücke (Termini): aus »Morbus Bleuler« wurde der Terminus »Borderline-Syndrom«, aus »Perverser« wurde »Fetischist«, aus dem pathologisch besetzten Wort »Neurose« eine Normalität (wer ist nicht neurotisch?). Sie sehen selbst, die Psychiatrie hat zumindest verbal entpsychiatrisiert!

Die »Entgeriatrisierung« ist uns noch nicht gelungen. Wahrscheinlich, weil fast alles, was mit dem höheren Alter der Menschen zu tun hat, negativ gesehen wird. Und wer ist daran schuld?

Vielleicht die Urvölker? In manchen Gemeinschaften der so genannten »primitiven« Völker wusste man mit den Alten nichts Rechtes mehr anzufangen. Sie wurden als überflüssige Last empfunden, konnten nicht mehr jagen und waren somit unnütze Fresser. Einige Indianerstämme entwickelten daraufhin den sozialen Frühtod, den Eigentod. Bei einigen Stämmen galt es als Liebesdienst, wenn der Sohn den Vater totschlug, sobald der Sohn merkte, dass der Alte nichts mehr kann, für nichts mehr gut ist und die Gemeinschaft nur behindert.

Vielleicht die alten Griechen? Auch im antiken Griechenland war die Gesamtbilanz des Alters negativ. Auch die alten Griechen schätzten vor allem die Jugend hoch ein. Aristoteles schildert das Alter in den schwärzesten Farben. Bei Sophokles heißt es: »Der Verstand ist erloschen, das Tun unnütz und dabei leere Sorgen.« »Auch die Götter hassen das Alter«, heißt es in einem homerischen Hymnos. Also, nur die Jugend ist Leben, Alter ist schlimmer als

Tod! Darum forderte Mimnermos den Tod mit sechzig Jahren. »So doch ohne Siechtum und quälende Sorgen sechzigjährig ereilt den die Neige des Todes.«
Interessant ist, dass dieses sozial befürwortete Frühsterben nun auch wieder von deutschen Experten diskutiert wird. Haben wir es nun mit einer Renaissance von Mimnermos-Ideologien zu tun?
Oder die Römer? In dem altrömischen Ruf: »Die Sechzigjährigen ad pontem!« (zur Brücke) klingt die Sitte nach, nicht mehr nützliche Greise kurzweg zu ertränken! Nicht jeden hat man von der Brücke gestoßen; wer noch zu etwas Nützlichem fähig war, durfte (wie heute auch) weiter leben.
Vielleicht sind die Gebrüder Grimm schuld? Auch die Wissenschaftler haben ein Altgedächtnis und die Prägungen aus den Märchen sind in diesem gespeichert. Auch sie hatten in Ihrer Kindheit Angst vor den alten Hexen aus den Märchen. Wer kennt nicht die Geschichte von der bösen Hexe, die Hänsel und Gretel auffressen will? Sie ist natürlich – wen wundert es – senil (welcher normale Mensch, frage ich Sie, frisst schon Kinder, hat Gichthände, einen gekrümmten Rücken und sonstige Mehrfacherkrankungen). In meinen Augen – ich kann mich noch gut an das Märchen erinnern – ist sie böse! Da kann es nicht verwundern, dass jedes Kind in einer alten, kranken Frau eine böse Hexe sieht.
Unabhängig von der Märchengrundlage, haben Wissenschaftler in ihrer klinischen Ausbildung vorwiegend nur alte gebrechliche Verwirrte gesehen. Mit den anderen, den so genannten »gesunden Alten«, sind sie natürlich gar nicht zusammengekommen, sodass das Altenbild des Wissenschaftlers eindeutig sein musste: Alle Alten sind schrullig, bleiben schrullig und werden immer noch schrulliger! Damit hat sich die Bezeichnung »irreversibel« zumindest in den Kliniken und Heimen bewährt. Man konnte die Betten füllen, man brauchte keine Angst zu haben, dass man das Haus zusperren muss. Man hat daher angenommen, dass alle älter werdenden Menschen einen unheilbaren, unbeeinflussbaren funktionalen Hirnschaden bekommen (dass es das auch gibt, bleibt unbestritten). Alle Alten, so sagte man, entwickeln fortschreitend eine Minussymptomatik. Sie verlieren das Interesse an der Umgebung, erscheinen nicht mehr engagiert, leiden unter Gedächtnisverlust, besitzen keine

geistige Klarheit mehr, verlieren zunehmend an Merkfähigkeit, verringern ihre Konzentration, sind kritiklos, stur ... Die logische Folge daraus: man musste die Hänsel- und Gretelfresser entfernen, bekämpfen, einsperren. Das gelang der Gesellschaft sehr gut mit der Errichtung von Siechenheimen und ähnlichen Wohlfahrtseinrichtungen.
Dieses Altersbild (von bösen Frauen) wurde im Laufe der Jahrzehnte direkt in volksnahe Aphorismen übertragen und als Erziehungsmaßnahmen (schwarze Pädagogik) weiter verbreitet.
In einer Aphorismensammlung zum Thema Alter findet man viele negative Lebensweisheiten:
Folklore:

- Das Alter bessert sich nicht.
- Zehn alte Weiber, elf Krankheiten.
- Das Alter geht vor, sagte Eulenspiegel und stieß seine Mutter die Treppe hinunter.
- Das Alter ist ungelehrig.
- Das Alter ist geschwätzig.
- Alte Besen wirft man ins Feuer.
- Altes Dach ist schwer zu flicken.
- Ein alter Narr wird selten klug.
- Ein alter Pelz ist selten ohne Läuse.
- Einen alten Baum soll man nicht entwurzeln.
- Alte Leute, alte Häute.
- Alte Leute sind wunderlich; wenn es regnet, wollen sie Heu machen.
- Alte Leute werden wieder Kinder.
- Alte Leute fressen auch gerne frischen Speck (junge Partner).
- Alte Böcke haben harte Hörner.
- Alte Esel will niemand loben.
- Alte Röhren tropfen gern.
- Alte Fehler halten fest.

Landsprüche:

- Wer nicht arbeitet, soll auch nicht essen.
- Alte Leute und alte Schuhnägel kommen in den Tegel (Tiegel).
- Alti Leut und alti Haut san Flicken net wert.
- Ein alter Mann und ein altes Pferd ist nichts wert.

- Eine alte Frau und eine alte Kuh sind immer noch wozu.
- Eine alte Mutter im Haus ist wie ein Zaun rum.

Noch vor dem Zweiten Weltkrieg gab es in Österreich das Nandl-Lüften. Da wurde der im Bett liegenden Oma im Winter in der Nacht von den Enkelkindern die Decke weggenommen und das Fenster geöffnet, damit die Oma eine Lungenentzündung bekam und endlich sterben konnte. Die Hoffnung war, endlich die Belastung los zu werden. Heute machen wir das viel sozialer, aber noch immer gleich!

Ungefähr bis zum Jahre 1979 hat die Wissenschaft behauptet, dass es beim älter werdenden Menschen zu einer nicht wieder gutzumachenden Verschlechterung des psychischen und körperlichen Zustandes kommt. Man hat als gegeben angenommen, dass älter werdende Menschen natürlich auch seniler werden müssen, dass diese Verschlechterung sozusagen von der Natur gegeben ist.

Also, wenn schon die Universitäten sagen, dass alle Alten immer schlechter, multimorbider und seniler werden, dann muss doch auch das Volk dieselbe Meinung haben. Noch mehr Heime, Institutionen, Betreuungsdienste müssen eingeführt werden, um das Dilemma der Versorgung der immer zahlreicher werdenden Alten abdecken zu können. Somit haben auch alle Angehörigen, Pflegepersonen und Politiker gelernt, nur im Sinne der zu erwartenden Verschlechterung zu pflegen.

Die beste Lösung des Altersproblems wäre, vom Arbeitsplatz weg direkt in ein Heim zu ziehen. Dann könnte man, volkswirtschaftlich betrachtet, jungen Arbeitslosen Löhne bezahlen und die Alten würden nicht das Straßenbild verschandeln (wegen der Touristen). »Gutes Tun« hieße dann eben: aufheben, ablagern, mehrere Diäten anbieten und sterile Heime bauen.

Natürlich wurden die alten Leute, die so gepflegt wurden, eben durch die Pflege immer schlechter, sodass die ursprüngliche Diagnose sogar stimmte! »Da habt ihr es, hab ich euch nicht gleich gesagt, dass man auf Papa oder Mama aufpassen muss, dass man sie vor sich selbst schützen muss, dass sie und er nichts mehr kann!« Natürlich können die nichts mehr können, wenn man ihnen nichts mehr zutraut, ihnen das Haus wegnimmt und die Arbeit abnimmt. Die Patienten wurden schlechter – der Arzt hatte Recht!

Die meisten Menschen, die in einem Alter sind, in dem sie über ihre Eltern bestimmen (aber leider auch die Fachleute), sind ebenfalls mit den Märchen, aber auch mit der Irreversibilitätstheorie aufgewachsen (und von diesen geprägt), sodass aus diesen und auch anderen Gründen die Irreversibilitätstheorie noch immer das Gelbe vom Ei ist. Viele Menschen (auch die Fachleute) sind heute noch überzeugt, dass man ab dem 25. Lebensjahr alt wird, dass man im Alter nicht belastbar ist, dass Alte stur, geizig, eben auffällig werden.
Die in uns geprägten sozialen Gefühle sagen uns, dass man bei jeder Erkrankung Bettruhe, Schonung oder wenigstens Mittagsschläfchen anordnen muss, dass das goldene Bett das Nonplusultra der Betreuung ist.
So ist es in uns fixiert, alle zu fixieren! Es ist kein Wunder, dass wir alte Menschen in Heimen mit Gürteln fixieren, mit Psychopharmaka fixieren, mit Türen fixieren (wegsperren) oder gar »geschlossene Stationen« schaffen. Es ist schon wahr, ich habe ja auch noch gelernt, dass ein Kind mit Scharlach zwei Wochen isoliert im Spital verbringen muss, dass man so genannte Geisteskranke sogar mit Ketten verschlossen aufbewahrt, dass Herzinfarktpatienten monatelang Ruhe brauchen.
Heute glaubt die Öffentlichkeit noch daran, dass Alter und Krankheit ident sind. *Wissen Sie, ebenso wie Schwangerschaft keine Krankheit ist, so ist auch Altern keine.*

Ethisch-moralische Auswirkung der Irreversibilitätstheorie

Schon weit vor der Einführung des Wortes Irreversibilitätstheorie musste man mit Alten und Kranken in irgendeiner Form umgehen. Man brauchte eine Ethik, eine Einstellung zu Kranken und Alten. Dieser Umgang mit den Klienten (dem wir heute die Benennung »Gutes Tun«, »Nächstenliebe« ohne Fachwissen geben) erfolgte schon im Zeitalter der Kaiserin Theodora von Byzanz (9. Jahrhundert nach Christus).
Früher war alles anders! Machen wir uns den Spaß und beginnen wir bei den Römern: Diese hatten keine psychosozialen Probleme. Alte, Kranke, sozial Schwache wurden den Löwen als Gladiatoren

zum Fraß vorgeworfen. Sie werden doch nicht glauben, dass die Römer ihre schönsten Burschen als Löwenfutter verwendet haben, das ist nur im Film so. Erst die Kaiserin Theodora von Byzanz ließ die ersten Siechenheime gründen. Sie band den Betreuerinnen Schürzen um und die Wärterinnen waren fertig. Auch sie agierten im Sinne der später begründeten Irreversibilitätstheorie, obwohl sie damals natürlich diesen Begriff noch nicht kannten. Sie machten den Patienten schöne Augen, wirkten durch ihre Anwesenheit auch schmerzlindernd. Wenn Zeit war, wurde der Klient liebevoll (per Muttertrieb) umsorgt. Die Träger von Altersheimen verlangen noch immer eine Pflege nach dem überlieferten Schema der Kaiserin von Byzanz. Sie tun dies aber auch auf der Grundlage des Pflegegeldes, über das wir später noch sprechen werden. Warm – satt – sauber, diese Pflegeform müssen die Träger durchführen, ob sie nun wollen oder nicht, weil sie ja viel mehr die Angehörigen pflegen müssen als den Klienten.
Der Angehörige fordert Statussymbole zur Beruhigung seines Gewissens. Auch der Angehörige ist eine Art Kaiserin von Byzanz; er fordert für sich und zur Beruhigung seines Gewissens:

- moderne Bauten,
- einen Saunabereich (der nie genützt wird),
- Gartenanlagen (die verwildern),
- chinesische Küche (die nicht angenommen wird),
- ein Frühstücksbüfett und Ähnliches, das mit den Wünschen der Klienten gar nichts zu tun hat.

Die Heime strecken sich nach der Decke – die Macht hat der Angehörige. Der Angehörige glaubt an die Irreversibilität seines Vaters und seiner Mutter. Somit fordert der Angehörige Sicherheit und Pflegerinnen mit Muttertrieb. So ist es leicht zu verstehen, dass das weibliche Personal die Forderungen der Angehörigen gerne nachvollzieht und mitspielt. Somit sind alle zufrieden. Wie das der Patient selbst sieht, fragt man nicht, erkennt man nicht. Auch die Pflegeperson (meistens weiblich) ist eben mit Muttertrieb, Bruttrieb, Arbeitstrieb und Gehorsamstrieb ausgestattet und erfüllt die Bedürfnisse der Angehörigen, ohne sich die Frage zu stellen, ob man einen Patienten noch rehabilitieren könnte oder nicht.
Klar und deutlich möchte ich aber hervorheben, dass viele gute Kran-

kenpflegepersonen, die in ihrem Beruf gerade aus diesen Gründen überfordert sind, kündigen oder vorerst einmal gar nicht in einem Heim arbeiten wollen, weil es ihren Arbeitsvorstellungen nicht entspricht, so zu arbeiten. Natürlich glaubt der Verwandte noch immer, dass Ausruhen, Bettruhe oder gar das Heim an sich als angeblich abgesicherter Ort das Beste für seine Mutter sei. Der Verwandte ist überzeugt davon: »Da ist nichts zu machen!« Der Papa, die Mama ist ein somatischer oder psychischer Pflegefall. Diese oft mutlose Haltung wird in der Besuchszeit vom Verwandten auf das Personal und vom Personal auf den Klienten übertragen.

Anders ausgedrückt: Früher glaubte die Öffentlichkeit (also der Verwandte, der Arzt, der Politiker, das Volk) daran, dass etwas »Gutes tun« auch Bettruhe und Zu-Tode-Streicheln eines Patienten beinhaltet (heute, da es kaum Personal gibt, kann man dies auch mit dem Snouzelenapparat (siehe Glossar) oder technischen Therapietieren) und das Beste sei! Heute sollten die Öffentlichkeit, die Träger und das Personal umlernen. Das Nonplusultra ist, etwas Gutes zu bewirken, statt etwas Gutes zu tun, etwas Rehabilitatives zu bewirken, am Leben zu halten durch Reize, durch In-Bewegung-Halten des Menschen.

Das heißt natürlich nicht, dass ein körperlich schwer kranker Mensch nicht liegen darf, nicht gepflegt und gebadet werden darf! Aber, wer bitte, denkt schon daran, dass ein jetzt achtzigjähriger Greis einmal ein guter Skifahrer war und dies auch heute noch könnte – wenn man ihm das zutrauen würde? Wer traut einer achtzigjährigen, fast blinden Frau zu, dass sie einmal Englisch unterrichtet hat und dies – obwohl sie heute die Toilette nicht finden kann – noch immer könnte (und zwar viel besser als so mancher andere)? Gute oder schlechte Pflege ist somit eine Frage der Information.

Das Alter ist weiblich

Sie werden merken, dass ich in diesem Buch immer wieder von Frauen rede. Nun, die Frauen bleiben uns eben in der Pflege übrig. Wir Männer haben auf Grund unseres bösen, ausschweifenden

Lebens gar nicht die Chance, Jahrzehnte lang ein Pflegefall zu sein. Wir sterben Gott sei Dank früher! Unabhängig davon, dass ein Mann schon rein biologisch eine um etwa sechs Jahre kürzere Lebenserwartung hat, gibt es noch andere Faktoren, welche die Frauen älter werden lassen als uns. Es ist Ihnen sicher die Zunahme der Alterswitwen bekannt, die immer mehr auch Scheidungswitwen sind. Allerdings sind nicht wenige dieser alten Witwen auch mehr seelisch gestörte Witwen als früher.

Der große Münchner Kliniker Friedrich von Müller lehnte es vor hundert Jahren ab, eine Wasserleitung in sein Haus zu legen, mit der Begründung: »Die Frauen sollen das Wasser am Brunnen holen, sonst werden sie faul.« Heute besitzen praktisch alle Wohnungen fließendes Kalt- und Warmwasser neben vielen anderen modernen haushaltstechnischen Errungenschaften. Trotzdem sind die Frauen kaum glücklicher. Vielleicht waren die Frauen, die das Wasser am Dorfbrunnen holten, durch den Klatsch am Brunnen sogar glücklicher? Das heißt in der Übersetzung: Der Zweck des Lebens ist das Leben. Leben ist immer Bewegung und diese führt zu Wachstum und Erneuerung.

Ich sehe allerdings – und das muss man schon zugeben – dass die Frauen (auch mit Wasserleitung in der Wohnung) mehr tun, mehr Ich-Wichtigkeit im Alter haben als wir Männer. Männer haben kaum postberufliche Interessen. Frauen über sechzig pflegen ihren Körper meistens mehr als Männer. Für Frauen ist schon die Ausstrahlung von Sexualität wichtig, für uns Männer sehr oft nur die Durchführung einer Eroberung. Aber ich frage Sie, warum sollen wir uns pflegen, eine neue Unterhose anziehen, wenn niemand mehr Notiz von unserer Männlichkeit nimmt? Die Frau hat eben ein Imponierbedürfnis im Sinne des Aussehens, wir Männer ein Imponiergehaben, das wir an der Anzahl unserer Orgasmen messen.

Sobald die Frau Witwe wird, macht sie Gedächtnistraining. Wir Männer nicht, wir suchen uns eine neue Frau oder fahren Rad wie verrückt. Die Witwe macht schon allein dadurch Gedächtnistraining, dass sie nach dem Tod des Gatten plötzlich vieles lernen muss, was der Mann ihr abgenommen oder weggenommen hat. Plötzlich muss sie, ob sie will oder nicht, Überweisungsaufträge ausfüllen lernen (hat immer er gemacht), sie muss plötzlich auf die Bank ge-

hen (hat immer er gemacht), sich um das Tapezieren kümmern (hat immer er gemacht), den Führerschein nachmachen (hat immer er gehabt) oder das Auto hergeben. Und das ist wohl Gedächtnistraining in Reinkultur. Die Witwe ist oft vor neue Situationen gestellt. Sie muss dies alles lernen, wenn sie nicht in ein Heim will! Sie passt sich an, sie hat ihre eigene Altersweisheit gefunden. Sie weiß, dass sie sich auch keinen Berater aus der Familie leisten kann und soll. Denn was will der Verwandte à la longue (bewusst oder unbewusst)? Auch wieder nur ihr Geld! (Übrigens, Verwandte sind auch nur Menschen.) Es ist eben so, dass selbst ein Steuerberater billiger ist als ein Fachmann aus der Familie (denn jener erbt nicht)! Somit kann der Exitus des Gatten der Lebensbeginn seiner Witwe sein. Sie kann plötzlich all das tun, was sie nie durfte.
Manche schaffen die Anpassung nicht und gehen aus einer falschen Wunschvorstellung in ein Heim. Sie wünschen sich das, was ihnen gefehlt hat: So gebadet zu werden, wie sie ihre Kinder gebadet haben: im Badeschaum zu sitzen, und eine liebe Hand passt auf, dass die Seife nicht ins Auge kommt. Jetzt wollen sie ihr eigenes Kind sein; sie wollen zurück, fordern das ein, was sie immer gegeben und selbst nie bekommen haben.
Information: Sie haben zwar ein psychisches Recht auf ihre Wünsche, aber erfüllen wird diese niemand. Sehr viele, vorwiegend ältere Damen, glauben an Wunschvorstellungen, die mit »ich will nicht mehr ...« beginnen. »Ich will nicht mehr kochen«, »Ich will nicht mehr waschen«, »Ich will nicht mehr ...«. Sie übersehen dabei aber leider, dass aus dem »Ich will nicht mehr ...« sehr rasch ein »Ich kann nicht mehr ...« wird.

Politik der Lebensverneinung

Es wird eben so sein, wie es tatsächlich ist, dass nicht die Alten über sich bestimmen, was für sie »gut« ist, sondern andere Menschen, nämlich die Pflegepersonen. Und nicht nur diese bestimmen, auch die Öffentlichkeit, die Politiker, die Ärzte, die Verwandten; mit einem Wort, die Jungen, ab wann wir als dement zu gelten haben, ab wann wir M. Alzheimer heißen, ab wann wir beaufsichtigt werden müssen, ab wann wir ein Altersheim aus Beton benötigen. Die direkte Auswirkung der Irreversibilitätstheorie im Volk ist anhand der vielen, noch nach der Irreversibilitätstheorie denkenden und handelnden Altersvereine erkennbar.

Schon im Jahre 1985 schrieb ich einen Artikel zur Prophylaxe der Altersverwirrtheit an die politisch eher sozialdemokratisch orientierte Pensionisten-Zeitung und da diese ablehnte, auch an den eher christlich orientierten Seniorenbund. Sie können sich schon vorstellen, wie dies endete. Beide Zeitungen teilten mir mehr oder weniger unverblümt mit, dass sie solche Mitglieder nicht hätten und somit ein Artikel mit dem Titel »Keine Angst vor dem Hirnabbau im Alter« keine Verwendung finden könnte. Was machen dann die Vertreter der Betagten, wenn sie die Betagten nicht vertreten? Na ja, sie kümmern sich um Autobusausflüge, Tanzveranstaltungen, Jausen oder Picknicks und verstärken die nicht erfüllbaren Wünsche ihrer Mitglieder. Sie sprechen über den Ausbau des sozialen Netzes (obwohl kein Geld da ist), organisieren Seniorenmessen, auf denen sie die gesunden Alten umwerben, bieten, obwohl keiner genau weiß, was das sein soll, Wellness an, gründen Alzheimergesellschaften (das sind oft Organisationen, die jene Ärzte unterstützen, welche die Alten gerne in Heimen sehen, weil sie ihnen in der Wohnung auf den Nerv gehen würden und viel zu viele Hausbesuche benötigen könnten). Auch die Altersvertreter lieben somit Heime, Institutionen und Vorträge, in denen die Warm-satt-sauber-Pflege [siehe Glossar] als Qualität unterrichtet wird. Die Zuhörer suchen damit eine Bestätigung ihres Handelns, ihres guten Willens.

Dies führt in der Folge zur Politik der »Lebensverneinung« statt zur Lebensbejahung! Wenn man sich diese Hintergründe genauer betrachtet, bleibt uns Alten nur die Hilfe zur Selbsthilfe. Wir müssen uns selbst mehr Organisationen wünschen und gründen, die für die Aufrechterhaltung des Lebens kämpfen! Es ist daher kein Wunder, dass uns die Öffentlichkeit selbst eine Art Altersresignation verordnet. Heute spricht man schon ganz öffentlich vom sozial befürworteten Frühsterben, von den Alten als »Misthaufen der Geschichte«, von unbrauchbaren Alten, Pensionisten und Rentnern, vom Generationenkonflikt, von der Fürsorgebedürftigeit usw. Wann wird man uns bei Rot über die Kreuzung schicken?

In dem Buch »Aktiv im Alter« von Karl W. Boetticher habe ich eine Art Zusammenfassung gelesen, wie uns die jungen Leute sehen (wollen): »Nach fünfundsechzig Jahren gehören die Menschen zu dem Sammelsurium alter Rentner, Pensionisten und anderer, im Grund unnützer Personen. An sie gibt es nur eine Erwartung, nämlich dass sie sich für den Rest ihrer Tage, und das können 8000 und auch mehr sein – fern vom tätigen Leben halten und auf der Zuschauertribüne Platz nehmen.« Das heißt wohl, dass uns die Öffentlichkeit unseren eigenen Leidenskatalog, aber auch unser zukünftiges, regressives Verhalten vorschreibt. Man hat recht rasch, womöglich durch die Pflege gefördert, regressiv zu werden!

Diese Tatsachen führten mich zu der Überlegung, dass es in einem Sozialstaat bald nur mehr drei Typen von alten Menschen geben wird:

- solche, die noch angepasst sind (oder gerade werden)
- solche, die fraglich sind und
- solche, an denen die Heime verdienen werden (liegend, moribund).

Ich für meinen Teil denke, dass es nur zwei Kategorien der Betreuung geben wird:

- absolute Rehabilitation bis zurück in die Wohnung und
- Hospize, die sich entsprechend einer speziellen Ausbildung um Sterbende kümmern.

Die Einführung von Reaktivierungskliniken (auch für Alzheimerpatienten), aber auch die Gründung von Hospizen ist auf Grund mehrerer Überlegungen entstanden.

Erstens werden die Leute immer älter und damit auch ein Gutteil davon dement. Und zweitens bleiben uns jene Leute übrig, die man aufgrund von somatischen Leiden nicht mehr reaktivieren kann. Der dritte Grund ist, dass man in der Altenpolitik zugeben muss, dass das Geld zu Ende geht, dass man sich also ältere Herrschaften, die in Nobelpensionen und Vierstern-Altersheimen herumsitzen, nicht mehr leisten kann.

Der Öffentlichkeit, also uns, geht das Geld aus! Man sagt so leicht dahin, dass die Öffentlichkeit – also alle Menschen eines Landes schlechthin – auch für das Los ihrer Alten zuständig sei. Aber wissen Sie, das ist so wie mit den Trägern. Wenn kein Geld da ist, dann ist auch die Öffentlichkeit – Sie und ich, also wir – an Spenden für Alte, an Steuererhöhungen für Alte nicht interessiert. Dann müssen die schon selbst schauen, wo sie bleiben.

Tatsache ist, dass dem Staat das Geld ausgeht! Immerhin haben die Politiker über viele Jahre unser Geld rausgeschmissen, statt dass wir die Politiker rausgeschmissen hätten.

Das heißt mit anderen Worten, ob man nun will oder nicht, das Geld reicht nicht für einen märchenhaften Wohlfahrtsstaat. Daher kann der Staat nur auf die losgehen, die nun am wenigsten in die Staatskasse einzahlen (die praktisch und faktisch nur abheben), und das sind wir Rentner und Pensionisten. Es kann nicht genügen, dass wir Alten immer nur darauf pochen, dass wir ein Leben lang Renten und Pensionsabgaben einbezahlt haben, dass wir die Generation der Wiederaufbauer sind, oder sogar damit liebäugeln, dass uns nun, weil wir das Land wieder aufgebaut haben und jetzt älter sind, alle jungen Menschen lieben würden (wir haben viel zu wenige Kinder gezeugt). Das ist natürlich eine sehr dumme Ansicht, wir haben uns für die Firmen oder für den Staat ja nicht aufgeopfert, sondern dafür Gehalt bekommen. Es ist also leider nicht so, dass der Staat bei uns Schulden hat. Diese Rechnung, glaube ich, geht nicht auf. In Zukunft müssen wir wieder selbst unser Schicksal in die Hand nehmen.

Sie kennen doch auch die Oma, die immer wieder sagt: »Meine Pension ist zu klein!« Dass daran die Regierung schuld sei, ja, sie nicht einmal mehr wählen geht – »diese Gauner!«. Genau diese Frau braucht aber ihre Pension gar nicht für sich. Nein, sie braucht das Geld als Erpressungsgeld für ihre Enkelkinder, damit diese auf Besuch kommen! Damit sie sich ein Auto kaufen können, ohne zu arbeiten oder sich wenigstens ein Handy zulegen können, um die Omi anzurufen!

Aber auch die Reparaturmedizin bringt nicht die Lösung aller unserer Altersprobleme. Wir alle, Männer natürlich mehr als Frauen, leben in den Tag hinein, rauchen, saufen, fressen weit über das Maß hinaus, das uns gut tun würde. Wird etwas in unserem Körper krank, kaputt, verlassen wir uns auf die Reparaturmedizin. Diese

Reparaturmedizin, vorwiegend die operative, klappt tatsächlich hervorragend. Das heißt, sie können gleich nach einem Sturz am Skihang als Achtzigjährige eine Schenkelhalsprothese aus Titan erhalten. Aber damit ist es schon erledigt. Keiner ist da, um Sie mit dieser neuen Prothese gehen zu lehren (Ausnahmen bestätigen die Regel). Schon gar keiner ist da, Sie soweit psychisch aufzubauen, dass Sie wieder aus dem Bett aufstehen mögen. Was nützt die schönste Prothese aus Titan, wenn man psychisch tot ist? Wenn man nach der Operation Angst hat, wieder gehen zu müssen, wenn man Angst hat vor neuerlichen Stürzen? Was hilft da eine neue Prothese, wenn Sie sowieso nicht mehr gehen können? Wer bekämpft bitte schön therapeutisch ihre Angst? Ich kann es Ihnen sagen: keiner! Auch meine Gesprächspartner, die ich erwähnte (Sie wissen schon, das Gasthausgespräch), sagten aus, dass sie aus jedem Spital flüchten würden, weil sie dort »zu Tode gepflegt werden würden«. Vergessen Sie nicht: Was liegt, das pickt, sagt man im Kartenspiel. Wer liegt, bleibt liegen, sagt man im Heim. Das würde in der Praxis heißen: Machen Sie alles soweit wie möglich ambulant, gehen Sie nach jedem kleineren Eingriff gleich wieder nach Hause, denn sobald Sie liegen, bleiben Sie liegen, werden zum Pflegefall gepflegt und in ein Heim weiter transferiert.

Versuchen Sie, statt sich auf die Reparaturmedizin zu verlassen, Prävention zu betreiben. Versuchen Sie die »Hilf-dir-selbst-Therapie«, sonst hilft Ihnen keiner!

Das Geld und der Zeitgeist

Sie wissen es schon, einiges werde ich immer wieder und absichtlich wiederholen, etwa dass nur der so genannte »angepasste, psychisch gesunde Alte« am Leben weiter teilnehmen darf. Wir leben heute in einer Welt, die anscheinend den Jungen und dem Geld gehört. Nur wer jung, schön und gesund ist, steht auf der Lebensbühne vorne. Der Theaterdirektor der Lebensbühne ist der Markt. Solange sie mit Einkaufen ihr Geld ausgeben, sind Sie ein Star mit den weißesten Zähnen der Welt, mit den schönsten Haaren der

Nation. Sportlich bis zum Letzten; das heißt, nur wer jährlich ein neues Sportrad oder einen Heimtrainer kauft, gehört dazu, ist auf der Bühne. Wer nichts braucht, nicht mit der Mode geht, wird in die Garderobe oder gar in die Unterbühne verbannt.
Unser Geld bekommen die Jungen, indem sie eigene Werbestrategien für »Alte« entwickeln und uns mit diesen Strategien uniformieren. Die »Alten« bekommen Senioren-Angebote: Senioren-Essen, Senioren-Nachmittage, Senioren-Reisen, Senioren-Torten, Senioren-Partner-Vermittlung, Senioren-Betten. Vielleicht gibt es eines Tages sogar ein Senioren-Bordell!
Dabei wird in der Sprache der Werbung der »Alte«, der Kunde, mit neuen amerikanischen Fremdwörtern und Wortschöpfungen betitelt:

- *woopies* = well off older people = wohlhabende Ältere
- *yolies* = young old leisure people = jung gebliebene, gemütliche Ältere
- *selpis* = second life people = Ältere, im Lebensabschnitt nach der Arbeit

Uns Alten bleibt anscheinend nur mehr, unseren jungen Werbestrategen (die wir ja zu dem erzogen haben, was sie heute sind) zu applaudieren, weil sie ja so gut sind! Erst müssen wir ihnen das Geld für ihre Bühne geben und dann im Anschluss noch applaudieren, weil sie so toll sind; wie toll sie mit dem PC umgehen, wie super sie sich in der Disco bewegen können. Viele heute »in die Unterbühne« versenkte Omis und Opis sitzen sozusagen auf der Zuschauerbank des 21. Jahrhunderts. Wenn wir uns nicht selbst einen Bühnenplatz verschaffen, heißt dies, dass das Zusehen das neue Ausgedinge (Altenteil) dieses Jahrhunderts darstellt. Beschaffen Sie sich selbst eine Hauptrolle! Diese Hauptrolle heißt, und wir werden später noch mehr darüber reden, »Ich«.
Früher – in der guten alten Zeit – sagen wir Alten, war alles viel besser. Da waren wir auf der Bühne, wir sagten dem Enkelkind, wo es lang geht, wie es stricken, basteln, häkeln soll. Die Enkel haben uns zugehört bei unseren Monologen über das Leben. Heute sind wir selbst bei den Enkelkindern auf den Zuschauerplatz verwiesen, wir haben keine Chance, gegen den PC oder den Gameboy zu gewinnen.

Da hilft uns leider die größte eigene Bühnenerfahrung nichts. Nun, was sollen wir da machen? Sollten wir von der Bühne abdanken und uns in ein Altersheim zurückziehen? Oder sollten wir besser eine Rolle übernehmen, die wir noch ausfüllen können, mit den Jungen mitspielen, uns an das Hier und Heute anpassen lernen?
Da wir später lesen werden, dass Anpassung alles ist, dass Anpassung Altersweisheit ist, sollten wir unser Älterwerden als Chance nützen. Solange wir können, sollten wir uns anpassen. Wer nicht mehr kann, soll hingegen seine eigene, ihm vertraute Rolle spielen. Er sollte dann die Rolle spielen, die er kann, nämlich sich selbst. Immerhin handelt es sich bei unserem Altersauftritt um Abendvorstellungen. Das hier erwähnte Rollenspiel nenne ich »Ich-Wichtigkeit«. Natürlich haben die Alten eine andere Ich-Wichtigkeit als die Jungen. Natürlich verteidigt die Jugend ihre Rolle, unsere können sie ja nicht. Aber auch wir sollten unsere verteidigen, denn wir können ihre nicht. Natürlich kann und muss die Jugend auf der Bühne des Lebens stehen. Ihre Rolle wird durch eine starke Lobby, die Handel und Industrie heißt, verteidigt. An ihnen kann man (oft durch das Geld der Omi) verdienen, sie sind im Rampenlicht. Lustig ist, dass seit neuestem auch einige Alte wieder mitspielen dürfen. Die Industrie und der Handel hat sie entdeckt! Diese noch mitspielenden Alten sind die so genannten Gogos. Auch der Gogo wird per Reklame auf der Lebensbühne betreut. Sobald aber der Gogo ein Nogo wird oder gar eine Verhaltensstörung (wie Vergesslichkeit, Verwirrtheit) hat, ist er als Darsteller oder besser gesagt Konsument uninteressant, also unnötig. Und lustig ist, dass dies auch für die Weltbühne der Politik Gültigkeit hat. Solange alte Menschen als halbwegs vernünftige Wähler mitspielen, werden sie sogar mittels eines Autos zur Wahl abgeholt. Sollten sie hingegen ihre Rolle vergessen haben (nicht mehr wissen, ob sie Rot oder Schwarz zu wählen haben) haben sie auch diese, alle vier Jahre stattfindende kostenlose Autofahrt verspielt.
Wie schon in der Einleitung erwähnt, bestimmen die Jungen und somit die Öffentlichkeit das Altersbild. Die Jungen geben uns neue Namen:

- *Gogos:* Diese sind noch rüstig (to go – gehen), wahrscheinlich können diese auch noch joggen und bringen dem Staat Geld mit ihren Turnübungen. Gogos sind unternehmungslustig, reisen, gehen in Lokale. Somit sind die Gogos noch brauchbar, man kann ihre Unternehmungslust geldbringend einsetzen. Seniorenausstellungen, Ausflüge, Einkauffahrten bestätigen ihre Noch-Wichtigkeit für die Jungen.

- *Slowgos:* Sind schon ein wenig behindert und damit nur mehr bedingt geschäftsfähig. Sie gehen langsam, denken langsam (slow – langsam). Sie gehen am Stock, mit der Gehhilfe; aber immerhin gehen sie noch einkaufen, ins Theater, ins Café. Sie geben damit ihr Geld schon etwas langsamer aus.
- *Nogos:* Diese können nicht mehr auf ihren Beinen stehen, bewegen sich, wenn überhaupt, im Rollstuhl, müssen getragen, gebettet, gewaschen werden und sind somit nur mehr einem Altersheim mit ihrem Pflegeversicherungsgeld etwas wert.
- *Gruftis:* Sind Menschen über sechzig und der Gruft schon näher als dem Leben.

Alles was ich in diesem Kapitel bis jetzt geschrieben habe, erscheint nur negativ. Es ist eben Realität und die Realität ist nicht immer lustig. Wenn es für die Alten wieder lustig werden soll, müssen sie selbst Maßnahmen gegen das Altersbild ergreifen. Einige Wissenschaftler haben mit der Begründung der so genannten Reversibilitätstheorie [siehe Glossar] einen markanten Wegweiser gesetzt.

Reversibilitätstheorie

Die Reversibilitätstheorie besagt, dass man zwar mit dem Älterwerden Erkrankungen (natürlich auch seelisch gesehen) bekommen kann, dass aber alle Alterserkrankungen (zumindest ideologisch gesehen) auch wieder gutzumachen sind. Selbst wenn man nur lernt, mit seinen Krankheiten leben zu können, hätte dies reversible Auswirkungen auf Körper und Geist.

Die Anerkennung der Reversibilitätstheorie

Wie schon auf den vorherigen Seiten beschrieben, war Alter sehr häufig negativ besetzt und so wurden die Menschen geprägt. Aber es gab immer schon Verfechter einer positiveren Sicht. An diese sollten wir uns anhängen, auf sie sollten wir uns verlassen.

Bei den alten *Griechen* war es vor allem Solon, der sich gegen die Einstellung von Mimnermos (man sollte mit sechzig Jahren sterben gehen) zur Wehr setzte. Dies ist ganz logisch, weil Solon selbst schon älter als sechzig war. In seiner Entgegnung auf Mimnermos Verordnung will er auf achtzig Jahre gehen. So könnte man sagen, dass Solon der erste Verfechter der Reversibilitätstheorie (im ideologischen Sinne) ist.

Er selbst schrieb von sich im hohen Alter: »Lernend ohne Unterlass schreit' ich im Alter voran.«

So war er es, der dem *Römer Cicero* positive Worte über das Alter in den Mund legte. Cicero schrieb eine Lobrede über das Alter, die in die Literaturgeschichte als »De Senectute« Eingang gefunden hat. Cicero war im Denken über den Todestrieb fast ein Vorreiter von Freud. Er sagte im Jahre 44 vor Christus: »Die Sättigung aller Lieblingsbeschäftigungen (Freud nannte dies dann Lebenstriebe) verursacht eine Sättigung des Lebens.« Auf die Frage, was denn die Greise getan haben, antwortet Cicero: »Taten sie nichts, wenn sie den Staat durch ihren Rat und Einfluss verteidigten?« Und weiter: »Nicht durch Lebensstärke oder körperliche Behändigkeit und Schnelligkeit werden große Dinge ausgeführt, sondern durch Überlegung, Ansehen und Urteil. Eigenschaften, die dem Greisenalter nicht entzogen sind, sondern mit denen er sogar noch vermehrt zu leisten pflegt.«

Cicero war somit der Begründer des Heimbeirates.

Auch *Dante* war dem Alter gegenüber positiv eingestellt. Er vergleicht das Leben mit einem Bogen, dessen Spannweite schon in der Keimsubstanz vorbestimmt ist. Und den Zenit des Bogens verlegte er auf das fünfundzwanzigste Lebensjahr.

Konfuzius ordnete die Verehrung der Alten als ethisch-moralische Forderung an. Nichts ehrt den *Chinesen* so sehr wie sein hohes Alter. Chinesen benehmen sich zu ihren Alten ritterlich.

Einige ideologische Gedankengänge von Solon, Cicero, Dante (und wahrscheinlich vielen vergessenen Autoren) spiegeln sich in der um 1948 entstandenen Ideologie der Reversibilitätstheorie wider. (Nach Weid und Brecht 1948, seit 1979 Ciompi und Dörner und nicht zuletzt mir.) In der Praxis wollten und wollen wir nichts anderes als Alter und Altern für die Öffentlichkeit positiv darstellen. Es muss uns gelingen, Alter nicht als negatives Ende zu betrachten, Alter nicht als Schicksal, sondern als Erfüllung zu sehen (als Lebensaufgabe). Dies bedeutet auch, dass aus dem Denken und Fühlen des Volkes negativ besetzte Wörter über das Alter verschwinden müssen. Somit versuchen wir auch den negativen Begriff der Demenz nicht länger im alten Sinn als irreparablen Defekt aufrechtzuhalten.

Im Laufe vieler Jahre wurde bewiesen, dass Alte sogar mehr Engagement (Engagementtheorie) haben als Junge, dass Alte auch aktiv sein können. Die sich entwickelnde Aktivitätstheorie besagt, dass man auch von Alten Aktivitäten erwarten kann und soll. Auch die so genannte kognitive Alterstheorie sagt aus, dass Alter positiv zu sehen ist, dass man mit einem Mittelmaß an Bedürfnisbefriedigung in der Realität leben kann. Wie auch immer, fest steht, dass diese Theorie in der Praxis funktioniert (wie in den Häusern, die nach Böhm-Konzept arbeiten), und dass selbst Klienten mit der Diagnose M. Alzheimer zum großen Teil rehabilitierbar sind.

Dies erfordert ein Umdenken und das Verschwinden des Altersbildes der Hexe. Geht man von der Annahme aus, dass etwas zu bessern ist, wird sich auch etwas bessern. Man verhindert dabei den so genannten negativen Haloeffekt, der bei der Irreversibilitätstheorie eintreten muss.

Geht man hingegen von der Reversibilitätstheorie aus, könnte man sagen: »Natürlich wird der Mensch älter, natürlich bekommt er ein paar Eigenheiten – aber diese sind in den Griff zu bekommen.« Wenn man von dieser Idee überzeugt ist, lässt man in der Altenpflege Rehabilitation zu und betreibt Gesundheitspflege statt Krankenpflege! Ich entwickelte aus der Reversibilitätstheorie zunächst die Übergangspflege nach Böhm, anschließend die Reaktivierende Pflege nach Böhm und daraus entstand das Psychobiografische Pflegemodell nach Böhm. Die Essenz aus diesen Alterstheorien und den daraus entwickelten Pflegemodellen für unser Buch, das sich ja mit unserem zukünftigen Leben beschäftigt, ist für das Leben in den eigenen vier Wänden: »So lange man lebt, sei man lebendig!«, und im Heim: »Statt Aufheben muss Aufleben betrieben werden«. Man könnte fast sagen, dass auf jedem Lehnstuhl, auf jedem Bett folgendes Schild hängen müsste: *»Vorsicht, liegen bleiben kann Ihrer Gesundheit schaden!«*

Die Einpflanzung der Reversibilitäts- und Engagementtheorie in die Köpfe der Menschen haben (vor mir) schon einige Damen versucht: Frau Prof. Ursula Lehr, Trude Unruh und andere. Vielleicht haben sie es aber zu damenhaft gemacht! Ich versuche es – aber in meinem Stil – auch männlich herb! Kapazitäten wie Prof. Ciompi, Prof. Dr. Dörner, Prof. Uchtenhagen haben versucht, das Volk sowie Leute aus ihrer eigenen Berufsgruppe zu überzeugen. Aber auch dies ist nur teilweise gelungen (in manchen Regionen gar nicht)! In der Praxis ist sogar genau das Gegenteil passiert. Die Fachleute haben zwar akzeptiert, dass sie gegen ihre Kapazitäten nicht auftreten können, haben aber die Durchführung boykottiert. Und so suchte man lang und breit einen Weg, wie man doch noch unsere Klienten in den Heimen belassen könnte. Wenn man so will, ist daraus die Renaissance des Morbus Alzheimer entstanden. Plötzlich hatte jeder Alte eine primäre – körperlich bedingte – Demenz, der natürlich – auch im Zeitalter der Reversibilitätstheorie – ein progressiver Verlauf eigen ist und die im Lehrplan steht!

Manchmal scheint es mir, als ob nicht die Patienten die Kardinalsymptome einer primären Demenz hätten, sondern die Betreuer:

- sie haben Defizite,
- sie können sich nicht mehr anpassen,
- sie sind starr und rigide,
- sie leben in althergebrachten Stereotypien,
- sie haben Angst vor Neuerungen,
- sie haben keinen Antrieb,
- sie wollen nichts verändern.

Wie heißt es so schön in einem Aphorismus: »Gleich und gleich gesellt sich gern«!

Betrachtet man einen von älteren Menschen selbst erstellten Wunschkatalog (hier als Auszug), so deckt sich dieser mit der Reversibilität.

Da liest man folgende Forderungen: »Lasst uns in Gottes Namen die Normalität eines gewöhnlich erwachsenen Menschen und macht uns nicht ab 65 zu Kindern! Tut nicht so, als wären wir alle bereits behindert, depressiv, vereinsamt und total beklagenswert. Verschont uns mit dem Betreuen und fordert lieber unsere Kräfte heraus, solange wir sie noch reaktivieren können. Gebt uns lieber Lebensalter-Alternativen!«

Werden Sie politisch tätig!

Falls Sie in Ihrer Pension Zeit haben, betreiben Sie Politik. Werden Sie alterspolitisch tätig. Alle jungen Menschen haben eine Lobby – die Alten bisher kaum. Versuchen Sie, die Lobby der Alten zu erhöhen. Mischen Sie sich ein, kämpfen Sie gegen die zu früh gestellte Diagnose »primäre Demenz« oder »Morbus Alzheimer«. Vergessen Sie nicht, Sie sind so alt oder so krank wie ihre Diagnose. Diese muss nicht der subjektiven Realität entsprechen. *Der Arzt möge sich um die Befunde kümmern, kümmern Sie sich um ihr Befinden!*

Fordern Sie eine normale, an die Hier- und Jetzt-Zeit angepasste Pflege!

Es wird in letzter Zeit immer interessanter, in geriatrischer Pflegeliteratur zu schmökern! Da schreiben die einen (meistens Theoretiker oder politisch orientierte Träumer) von einem »Mehr an Pflegequalität« und deren Sicherung. Die anderen (meistens Praktiker) hingegen reden davon, dass immer mehr Überstunden gemacht werden müssen, die am nächsten Tag als Gutstunden wieder genommen werden müssen. Schließlich und endlich sprechen die Politiker – zwar zaghaft, aber schon allgemein verständlich – davon, dass einerseits das Geld nicht reicht und andererseits der Generationenvertrag von der jungen Generation aufgekündigt werden wird, dass das Volk, sprich die ältere Generation, mehr und länger arbeiten

sollte, damit man sich die derzeit in zunehmendem Maß nur zwanzig Stunden arbeitenden, meist jungen Leute (mehr können sie nicht verkraften) leisten könnte.
(Es braucht fast vier Teilzeitkräfte, um die Steuerabgaben einer Vollzeitarbeitskraft zu kompensieren.) Alles in allem aber geht es um ein »Zurück zur Natur«, wie schon Rousseau gesagt hat, und nicht um eine weitere Expansion. Man spricht ja immerhin nur von »Sicherung«, wobei man gar nicht weiß, was eigentlich gesichert werden sollte.
Wenn man aber nicht weiß, was therapeutische oder fachspezifische Pflege ist, kann man auch nichts sichern! Oder?
Nun denke ich, dass Pflegequalität für jeden etwas anderes bedeutet und man je nach Klinikaufgabe darunter etwas ganz anderes verstehen will. Meinen wir nun Qualität in der Grundpflege, in der Behandlungspflege (Arztpflege), oder gar im therapeutisch rehabilitativen Geschehen (eigenständige Pflege)?
Da das Geld ausgeht und der Generationenvertrag nicht mehr hält, meine ich, dass es zu einem »Zurück zur Pflegequalität der Grundpflege« kommen muss, dass dagegen alle Theoretiker die Erhöhung der Hotelleistungsfunktionen meinen. Wenn dies so ist, dann würden wir aber mehr Bedienungspersonal in Heim und Spital benötigen und nicht ausgebildete Pflegepersonen. Denn die wären ja nach Ausbildungscurriculum wohl über- oder unterfordert und damit fehlplatziert und in der Ausbildung zu teuer.
Die Durchführung der Grundpflege würde bedeuten, ein

- Zurück zur Bettruhe
- Zurück zur Warm-satt-sauber-Pflege
- Zurück zur Bedürfnispflege und Erfüllung der ATLs ohne rehabilitativen seelischen Ansatz.

Dies vor allem deshalb, da Rehabilitation und ganzheitliche Pflege in der Geriatrie noch immer (auch europäisch gesehen) keine Standarddienstleistung darstellt, sondern nur von einigen engagierten Pflegepersonen betrieben wurde und wird.

Sicherung der Grundpflege

Grundpflege ist die Versorgung der Klienten mit den ATLs, die heute aus Zeitgründen oft passiv durchgeführt werden.
Auch in der grundpflegerischen Tätigkeit kann man aber über Qualität streiten! Darf ich Sie fragen: Braucht man nun zum »Gehörgangputzen« einen oder fünf Stäbchentupfer? Sollen sie gar steril sein oder genügen sie »per Natur«? Eines ist klar: Erstens ist ein Stieltupfer billiger und zweitens ist die Naturwatte griffbereit; die andere müssten wir ja noch sterilisieren.
Aber lassen sie mich das Ohrenputzen noch zynischer hinterfragen: Braucht man – juristisch gesehen – für die Reinigung des Gehörgang Matura oder genügt ein Diplom? Kann das ein Pflegehelfer oder braucht man einen Praxisanleiter? Oder sollte die Ohrgangreinigung gar nach der Ideologie nach Kant im Sinne der »Selbstverwirklichung des Menschen« oder nach Rogers im Sinne des »Glücks der Menschen« durchgeführt werden? Welche Weltanschauung, welches Weltbild würden Sie vom Krankenpflegepersonal fordern?
Wenn Pflegequalität als Grundpflege für Betagte reicht, dann muss sich auch der Politiker dazu bekennen und es aussprechen: »Der Betagte ist in Österreich eben nicht mehr wert!«

Sicherung der Behandlungspflege

Behandlungspflege ist die Durchführung ärztlicher Anordnungen. Über diese brauchen wir – Gott sei Dank – nicht streiten, die gibt uns ja die Ärzteschaft vor. Hierbei sind nur Hilfsdienste in therapeutischer und diagnostischer Sicht vonnöten. Hier würde nur die Frage zu beantworten sein: Wie viel Zeit verbraucht die Krankenpflege mit der Arztpflege?

Sicherung der spezifisch therapeutischen Pflege

Unter therapeutischer Pflege versteht man die eigentlichen Pflegemaßnahmen der dazu ausgebildeten Pflegepersonen (zum Beispiel: Reaktivierung). Die können wir noch nicht sichern, da sie ja erst erlernt und erprobt werden muss. Da ich – man kann sagen – europaweit meine Pflegemodelle unterrichte, kann ich heute sagen, dass etwa Wien (die Stadt, in der ich diese entwickelt habe) eindeutig Schlusslicht ist. (Werbeslogan: Wien ist anders!) Sodass sich die Frage ergibt, ob denn Wien keine »emanzipierten Pflegepersonen« haben will oder ob diese aus ortsspezifischen Gründen gar nicht vorhanden sind?
Nun, ganz egal in welcher Pflegesparte man die Qualität sichern will, muss man zuerst die Frage stellen: Was ist Qualität, und vor allem, wer bestimmt, was Qualität sein soll? In der Privatwirtschaft heißt es, dass man Qualität anhand von Qualitätsmerkmalen bestimmen und überprüfen kann. Was aber ist ein Qualitätsmerkmal in der Pflege und wer stellt es fest? Qualitätsmerkmale müssten – wenn wir Pflege privatwirtschaftlich sehen – doch primär vom Kunden (oder in einem Sozialstaat vom Träger) vorgegeben werden. Wir müssten also den Kunden bzw. Träger fragen, was in seinen Augen Qualität ist, was Patient und Träger erhalten können oder auch nicht, müsste daher deklariert werden.

Welche Leistung bekommt man für sein Geld in welchem Haus?

Es ist doch ein Unterschied, ob ich in einem Heim nur Warm-satt-sauber-Pflege für meine Pension bekomme und in einem anderen Heim gibt es sogar Übergangspflege [siehe Glossar] oder zumindest die Möglichkeit zum Aufleben (Reaktivierung) dazu? Diese angebotene Dienstleistung müsste aber dann noch zusätzlich einer Ausbildungs- und Qualitätskontrolle (in fachlicher Weise) standhalten können. Es geht nicht an, dass irgendwer irgendwann das Diplom des/der Gesundheits- und Krankenpflegers/-schwester erworben hat und dann bis zu seinem Lebensende glaubt, damit habe er/sie genug gelernt. So wie sich in der Privatwirtschaft die Qualitäts-

standards fast jährlich ändern – egal ob sie eine neue Waschmaschine oder ein Auto kaufen, muss sich auch die Pflege neue Techniken und Inhalte aneignen, um verkäuflich, das heißt, ihr Geld wert zu sein. Dies ergibt ein andauerndes Nachlernen, um auf dem Laufenden zu bleiben. Der Konsument (Klient) hat das Recht, die »Professionalität« der Pflegenden hinterfragen zu dürfen.
Der Konsument (Klient) muss entscheiden dürfen, ob er etwas braucht oder nicht! Aus meinem pflegerischen Berufsleben weiß ich aber: Wir und auch der Träger überprüfen noch nicht ausreichend, was der Patient braucht, sondern wir bieten an: Mineralwasser – gratis, Bastelgruppen – gratis, diverse Unternehmungen – gratis, weil wir den Klienten »glücklich« und nicht »gesund« machen wollen.
Wir wollen ihn behalten, die Bettenauslastung mit gesunden Klienten fördern – aber ihn nicht heilen. Wir gehen mit anderen Worten auf die Ressourcen ein, aber nicht auf seine Probleme, aber gerade wegen dieser Probleme ist er oder sie erst in dieses Heim oder ins Krankenhaus gekommen!
Wenn ich dies wieder mit der Privatwirtschaft vergleichen darf: Wenn zum Beispiel der Vergaser meines Wagens streikt, möchte ich doch den Vergaser repariert haben und nicht bloß eine Autowäsche. Ich darf daran erinnern, dass alles, was gratis angeboten wird, zwar nichts wert ist – aber trotzdem genommen wird. So wie bei dem Angebot: »Heute Getränke frei«. Muss man bezahlen, trinkt man weniger; ist es frei, säuft man bis zum Umfallen. Müssten die Patienten zwischen drei verschiedenen Menüangeboten zum Abendessen selbst wählen und es bezahlen, würde ihnen häufig eines der preiswerteren besser schmecken und auch genügen. Müsste der Patient die dritte Blutabnahme in einer Woche selbst bezahlen, würde er sich keine machen lassen. Wird viel Bettruhe, Mittagsschlaf, Schonung – mit einem Wort Ruhe – verordnet, wozu und warum sollte der Patient dann gehen (Zweckbelastung), wenn man durch Liegen mehr gewinnt, wenn der Klient durch seine Erkrankung erst richtig wichtig wird. Das heißt in der Praxis – je mehr Serviceleistung wir anbieten, desto mehr wird angenommen, ob es gebraucht wird oder nicht – es ist ja da.
Kein Patient denkt daran, dass er dadurch zu Tode gepflegt, hospitalisiert wird, dass seine Wohnung aufgelöst wird, und dass dadurch

das Interesse an ihm (durch die Umwelt und Verwandtschaft) erlischt. Die in einem Sozialstaat eingeführte Standardpflege wird so für beide Teile zur staatlichen Falle und bedarf einer besseren Konsumenten-Aufklärung!

Was ist heute Standardpflege? Wenn man sich ein Auto kauft, kann man sich eine Standardausführung kaufen. Diese bietet Verschiedenes – je nachdem welches Modell man wählt.

Der Wagen kann entweder schnell sein, oder sparsam im Verbrauch, oder in blauer Lackierung ausgeliefert werden. Dasselbe wird in Zukunft wohl in der Pflege passieren. Die Standardausführung, die sich der Patient wählen kann, ist entweder verwahrend (in der Billig-Ausführung) oder rehabilitativ (und etwas teurer, obwohl sich der höhere Preis durch die frühzeitige Rehabilitation amortisiert). Zu der Standardausführung kann man, wie beim Autokauf, auch noch Extras verlangen (Sonderausstattungen). Für diese muss man aber einen Aufpreis zahlen. Auch in der Pflege ist es ja bereits möglich, für Einzelzimmer, mehrere Mahlzeitangebote – also für Hotel- und nicht für Pflegeleistungen zu zahlen.

Pflegequalitätsreformen sind meiner Meinung nach in einem Heim oder Spital nur von außen möglich. Der Druck auf die Institution muss von der Öffentlichkeit her kommen und damit den Leidensdruck der Verantwortlichen für das Heim erhöhen. Von innen ist – außer durch Einzelgänger, die ich gerne Zugpferde nenne – eine tatsächliche Änderung (nicht nur eine Scheinanpassung, oder Pilotprogramme für kurze Zeit) nicht möglich.

Dies setzt allerdings das Wissen und daher die Information der Käufer (Klienten) über die Reversibilitätstheorie, Disengagementtheorien und über die Professionalität der Pflegenden in einem Heim voraus. Der Käufer muss wissen, dass er für sein Geld nicht nur Pflege und Zuwendung, sondern auch Rehabilitation haben könnte. Er muss wissen, dass es sein kann, dass er nach der Aufnahme »in Liebe zu einem angepassten unbeweglichen Lebewesen gepflegt wird«.

Erst wenn er dies weiß, kann er entscheiden, ob er das auch will. (Was sehr häufig bei parasympathikotonen [siehe Glossar] Personen der Fall ist.) Er muss aber zusätzlich wissen, dass er mit der Entscheidung: »Ich will ins Pensionistenheim« viele weitere Entscheidungen über seine persönlichen Angelegenheiten an das Heim abgibt, dass er seine Wohnung verliert, dass er auf die Besuche seiner Verwandten angewiesen sein wird, die vielleicht ungern in ein Pflegeheim kommen. Er muss wissen, dass sein Ich von der Bühne des Lebens verschwindet, dass selbst Alltagsbanalitäten für ihn von der Schwester erledigt werden.

- Er muss wissen, dass er einen kleineren Lebensraum hat und dass jede Verkleinerung des Lebensraums zu Aggressivität führt.
- Er muss wissen: »Wer rastet – rostet«.
- Erst nach Informationskampagnen kann der Käufer (oftmals noch) entscheiden, was er will – was er nicht will – und vor allem in welcher Ausführung er es haben will. Dem Käufer (Klienten) muss der Unterschied zwischen »rehabilitativer Pflege« und »Bedürfnisbefriedigung« bekannt sein, um wählen zu können.
- Er muss wissen, ob er ein »Viersternehotel« mit zufällig vorhandenem Blutdruckapparat bevorzugt oder doch noch einmal (reaktiviert) am Leben teilnehmen will.
- Er muss wissen, dass er, solange er lebt, lebendig sein soll.
- Der Klient muss erkennen können, ob das Wissen des Personals auf dem letzten wissenschaftlichen Stand ist, damit er nicht veraltete Pflegeimpulse bekommt.
- Er muss wissen, dass dabei oft die »rehabilitative Idee« an sich schon seinen persönlichen Wünschen widerspricht. Beispiel: Er will liegen, die Pflegeperson will reaktivieren, er will einen Krankheitsgewinn – die Pflegenden wollen ihn verselbstständigen.
- Er muss wissen, dass nur Praxisanleiter, die ein rehabilitatives Modell umsetzen (zum Beispiel das Böhm-Modell) auf dem letzten wissenschaftlich-rehabilitativen Stand sind.

Erst nach diesen Informationen kann der Klient wissen, was er will und braucht.

Ich sehe eine meiner Hauptaufgaben in der Öffentlichkeitsarbeit in der Aufklärung der Klienten und Angehörigen – und wenn Sie so wollen – in der Emanzipierung der Öffentlichkeit. Ich gehe von der Vorstellung aus, dass die Verwandten immer »das Beste« wollen, was bis zum Jahre 1979 die Warm-satt-sauber-Pflege war und dass eine ungeheure Aufgabe darin liegen muss, die Öffentlichkeit

darüber aufzuklären, dass »das Beste« heute nicht mehr in der Grundpflege, sondern in der Übergangspflege und Rehabilitation liegt.
Es ist notwendig, die wissenschaftliche Aussage der Reversibilitätstheorie unter das Volk zu bringen, für das »Aufleben auch im Heim« zu werben, die Bevölkerung zu informieren, dass das Befinden des Klienten mit einer Warm-satt-sauber-Pflege-Pflege bergab geht, dass es nur mit der Devise »Solange man lebt, sei man lebendig« wieder bergauf gehen kann. Der Patient und Angehörige muss wissen, ob »zu Tode gepflegt« werden soll (und das in Zukunft vermehrt für sein eigenes Geld oder mithilfe der Versicherung) oder ob er sein Geld noch selbst, womöglich in seinen eigenen vier Wänden – ohne bezahlte Dauerbetreuer – verbrauchen will?
Für die Verwandten ergibt sich daraus eine Menge Arbeit, denn sie müssten vor einer Heimaufnahme die regionalen Heime erforschen und Informationen einholen. Sie müssten sich konkret fragen: »Was ist heute in welchem Heim zu welchem Preis zu bekommen?«

- Nur basteln und lieb sein,
- nur baden und Sterilität,
- nur somatische Pflege ohne seelische Rehabilitation,
- oder bewohnerorientierte, biografische Pflege?
- Wollen die Pflegenden »nur fertig werden« oder geht es ihnen auch um das seelische Befinden der Betagten?
- Gibt es ein nur modernes Heim, mit dem sich der Architekt oder der Bürgermeister selbst verwirklicht hat, oder hat das Heim auch biografische Elemente in der Architektur zu bieten?
- Hat das Heim auch ambulante Dienste (Übergangspflege), die vom Heimpersonal durchgeführt wird?
- Bekommt man auch spezielle Reaktivierung?
- Gibt es Modelle zum Aufleben (Levine, Böhm) statt zum Ableben?

Diese Standardfragen müssen zwischen Träger und Klient Klärung finden.
Heimverträge müssen sich vorerst einmal auf zwei Fragen konzentrieren:

- Was will die Pflege?
- Was will der Klient?

Patienten sollen bekommen, was sie brauchen, nicht was sie wollen!
Die Pflege heute will eine optimale, rehabilitative Pflege. Gerade diese kann aber manchmal mit den Kundenwünschen kollidieren. Die Pflegeperson will etwa, dass sich der Patient bewegt, um keinen Dekubitus zu bekommen, sodass die Bewegung (Mobilität) die Lebensbewegung fördert. Der Klient hingegen will liegen. Wer hat Recht? Die Entscheidung – bewegen oder liegen –, um nur etwas zu nennen, ist schwer. Fachlich richtig ist die Bewegung, weniger Schwierigkeiten hat man allerdings mit Patienten und Angehörigen, wenn der Klient liegt.
Ich denke, die Heime zu deklarieren, ist die Lösung:

- Welches bewegt die Klienten und welches legt Wert auf liegende Klienten?
- Welches ist vom rehabilitativen Background, welches vom Hospiz-Charakter geprägt?

Dann weiß der Kunde, worum es geht und jeder kann dorthin gehen, wo er selbst hin will. Ist im Heimgesetz (Vertrag) die Deklarierung nicht vorgesehen – ja dann weiß man nicht, ob man sich in einer Trafik (Tabakwarenladen) oder in einem Milchgeschäft befindet!
Geht man in ein nach einer Deklaration rehabilitatives Heim, steht fest, dass man sich bewegen will. Tut man dies nicht, hat man den Rehabilitationsvertrag gebrochen und trägt somit selbst die Schuld an seinem Dekubitus oder seiner Immobilität.
Heute steht für mich fest, dass fast alle sympathikotonen Menschentypen Bewegung wollen, sie sind bereit, trotz schwieriger Bedingungen und Anstrengungen daheim und nicht im Heim zu sein. Fast alle Parasympathikotonen wollen einen geschützten Rahmen – ob der nun Heim oder Spital heißt. Sie wollen ihre Lebensangst – die sie ja ihr Leben lang hatten – weiter pflegen. Es ist ihnen dabei oft egal, ob das in einem Nobelheim oder in einer Kaschemme passiert. Viele dieser Klienten nehmen natürlich die Viersternehotel-Leistungen lieber wahr, als die einer »Kaschemme«, solange sie nicht selbst bezahlen müssen. Das heißt, dass in der heutigen Zeit das Personal gezwungen wird, auch parasympathische Typen zur Bewegung zu bringen. Jeder der in der Praxis tätig ist, weiß wie schwer das ist.

Die Politik zwingt auch die Klienten dazu, eigenständige, informierte, so genannte mündige Bürger zu sein. Es ist, so paradox das auch klingen mag, eine Neuorientierung der Pflege durch Budgetkürzungen gegeben. Ob dies eine günstige Motivation ist, weiß ich nicht, aber eines weiß ich: Es ist eine!
Pflegerische Aufgabe wird es sein, sowohl alte Menschen länger selbstständig zu erhalten oder wieder selbstständig zu machen, als auch den Hospizgedanken für einen kleinen Teil der Patienten und Pflegepersonen zu fördern. Auf jeden Fall ist in beiden Fällen – beim Aufleben und beim Sterben – die seelische Befindenspflege als Standardprogramm in die Pflege zu involvieren. Gerade in der heutigen Zeit sollten sich alle Politiker bei jenen Pflegepersonen bedanken, die schon reaktiviert und Übergangspflege betrieben haben, als wir noch in den »sieben fetten Jahren« unseres Wohlfahrtsstaates kostensparend und patienteneffektiv gearbeitet haben.
Ich möchte mich auf alle Fälle für die Weitsicht meiner Epigonen bedanken.

Gründen Sie Anti-Alzheimer-Vereine

Werden Sie selbst ein Solon oder ein Cicero! Wer sich nicht einmischt, entmündigt sich selbst! Anti-Demenz-Gruppenbildungen sind notwendig! Man muss ja nicht unbedingt gleich als Bundespräsident kandidieren, um etwas für die Alten tun zu können. Viel zu selten werden die Wünsche der Alten etwa mittels Briefen an die Politiker formuliert. Viel zu selten ergreift ein Alter das Wort bei Gesellschaften, die ihn vertreten sollten oder gar im Heimbeirat. Ich vermisse auch Leserbriefe in Zeitungen! *»Mensch, tu was, bevor man etwas mit dir tut.«*

Informieren Sie sich, machen Sie sich wichtig!

Sie tun dies schon, indem Sie dieses Buch lesen. Viele älter werdende Leute tun nichts, weil sie selbst nicht wissen, was sie wollen: leben oder gepflegt werden? Oder weil sie nie gelernt haben, sich wichtig zu machen. Aber schimpfen am Wirtshaus-Stammtisch ist eindeutig zu wenig. Werden Sie tätig als Redner. Klären Sie die Kinder auf, dass nicht alle alten Frauen – wie bei den Gebrüdern Grimm – auch gleichzeitig Hexen sind. Helfen Sie den Kindern ein positives Altersbild zu entwickeln. Reden Sie vom »lieben Gott«, das ist der »alte Mann mit Bart«, der positiv besetzt ist. Reden Sie darüber, dass dieser liebe Gott auch eine Frau sein könnte.

Fordern Sie das Recht auf Information

Ich versuche seit Jahren mit meinem Vortragskabarett »Wenn der Knoblauch nicht mehr hilft« Gleichaltrige zu informieren. Das ist auch der Sinn dieses Buches. Ich sehe mich als Anwalt von Gleichgesinnten, also Alten und plaudere nur aus diesem Grunde aus der Schule. Betagte haben das Recht auf Information:
Im Laufe meiner vielen Praxisjahre im täglichen Leben musste ich feststellen, dass nur wenige alte Menschen umfassend über ihre Rechte informiert sind und alle Geldzuwendungen bekommen, die ihnen zustehen. Daher: Informieren Sie sich aus Fachbüchern über Geldzuwendungen, über Beratungshilfen, über Vorsorge und Hilfen zur Stützung und zum Unterhalt ihrer Selbstständigkeit. Studieren Sie Fachzeitschriften (auch wenn sie nicht alle Fachausdrücke verstehen). Bringen Sie sich auf den neuesten Stand der rehabilitativen Alterspflege. Schließen Sie sich mit anderen zusammen, womöglich mit Leuten, die auch nicht ins Heim wollen. Immerhin ist die Erhaltung der Wohnung von zentraler Bedeutung. Informieren Sie sich bei der Mietervereinigung über Kündigungsschutz, über Mietzuschuss. Informieren Sie sich besser über Hilfen zur Weiterführung des Haushaltes oder Hilfen zur Pflege im häuslichen Bereich.
Erst wenn Sie eine Vorbildung haben und wissen, was Sie wollen, sollten Sie sich einbringen. Gerade in Altersfragen gibt es viel zu tun: Wohnungsfragen, Altersheim-Fragen, Heim-Settings, Fragen der Gesundheits- und Alterspolitik schlechthin ... Fest steht, dass die Alten immer älter werden. Wenn die Alten immer älter werden, dann haben wir in der Zukunft auch mit einem Mehr an Demenz-Klienten zu rechnen. Gerade für diese Gruppe von Menschen kann

man nicht erwarten, dass die Jüngeren die politische Arbeit für sie positiv erledigen werden. Das heißt, dass wir von den immer jüngeren Politikern keine altersgerechte Politik zu erwarten haben. Sehr oft übersieht man auch, dass die Politiker immer jünger werden und das Volk immer älter! Dass jene, die uns Alten vertreten sollten, gar nicht verstehen, was sie da vertreten sollten. Die zukünftigen Politiker werden die sein, die uns heute schon als Wortführer aus den Talkshows bekannt sind, die sich mit folgenden Sätzen profilieren: »Ich kündige hiermit den Generationenvertrag« – »Alte werden von uns nicht mehr durchgefüttert«. Eine Talkshow hatte den Titel: »Ab in die Kiste – Grufti!«

Fordern Sie Heimgesetze

Und zwar solche, die die Reversibilitätstheorie zur Grundlage haben. Fordern sie das Recht auf Rehabilitation ein. Heute betreiben manche Altersheime direkt »verwahrende Psychiatrie«. Sie besitzen »beschützende Stationen«, fesseln die Menschen durch das Versperren der Türen, fesseln und knebeln sie mit Psychopharmaka. Sie wenden Schutzmaßnahmen an, die früher, vor der Psychiatriereform, in Psychiatrien gang und gäbe waren. Es kann doch nicht sein, dass nun alle Psychiatrien offen geführt werden, Altersheime aber zum Schutz (vor wem, frage ich mich oft) geschlossen geführte Abteilungen sind. Immerhin handelt es sich juristisch gesehen bei den meisten Betagten um nicht-entmündigte, voll geschäftsfähige Erwachsene.

Aktivieren Sie Ihre Vertretungen

Natürlich werden Sie sich fragen: »Warum das Ganze, warum soll ich für mich kämpfen? Die politischen Parteien, die Gewerkschaften haben alles für uns erkämpft. Nun ruhen wir uns auf unseren Lorbeeren aus!« Nun, ich werde Ihnen sagen, warum: Weil eigentlich auch die Organisationen und Vertretungen, die für uns sein sollten, gegen uns agieren. Sehr oft habe ich Leute getroffen, die sich

Altersberater oder Lebensberater nennen, und selbst nicht einmal das Mindeste von dieser Materie verstehen. Auch die leben nur von Glanzdruck-Reklamen, Sie wissen schon, wie beim Autokauf.
Viele Alters(des)interessens-Vereinigungen agieren meines Erachtens nicht nur gegen eine rehabilitative Therapie für Alte, nein sie benennen sich auch noch so negativ, dass man es an der Überschrift schon erkennen kann: Wenn sich eine Vereinigung Alzheimergesellschaft nennt, heißt dies für mich, dass sie sich mit dieser Erkrankung identifiziert. Wenn Sie sich mit dieser Ideologie identifizieren, dann identifizieren Sie sich natürlich auch mit der Irreversibilitätstheorie!
Die selbstbestimmende Prophezeiung eines progressiven Verlaufs ist somit vorprogrammiert, ein psychisch Pflegebedürftiger wird erzeugt. Man pflegt sozusagen den Menschen in die Verschlechterung hinein, statt aus dieser heraus. Es ist gar keine Frage, dass es in der Schulmedizin auch einen M. Alzheimer gibt. Das heißt aber nicht, dass wir Laien in die Fußstapfen der Ärzte treten müssen, wir sollten uns eher unseren eigenen Trampelpfad (einen positiven) anlegen.
Es wäre langsam an der Zeit, dass wir Alten selbst die Lobby für schon verhaltensgestörte Alte ergreifen, und somit für die eigene Mutter, den eigenen Vater die Reversibilitätstheorie vertreten und damit rehabilitative Vertretungen aufbauen.

Verhindern Sie für Ihre Zukunft die Entthronungsdepression

Ich stelle mir die Zukunft mit der weiteren Erhöhung der Lebensarbeitszeit furchtbar vor: Solange es Menschen gibt, wollen viele Söhne das Haus, die Firma, den Beruf des Vaters übernehmen. Der heranreifende Sohn fordert immer mehr den Machtverzicht des Vaters. Er will den Druck von oben nicht mehr, er will sein eigener Herr sein! Der Vater empfindet seinerseits den Druck des Sohnes und geht automatisch in eine Entthronungsdepression über. Zwei Erste haben nebeneinander nicht Platz. Der Junge bleibt meistens dabei Sieger. Sein Sieg führt über die Leiche des Alten. Wenn nun die Alten länger den Arbeitsplatz belegen, werden Junge nicht nachrücken können und der alte Ödipus wird erwachen.

Was denkt sich die Jugend eigentlich, wenn für sie nur die Jugend zählt? Die Menschen werden heute älter als je zuvor. Man kann mit achtzig Jahren und mehr rechnen. Was bedeutet das aber? Die ersten fünfzehn Jahre ist man Kind, die nächsten zwanzig Jahre ist man, Gott sei Dank, »junger Mensch« und etwas wert, aber dann? Man hat noch vierzig und mehr Jahre vor sich, in denen man eigentlich schon gar nichts mehr wert ist! Das Leben hat so viele Jahre, aber nur so wenige, in denen man jung ist. Diese Werteinstellung müsste doch auch im Sinne der »Jugend« geändert werden! Die Lösung des Problems kann nur in der Teilung der Aufgaben zwischen den Altersgruppen erfolgen. Der Versuch, den Alten Aufgaben zuzuweisen, die ihrer biologischen Situation entsprechen, sollte gewagt werden.

Vermeiden wir, dass wir Junge mit wenig Weisheit zu Chefs machen, und Alte mit immer weniger Energie Chefs bleiben lassen!

3 UNSERE HIRNKASTERLN

»Unser Kopf ist rund,
damit die Gedanken die
Richtung ändern können!«
Francis Picabia

Es gibt Kleiderkasten, Rollkasten, Speisekasten, Wäschekasten, Brotkasten und Hirnkasten. (Ich weiß, anderswo sagt man zu Kasten Schrank und bitte um Verständnis.)

- »Schau nicht immer ins Narrenkastl.«
- »Du hast nicht mehr alle Tassen im Schrank.«
- »In deinem Hirnkastl ist eine Schraube locker.«
- »Du hast ja nichts auf dem Kasten.«
- »Na ja, ist der Schrank zu klein, passt halt nichts hinein.«
- »Du bist beschränkt.« (dürfte vom Schrank, vom Kasten herrühren)

Solche und ähnliche Sprüche fallen dem Volk ein, wenn es über das Hirn zu reden gilt. Sie sehen also, ich habe vom Volk abgeschrieben und dies haben auch Prof. Berner, den ich hier öfter zitiere, und Sigmund Freud gemacht. Wir haben dem Volk aufs Maul geschaut. Es hat die Seele (das Hirn) in Kasterln unterteilt. Der einzige Unterschied zwischen dem Volk und den Wissenschaftlern ist, dass die Wissenschaftler den Kasteln Fachwörter gegeben haben. Da ich mich als Schreiberling für das Volk fühle, möchte auch ich bei den Volksnarrenkasteln bleiben und Ihnen das Hirn oder die Seele volksnah vorstellen.

Wenn man die Anatomie des Menschen als Grundlage für eine Beschreibung der Seele hernehmen wollte, könnte man fast sagen, dass wir zwei Hirnkasteln haben.

Diese Kästen haben viele kleinere Schubladen, die entweder mehr links oder mehr rechts angeordnet sind. Diese Schubladen verbergen viele Geheimnisse und haben eigene Funktionen. Wenn man eine Lade aufmacht, quietschen auch die anderen mit. Alle Kasteln und Laden zusammen ergeben unsere Seele – unser Hirn. Sieht man näher hin, können wir einen großen oberen Kasten und einen kleineren unteren Kasten erkennen.

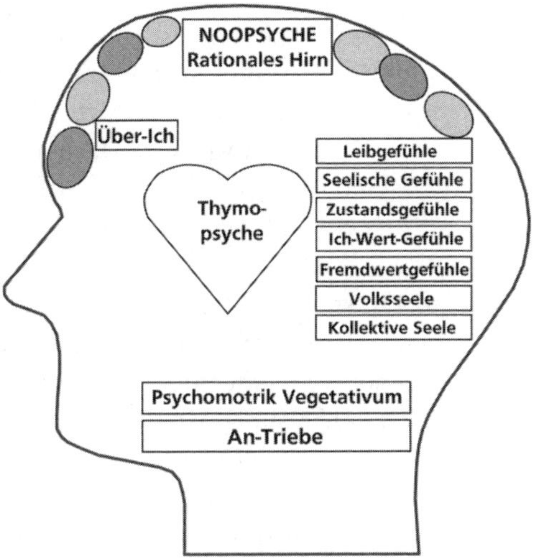

Im *oberen Kasterl* gibt es viele Laden, in denen unsere Fähigkeiten und Fertigkeiten gespeichert sind.

- Da gibt es eine Lade für unsere *Elementarleistungen:* zielgerichtete Motorik, Sprache, Schreiben, Hören, Sehen, Erkennen.
- Eine Lade für die *Gedächtnisleistung:* die sich in Kurzzeitgedächtnis, Mittelspeicher oder Langzeitspeicher unterteilt. In diesen Kasterln schauen wir meistens nach, wenn wir etwas suchen, wenn wir etwas verlegt haben.
- Und es gibt die Lade für unsere *Intelligenz:* Was sollen wir mit unseren Informationen anfangen? Was machen wir mit unseren Vorstellungen? Dieser obere Kastenanteil ist grau gestrichen, man sagt auch, es wären die grauen Zellen in diesem Teil gelagert.

Das *untere Kasterl* ist unsere Grundlage, Mensch zu sein. Sie liegt auf der Grundplatte oder Schädelbasis. In dieser Schatzkammer bewahren wir viel menschlich wertvolles Material auf:

- Es gibt eine Lade für die Psychomotorik und das vegetative Nervensystem.
- Eine andere, eine zutiefst (menschliche) heimliche Lade enthält unsere Triebe. (Sie wissen schon, das ist das, was eigentlich niemand hat, wenn man ihn danach fragt.) Aus dieser Lade entspringen unsere Gefühle und Stimmungen.

Das Triebkasterl wird mit einer Diebstahlsicherung mit Geheimcode, dem Über-Ich bewacht. Kaum kommt ein Mensch auf die Idee, einen Trieb ausleben zu wollen, meldet sich schon die Diebstahlsicherung und sagt: Zugriff verweigert! Mach das ja nicht, du wirst erwischt werden. Und schon stecken wir den Trieb wieder in die Lade zurück. Öffnen ein anderes Kasterl und setzen eine Ersatzhandlung. Statt dem Kasterl Geschlechtsverkehr öffnen wir dann zum Beispiel das Kasterl lesen!
Alle Laden in unserem Hirnkasterl bestimmen gemeinsam unser Befinden. Werden die Laden gut geschmiert (Seelennahrung), geht es ihnen gut. Ist aber nur eine Kleinigkeit nicht in Ordnung (klemmen die Laden oder wird der Inhalt vermischt), verspüren wir ein schlechtes Gefühl. Wir fühlen uns in unserem Kasten nicht wohl. Nein, es heißt ja eigentlich »wir fühlen uns in unserer Haut nicht wohl«. Ein Mangelgefühl, ein Unlustgefühl, ein schlechtes Vitalgefühl kommt auf. Sie sehen wie wichtig es ist, unsere Kasterln und Laden in Ordnung zu halten.
Wie oft sagt jemand: »Das müssen Sie hier (und greift sich dabei auf die Stirn = Rechtshirn) und hier begreifen (und greift sich dabei auf das Herz = Linkshirn)« und meint damit, dass man Verhalten eben mit Hirn und Herz begreifen muss. Man muss mit Logik aus dem Linkshirn und mit dem Gefühl aus dem Rechtshirn mitbekommen, was in einem vorgeht.

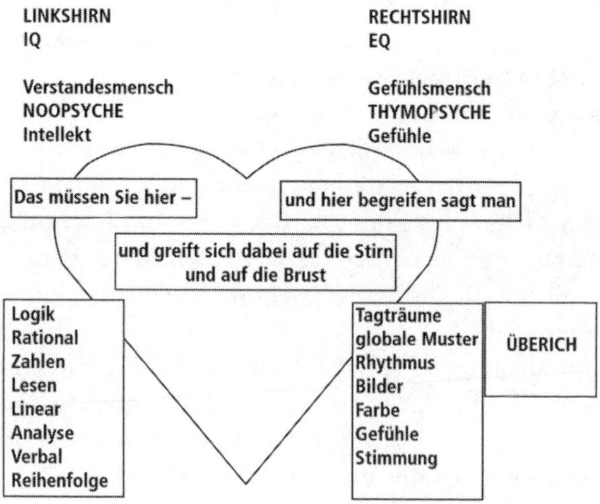

Nun, dass jemand sich dabei auf das Herz greift, ist nicht verwunderlich. Früher hat man eben das Gefühl, die Seele im Herzen vermutet. Und so sprechen wir heute noch von Herzmenschen, von Gefühlsmenschen – man hat das Herz am richtigen, rechten Fleck – oder eben vom Hirnmenschen, wenn man sich auf die Stirne greift.

Die Entwicklung unserer Kasterln in der Praxis des Lebens

Das kollektive Rechts- oder Linkshirn in der Geschichte

Sie können sich noch an das verschiedenartige Verhalten der Pensionisten und der Rentner bei unseren beschriebenen Urlaubsausflügen erinnern? Ich gewann dabei den Eindruck, dass es sich bei den beiden Gruppen häufig um ganz verschiedene Menschentypen handelt. (Natürlich gibt es auch alle Mischformen, das wollen wir nicht übersehen.) Man könnte sagen, dass Menschen funktional und anatomisch gleich gebaut sind, dass aber in ihren Hirnkasterln durch die Erziehung, durch ihr Elternhaus, durch ihre Umgebung anderes gespeichert wird. Jeder lebt schließlich und endlich nur in seinem Milieu.
So wie wir in unserem Elternhaus zu männlich oder weiblich fühlenden Menschen konditioniert (gefüllt, beladen) wurden, werden auch – kollektiv gesehen – verschiedene Volksschichten (Bürgerliche, Arbeiter, Bauern) dem jeweilig vorherrschenden Zeitgeist nach geprägt. Es ist eine (alte) kollektive Gesellschaftsentwicklung (Beladung der Laden), die über das Frühmittelalter mit seinem sozialen Gefüge über die Entstehung der Industriegesellschaft bis heute (und noch weiter) tiefe emotionale Ursprünge hat.
Alles Erlernte, Konditionierte speichern wir in unseren Kasterln. Frauen werden dabei mehr rechts-dominant, Männer mehr links-dominant erzogen. (Daniel Goleman: »Emotionale Intelligenz«)

- Frauen haben mehr »Rechtshirn«
  Frauen sind meistens intuitiver und weniger faktenorientiert. Sie sind dadurch kreativer, offener für neue Ideen und Veränderun-

gen. Sie sind sensibler für die Umwelt und ihre Mitmenschen. Ihre soziale und Kommunikationskompetenz ist größer als die der Männer. Frauen haben mehr Einfühlungsvermögen. Sie können sich in die Hirnkasterln von anderen Menschen besser einfühlen. Sie haben eine höhere *Emotionale Intelligenz*. Diese sitzt (so sagt Goleman) vorwiegend im rechten Hirnkasterl.

- Männer haben mehr »Linkshirn«
  Männer hingegen – sie behaupten mehr Linkshirn zu haben – sind Bürokraten, sind kleinliche, streng nach Vorschriften und Zahlen agierende Menschen. Sie sind demnach auch mehr änderungsfeindlich. Sie brauchen Schemata und Ordnungen (aber das kann der Computer auch schon alles!). Ich würde sagen, wir Männer sind Erbsenzähler. Wir sind unbeweglich, wir wollen Systeme erhalten. Es soll alles beim Alten bleiben.

Unsere Kasten sind Speicher – Rechts-Speicher, Links-Speicher, Oben- und Unten-Speicher.

Jeder Speicher muss gefüllt werden. Wir Menschen füllen unseren Speicher von der Geburt bis zur Bahre. Jeder Mensch speichert nach seiner Geburt etwas anderes. Er speichert seinem Zeitgeist entsprechend Wichtiges. Das ergibt auch den Unterschied zwischen junger und alter Generation. Sie haben andere Kästen.

Die alten Menschen haben einen bemalten Bauernkasten, die jungen einen Computer-Rollkasten.

Unsere Kasteln als Speicher

So wie in einem Kasten auch, liegt das Unterste – das, was wir als Erstes hineingelegt haben – zuunterst; alles was später dazu gekauft wird, legt man oben drauf. Eines Tages finden wir etwas nicht gleich, das von ganz unten; es ist verdeckt (Deckerinnerung). Wir müssen lange nachdenken, was da war oder wie das war. Ich kann sie beruhigen, im Alter wird es umgekehrt – die Dreckwäsche eines ganzen Lebens kommt wieder an den Tag. Dann können wir selbst unsere eigene Schmutzwäsche waschen.

Das heißt unsere Hirnkasten werden im Laufe unseres Lebens gefüllt und belegt. Das heißt, die Speicherung erfolgt biografisch und

ist demnach nach dem jeweiligen vorherrschenden Zeitgeist beschickt worden. Ein 1920 Geborener hat ganz anderes Zeug in seinem Kasten als ein 1990 Geborener. Alle Gedächtnisspeicher haben natürlich auch eine links- oder rechts-dominante Lademöglichkeit.
So gibt es Menschen, die mit einem Gefühl aus dem Jahre 1920 als Arbeiter, Angestellte, Bürgerliche oder Bauern agieren, und andere wieder, die sich nur im Hier und Jetzt, im Heute orientieren und agieren.

Die vier Seelenspeicher:

Neugedächtnis	12. Lebensjahr bis heute	Hirn
Altgedächtnis	6. bis 12. Lebensjahr	Gefühl
Tertiärgedächtnis	3. bis 6. Lebensjahr	Über-Ich
Kollektivgedächtnis	Geburt bis 3. Lebensjahr	Trieb

Alle vier Seelenspeicher entwickeln sich vom Urschrei bis zu unserem heutigen Sein.
Selbst in der untersten Schicht des Kollektivgedächtnisses kann man den Unterschied zwischen Mann und Frau, oder wenn Sie so wollen, zwischen Rechts- und Linkshirnlastigkeit erkennen. Die Frau noch von der Neandertalerzeit geprägt, lebt natürlich, bildlich gesprochen. Die Frau zieht sich wie früher eher in die schützende Höhle zurück, zieht sich psychisch gesehen dorthin zurück, wenn ihr Gefahr droht, und vor allem ist sie seelisch weit elastischer konstruiert als der Mann. Ihr Rollenbild sieht per Neandertal eine Anpassung vor, ihre Seele ist nicht nur auf Angriff und Angriffsplanung ausgerichtet. Sie ist nicht so spröde wie wir, Mammut tötenden Männer, sondern (hoffentlich) anschmiegsamer. Das heißt, am gebrochenen Herzen sterben wir Männer, nicht unsere Frauen. Die halten aufgrund ihrer Anschmiegsamkeit schon mehr aus als wir. Sie können sich nach unserem Tod neu anschmiegen. Und wir Männer?
Der Mensch entwickelt sich vom Säugling – einem gefühlsbetonten Lebewesen – zu einem Verstandesmenschen. Bei diesem Vorgang der Entwicklung lernt er auch spielend die fein- und grobmotorische Bewegung kennen und ausleben. Es war doch schön, mit der Oma Kartoffel schälen zu lernen. Nie werden wir diese Zeit

vergessen (bleibt als Schlüsselreiz erhalten). Es war doch schön gemütlich bei der Mama in der Küche, den üblichen Küchendunst zu riechen. Wir waren zu Hause, Mama hat gekocht, und die Hausmannskost hat gerochen. Heute noch, wenn wir das riechen, werden wir an die Mutter, an die Küche erinnert und positiv gestimmt werden. Daher ist es auch verständlich, wenn Frauen, die im Moment gerade linkslastig tätig sind, durch einen ihnen bekannten Schlüsselreiz (etwa Lebkuchengeruch zu Weihnachten) plötzlich rechtslastig werden und in eine andere Lade – der des Gefühls – geraten, über die wir Männer uns nur wundern können. Natürlich lernen auch Männer das Rechtshirn zu benutzen, allerdings, so sagt man, im Alltagsleben seltener. Sollten wir Männer allerdings ins Alter kommen, dann nehmen auch bei uns die Gefühlsanteile zu. Und alle, die uns kennen, werden feststellen, dass wir anders geworden sind, weil uns plötzlich Gefühle wichtig sind.
In unserem Kasterl *Altgedächtnis* haben wir alles gespeichert, was uns als junger Mensch wichtig war oder zumindest so erschienen ist. Alle unsere Abenteuer, die Erlebnisse in Russland, der erste Kuss sind in diesem lebenswichtigen Speicher enthalten.
Das Günstigste im Leben wäre, alle Hirnareale gleichmäßig zu verwenden. In den Gehirnen von vernünftigen Frauen oder Männern würde es dann immer wie bei einem unentschiedenen Fußballmatch zugehen, es würde immer eins zu eins stehen. Es gäbe keinen Gewinner – keinen Verlierer! Gefühl und Gehirn-Aktivitäten würden sich die Waage halten. Der Mensch wäre ein ausgeglichenes Wesen mit Gefühls- und Vernunftanteilen. Viele berühmte Menschen hatten diese gute Eigenschaft, das rechte und das linke Hirn gleichmäßig verwenden zu können, »gefühlvolle Denker«, zu sein! *Leonardo da Vinci* war nicht nur ein Wissenschaftler und genialer Erfinder, er spielte und komponierte auch Musik und ist einer der bekanntesten Maler unserer Geschichte. *Albert Einstein* gilt als eines der größten Naturtalente für Mathematik und Physik, aber er war auch ein Tagträumer und spielte Geige.
Obwohl die linke Seite nicht wichtiger ist als die rechte, schätzt man in der Erziehung oft die Bildung – was immer das auch sein soll – wesentlich höher ein als das Gefühl. Man schätzt die ausländischen Fremdwörter mehr als Gefühle und Humor. Gerade in der heuti-

gen Zeit wird schon in den Schulen immer mehr links gespeichert, die Hirnkästen werden falsch befüllt. Damit erscheinen viele junge Menschen gefühlskalt (also auch gefühlskrank) zu sein, obwohl dies gerade von den heute Alten behauptet wird.
Alles was der Mensch in seine Laden speichert oder eben nicht speichert, wird durch einen Filter gesiebt. Erscheint uns etwas (auch emotional) wichtig, nehmen wir es zur Kenntnis. Ist es uns unwichtig (oder bedroht es uns nicht direkt), vergessen wir es sofort wieder. Alles, was wichtig ist – ist gefühlswichtig! Lernen ist somit eine Mischung zwischen Links- und Rechts-Kasten. Ohne Spaß gibt es kein Lernen. Einmal das obere Kasterl ansprechen – einmal das untere, das wäre der Hit.

Der Mensch wird älter als sein Hirn organisch verkraftet

Wir Menschen haben in unserem Gehirn einen Filter, der darüber entscheidet, ob etwas wichtig ist oder nicht. Alles, was an unwichtigen Informationen an uns herangetragen wird, vergessen wir sofort. Alles, was wichtig ist, Spaß, Humorvolles, Abenteuer werden gelernt.
Eines der wichtigsten unteren Kasterln, das *Limbische System*, hat zu entscheiden, was unsere Aufmerksamkeit verdient und was ignoriert werden kann. Aus der Flut von Reizen, die unaufhörlich auf uns einstürzen, wählt das Limbische System denjenigen aus, der für uns von Bedeutung ist. Alle Informationen (Sie wissen schon, vorwiegend die, die auch Emotionscharakter haben) werden über dieses Kasterl in das Großhirn weitergeleitet. Ein glücklich gestimmter Mensch oder ein Verliebter sieht dann alle Informationen positiv durch die, wie man sagt, rosarote Brille. Dieselbe Welt sieht für einen traurig gestimmten Menschen ganz anders aus. Somit speichert der Mensch wieder über seine biografischen Erfahrungen. Er lernt nur, was ihm wichtig, nicht was unwichtig erscheint. Für den Traurigen ist alles Traurige wichtig. Für den Lustigen ist eben alles Lustige wichtig. Alles was uns wichtig erscheint, ein positives Gefühl auslöst, lernen wir leichter. Alles was uns gleichgültig ist, vergessen wir aber gleich wieder.

Kein Wunder, dass man dieselbe Methode auch wieder im Alter verwendet. Diese Methode kennt man schon und alles, was der Mensch kennt, macht er weiter. Die Gattin, die ich ein Leben lang nicht liebte, werde ich auch im Alter sehr schnell vergessen. Menschen, die ich auf der Straße oder sonst wo kennen lerne, die mir vorgestellt werden, sind schnell wieder weg, wenn sie mich nicht interessieren. Dies ist meiner Meinung nach noch keine Hirnleistungsstörung, sondern ein mit zunehmendem Alter auftretendes »Wurstigkeitssyndrom«. Wir brauchen im Alter nicht mehr höflich zu sein, wir brauchen uns nicht mehr beruflich oder privat wichtig zu machen und nehmen daher auch einiges, Gott sei Dank, nicht mehr zur Kenntnis. Es ist uns, wie wir Österreicher sagen, Powidl!

Die Speicherung im Hirnkasten – Füllung unserer Kasterln

Wie ich schon sagte, werden unsere Hirnkasteln und Laden vorwiegend mit biografischen Materialien gefüllt. Der Mensch beginnt sein Leben als Säugling, wird dann Kleinkind. Er funktioniert viel aus seinem untersten Kasterl heraus. Er ist sehr stark trieb-, gefühl- und affektbetont. Er ist, mit einem Wort ausgedrückt, »aus der untersten Lade«, ein »unkultiviertes Lebewesen«. Daher wird man, ob man nun will oder nicht, so nach und nach erst erzogen. Man wird von einem unkultivierten Lebewesen zu einem kultiviert erscheinenden, aber meistens auch nicht ganz geradlinigen Erwachsenen geprägt.

In dem Maß, in dem unsere Gefühlsleistung (anscheinend) nachlässt, wird unser Gedächtnishirn, unser rationales Hirn zunehmen. Wir erscheinen als Erwachsene so, als ob wir erwachsen seien. Das ist allerdings nur äußerlich so, denn unser Kindheitsgemüt bleibt in uns erhalten, es ist in der unteren Lade versteckt, und kommt – Gott sei Dank oder leider Gottes – in so mancher Grenzsituation und im Alter wieder zu Tage. Da auch Alter eine Grenzsituation darstellt, ist es nur logisch und klar, dass das Gefühlshirn wieder zu Tage tritt (ich nenne es Umkehrphänomen). Wir greifen auf die unterste Lade zurück, weil uns die Neuzeitgedächtnislade nicht

mehr zur Verfügung steht. Das heißt nicht, dass ein Mensch im Alter ein Kleinkind wird, es heißt aber schon, dass wir uns im Alter in Grenzsituationen an verschiedene Kindheits- oder Triebhandlungen erinnern und diese wieder verwenden, wenn wir sie brauchen. Ich nenne diesen Vorgang »Psychogener Lebenskalender« bzw. das später zu besprechende »Umkehrphänomen«.
Zuerst geht es aber unseren Erziehungsberechtigten darum, in uns durch ihre Erziehung unser oberes Kasterl zu füllen. Der noopsychische Speicher wird mit angeblich brauchbarem Schulwissen (was immer das auch sein soll) gefüllt und im oberen, linksdominanten Hirn fixiert.

Das obere Linkshirn: Verstandesseele – Noopsyche – Neocortex

Schön langsam, aber sicher wird so im Laufe der Jahre oder Jahrzehnte unsere Seele von der Kinderseele (Kinderverstandesseele) zu einer Erwachsenen-Verstandesseele umprogrammiert. Wir entwickeln die Wissensseele, die Verstandesseele, die Noopsyche und werden linkshirnlastig. Die Wissensseele lernt und lernt und lernt. Sie kann eines Tages die komplette Schulbildung (nur bei der Prüfung) auswendig. Sie reagiert bei allen Wissensfragen mit Wissen, also rational.
Verstand heißt im Lateinischen Ratio. Deshalb nennt man die Einstellung des Wissenschaftlers rational. Mithilfe der Ratio agieren und speichern wir unsere Sprache, Ideen können gut in Worte gefasst werden. Mit der Ratio lernen wir Goethe, Schiller und andere Autoren auswendig und können sie sogar zitieren. Wir agieren als »Rechner« im logischen Zahlendenken. Wir denken analytisch. Wir können sogar Telefonbücher auswendig lernen und Kreuzworträtsel lösen.
Wir Vernunftmenschen – noopsychische – Menschen haben:

- ein Bewusstsein,
- eine Orientierung in der Welt,
- ein funktionierendes Sensorium,
- und eine Mnestik (Gedächtnis).

Wir verfügen über eine hohe rationale Intelligenz sowie ein gutes

Gedächtnis und gute Denkleistung. Aus unserem Kinderglauben wurde ein Erwachsenenwissen.
Somit haben (so genannte) Verstandesmenschen ein hohes Realitätsbewusstsein, denken formal und inhaltlich (scheinbar) richtig. Meistens vergisst man dabei, dass das Denken, die Gedanken eine Kraft sind und wie ein Elan vitale – der Trieb – wirken können. Man spricht ja auch von Vorstellungskraft, von Einbildungskraft oder von Willenskraft. Ich glaube, dass auf dieser Basis das *»positive Denken«* aufgebaut ist. Wir denken positiv und beeinflussen so unsere Thymopsyche [siehe Glossar] in der Hoffnung, uns hernach positiv fühlen zu können. Wir senden an unser Großhirnkasterl positive Schlüsselreize (Sie wissen schon: den Weihnachtsgeruch) und agieren dadurch auch positiv. So gesehen stehen unsere Kasterln und unsere Laden miteinander in Kommunikation. Somit gibt es kein reines Rechts- oder Links-Kasterl.
Nun, wie auch immer, wir werden erzogen, geschult und schön langsam (aber nicht sicher) wird eine gute Gedächtnisleistung, eine gute Merkfähigkeit, eine gute bis hohe Intelligenz, eine räumliche, zeitliche und persönliche Orientierung erreicht.
So ganz nebenbei bemerkt, geht es jenen Menschen, die kaum eine Hirnleistung zustande bringen, im Gefühlshirn oft besser. Sie sind in ihrer Art irrational eingestellt und somit jeglichen Verstandesargumenten unzugänglich. Man sagt im Volksmund, dass es diese Menschen besser haben, denn, wie heißt es so schön in einer Schrift von Sigmund Freud: »Der Blöde gewinnt immer!« Wenn man den Satz von Sigmund Freud ernst nimmt, könnte man sagen, dass es auch vielen Verhaltensgestörten (nach einem Hirnleistungsverlust) besser geht, da sie das so genannte Allmächtigkeitsgefühl des Säuglings wieder erlangen.
So, und nun wieder ernst: Die Philosophie und die Naturwissenschaften haben das rationale Ziel, zu erforschen, was hinter den Kulissen steckt, es zu suchen und zu finden. Sehr verschieden sind nur die Quellen, aus denen die Menschheit »Wissen« schöpft.
Viele Wissenschaftler sagen aus, dass gerade Alte (übrigens auch Verstandesmenschen) ihren Verstand verlieren und sehr gefühlslastig werden. Das sage auch ich. Der Intellekt ist aber im Alter nicht lebensnotwendig, denn im Alter wird es wichtiger, den Tag überle-

ben zu können als Algebra zu rechnen. Der Alte hat den Vorteil, dass er im Alter aus seinen langjährigen Erfahrungen heraus von seinem linken Hirnkasterl in sein rechtes (das ja ebenfalls gefüllt ist) wechseln kann. Der Verlust ist das linke Hirn, der Gewinn das rechte, wenn man gelernt hat, dieses zu füllen. Gerade im rechten Hirn (im Frauenhirn, wenn man so will) stecken die Copings, die Lebensbewältigungsstrategien, also Material, das in den unteren Laden gespeichert wurde.

Ich würde diese Hirnleistung (das Kasterl) *Intuition* nennen. Überall wo unsere rationale Seele (das obere Kasterl) keine Antwort findet, greift man auf die untere Festplatte (das untere Kasterl) zurück und agiert etwa aus dem Glauben oder aus der Intuition heraus, entscheidet sozusagen intuitiv – nach Gefühl. Warum sollen älter werdende Menschen dieses Recht nicht auch haben? Alle Naturvölker deuten unerklärliche Dinge des Lebens durch die Annahme von seelischen, dämonischen Kräften, also per Rechtshirn. Moderne Formen des Hirn-, besser Gefühlstrainings, versuchen daher, alle Hirnanteile zu nützen. Das bedeutet aber auch: Anpassung geschieht über eine Mischung aus Verstand und Gefühl.

Die Zukunft unserer Gesellschaft wird in einer Mischung aus allen Prägungsphänomenen liegen. Der Facharbeiter wird in Zukunft zum Bürgerlichen (oder besser gesagt Pseudobürgerlichen). Sie sehen es heute schon daran, dass alle sozialdemokratischen Politiker im »Nadelstreif« herumspazieren, dass Arbeiter, die ursprünglich vom Lande kamen, einen Zweitwohnsitz am Lande haben. Also, zu ihren Wurzeln – der Mutterschichtlichkeit – zurückkehren. Es sind Lohnarbeiter mit eigenem Besitz. Der Arbeiter arbeitet immer mehr mit dem PC und wird spezialisierter Funktionär. Nicht mehr Muskelkraft ist gefragt, sondern Wissenskraft (links). Der alte Lehrsatz der Solidarität ist beendet (rechts). (Ich meine hier die Hirnkasterln, nicht die politische Richtung.)

Heute kämpft jeder für sich, um sich, um seine eigene Ich-Wichtigkeit. Die heutige *Linkshirnlastigkeit der Gesellschaft* bedingt nach amerikanischen Forschungen, dass die heutigen Kinder und Jugendlichen aus ihrem noopsychischen Verhalten heraus eine schwierigere Individualisierung, einen schwereren Kampf um die eigene Autonomie sowie einen größeren Konkurrenzkampf im

Leben zu bewältigen haben als früher. Es kommt zur Isolierung des Einzelnen, zu einem rücksichtslosen Benehmen (mit einer verbalen Scheinanpassung ohne Herz).
Mein Enkel erzählte mir vor kurzem eine Story, die er in der Straßenbahn erlebte. Er saß in der Straßenbahn, als ein Älterer kam und sich neben ihn stellte. Er fragte den Alten, ob der sich setzen wolle – und der Alte (erkennt natürlich am Tonfall, dass der Junge eher nicht aufstehen will, aber gut erzogen ist) schimpfte auf die Jungen. Der Junge sagte sich hingegen, na, wenn der Alte nicht sagt, dass er sitzen will, bleibe ich halt sitzen. Beide erkennen nicht, dass das frühere – in unserer Jugend noch erlernte – Sozialverhalten auch oder vorwiegend in der Signalsprache bestanden hat. Man erhob sich (sichtbar für den anderen) von seinem Sitz und fragte dann erst: »Wollen Sie meinen Platz?« Mit diesem Vorgang (aufstehen und fragen), war die Situation klar, der Jüngere will tatsächlich seinen Sitzplatz anbieten. Damit hat der Junge ein noopsychisches und thymopsychisches Verhaltensmuster gezeigt, das für den anderen klar erkennbar war.
Unabhängig vom Denken gibt es ein Leben im Gefühl. Vieles ist aber nicht mit Vernunft, sondern nur mit Gefühl und Empathie zu regeln. Damit ist in Zukunft ein Verfall der sozialen Integration vorauszusehen. Dies ergibt natürlich auch, dass es den späteren Älteren schlechter gehen wird als uns heute. Somit hat der Lehrsatz von Nietzsche: »Willst du das Leben leicht haben, so bleibe immer bei der Herde!« ausgedient. Für uns Ältere heißt es, Anpassungen zu üben, womöglich in jeder Gesellschaftsschicht zu Hause zu sein, Hochdeutsch mit Dialekt mischen zu können, die »Nicht-Signalsprache« der Jungen verstehen zu lernen, zu akzeptieren, dass die sicheren Zeiten (nach A kommt B) vorbei sind.

Das Kasterl, das Störungen verursacht, ist das der Familienlüge oder des Über-Ich

Unabhängig vom rationalen Kasterl unseres Hirns hat Freud ein weiteres Kasterl ge- oder erfunden, in dem unsere Persönlichkeit untergebracht ist.

Dieses Kasterl unterteilt die Persönlichkeit in drei Stufen: das *Es*, das *Ich* und das *Über-Ich*.

- Unter dem Es versteht Freud den unteren, triebhaften Pol der Psyche (dessen Inhalt jedoch unbewusst bleibt). Er ist teils archaischer, teils individueller Natur und wird von Triebregungen und Wunschtendenzen beherrscht, die zunächst ohne Beachtung der Realisierungsmöglichkeiten auftreten, sodass Konflikte mit dem Ich und Über-Ich entstehen.
- Das Über-Ich hat gegenüber dem Ich die Rolle eines Zensors oder eines Richters und lässt Wünsche des Es in unveränderter oder abgewandelter Form zu oder verwirft sie gemäß den ihm gegebenen Maßstäben. Es ist die Vertretung aller moralischen Beschränkungen, der Anwalt des Strebens nach Vervollkommnung, kurz das, was uns von dem so genannten Höheren im Menschenleben psychologisch greifbar geworden ist. Auch die Tätigkeit des Über-Ichs bleibt unbewusst. Es ist somit Vertreter des moralischen Gesetzes, das zugleich die Einhaltung des Gesetzes überwacht. Dem Über-Ich vergleichbar waren früher die Nachbarn in den Dorfgemeinschaften. Sie wurden bei Streitigkeiten in der Familie informiert und so wurde ein öffentliches Urteil erreicht. Man hat erzieherisch eingegriffen, wenn es Missstände gab. Man hat etwa, wenn eine Frau ihren Mann geschlagen hat, das Dach des Hauses abgedeckt – wer sich vor den Schlägen seiner Frau nicht retten kann, der soll sich auch vor dem Wetter nicht schützen können. Man sperrte Eheleute in einen Turm ein mit nur einem Messer, einer Gabel und einem Bett, bis sie gelernt hatten, sich zu vertragen.
- Das Ich in der psychoanalytischen Theorie ist der Mittler zwischen Individuum und Realität sowie zwischen Es und Über-Ich. Ihm obliegt die Wahrnehmung der Außenwelt und die Anpassung an diese. Wahrscheinlich ist dieses Ich mit dem fünfundzwanzigsten Lebensjahr emanzipiert.

Sehen wir uns noch einmal die Zeit an, aus der die Prägung der heute Alten stammt und stellen wir die Realität und den Umgang mit der Realität um 1900 der Schichtlehre [siehe Glossar] gegenüber. Es ergibt sich häufig folgendes Lebensbild aus dieser Zeit: Um 1900 sind die Menschen mit einem Trieb (Es) auf die Welt gekommen.

Schlüsselreize haben dazu geführt, dass der Trieb ein Begehren ausgelöst hat. Allerdings konnte man um diese Zeit fast keinen der Triebe wirklich stillen, denn:

- Der *Esstrieb* konnte kaum befriedigt werden, weil zu wenig zu essen da war.
- Dem *Sexualtrieb* durfte man nicht nachgeben aus Angst vor unerwünschten Kindern, und weil die Über-Ich-Normen zumindest im bürgerlichen Milieu sehr stark waren.
- Den *Aggressionstrieb* konnte man ebenfalls nicht ausleben. Wenn man nur eine kleine Lippe riskierte, wurde man entlassen. (Da war man bei der Überkompensation schon besser aufgehoben; man schuftete bis zum Umfallen.)

Das heißt, ein Triebleben mit dazugehörigem Lustgewinn war kaum möglich. Man musste – ob man wollte oder nicht – »gut« sein. Weil man sich aber nicht alle Freuden des Lebens nehmen ließ, griff man sehr stark auf die verschiedensten Ersatzhandlungen zurück: sich Bescheiden, Religiosität, Opfer bringen, Ertragen. Um den Trieb gar nicht »auszulösen«, wurden Schlüsselreize verhindert. Man weiß etwa aus der Literatur, dass Gefühlsüberschwänglichkeiten, Zärtlichkeiten zwischen Bauersleuten unmöglich waren. Keiner näherte sich dem anderen zum Austausch von Zärtlichkeiten. Liebe ist den Bauern etwas Ungeziemendes, Albernes, Vernarrtes. »Was sollen die Leute denken«, war die Reaktionsform. Zitat: »Wenn der Bauer am Bahnhof zufällig Zeuge einer küssenden Verabschiedung ist, dreht er sich um und spuckt aus.« So wurde sehr häufig mit Ersatzhandlungen sublimiert. Sexualität wurde gegen Macht getauscht.

Folklore:

- »Nichts geht über den Hausfrieden«, sagt der Bauer und prügelt seine Frau.
- »Das Nötigste zuerst«, sagte der Bauer, dann prügelte er seine Frau und ließ das Pferd im Graben liegen.
- »Es ist bloß meine Frau ertrunken, ich dachte schon meine Kuh!«

In der Folklore verwendete man alles, was toleriert war in der Gesellschaft, und für sich selbst vorwiegend Trostsprüche als Ersatzhandlungen. Es ist doch eine Tatsache, dass man um 1900 bis 1925 heiraten musste, ob man nun wollte oder nicht, um versorgt zu sein.

Um das Dorfansehen genießen zu können, musste man eine brave, angepasste Frau werden: Liebe hin oder her, das nackte Leben musste gerettet werden. Trotzdem nehme ich an, dass auch die damals aus Muss-Gründen verehelichte Frau Triebe hatte, diese aber umfunktionieren musste. Sie musste sich ja förmlich einreden, dass ihre Ehe gut sei, dass der Gatte der beste sei, den sie je bekommen konnte. Und so musste sie den Schluss daraus ziehen, sich einreden, dass der »eigene Herd Goldes wert« war. Natürlich musste sie auch einen etwa zwanzig Jahre älteren Mann nehmen, denn die jungen hatten ja nichts. Wenn die Realität nicht zu ihrer Gefühlswelt (Triebwelt) passte, dann griff sie (wie auch heute noch) zu Ersatzsprüchen und befriedigte sich mit dem »Trost«, dass es ja den anderen noch schlechter gehe.
Folklore:

- »Es raucht in allen Küchen.«
- »Überall wird nur mit Wasser gekocht.«
- »Liebe geht durch den Magen.«

Auch die Männer haben teilweise Frauen geheiratet, die nicht unbedingt ihren sexuellen Wünschen entsprachen. Der Mann hatte jedoch meistens die Möglichkeit, anstelle der Trostsprüche die Überkompensation in der Berufswelt zu wählen. Dem Mann in der einfachen Gesellschaft ging es meistens darum, in seinem Dorf, Bezirk oder in der Familie »tüchtig« zu sein. Schaffte er dies in der Firma nicht, wählte er das Gasthaus, um der »tüchtigste« Trinker, Kartenspieler, Hamsterer usw. zu sein.
Trostsprüche sind Ersatzhandlungen und werden auch heute noch von unseren Klienten verwendet. Diese Redensarten sind eben nicht nur Redensarten, sondern Gefühle, die aus einer bestimmten Zeitepoche und aus einer bestimmten Milieusituation heraus wirken. Sie sind volks- oder religionsspezifisch und können positive oder negative Gefühle erzeugen. In jenen Gegenden, in denen die Sitten recht hoch gehalten wurden, gibt es demnach auch die meisten Ersatzhandlungssprüche zu lesen und zu hören. Statt der Sexualität wird eben der Brauch, der häusliche Herd, die Sitte hochgehalten.
Sehr banal ausgedrückt wären die Menschen mit ihren ersten Festplatten – den Trieben und Gefühlen – sehr zufriedene (wahrscheinlich ehrlichere) Menschen. Allerdings weder religiös noch kultiviert.

Und so haben die Menschen Religionen, Erziehungsmaßnahmen und Ähnliches erfunden, um wenigstens ein »schlechtes Gewissen« nach einer Tat erzeugen zu können. Die Über-Ich-Normen waren geboren. Man nennt sie heute noch oft die »innere Stimme« oder »die Stimme Gottes«. Wenn wir etwas anstellen, das nicht in unsere Kultur passt, also »normal« ist, folgt die Bestrafung. Wir bekommen ein schlechtes Gefühl, eine, wie man so sagt Tatreue oder Tatfolgereue; einen schwarzen Punkt auf unserer Seele, der uns dann wenigstens quält.
Da dies kein Mensch will, greift er zu Ersatzhandlungen, er macht etwas anderes als er ursprünglich wollte. Damit entrinnt er seinem schlechten Gewissen und erscheint als »guter Mensch«. Beins Duno sagte: »Konzentrierte Gedanken auf das bewusste Gebet sind ein Mittel, sich abzuschirmen und sich vor schlechten Einflüssen zu schützen.« Das ist natürlich eine vortreffliche Ersatzhandlung, um erst gar nicht ein schlechtes Gewissen aufkommen zu lassen.
Somit ist es nicht verwunderlich, dass Menschen mit einer strengen Erziehung Gefühle erst gar nicht zulassen. Die in einer Familie erlernten Trieb- und Verhaltensmuster sind also auch nicht immer echt. Jeder in einem Familienklan weint über etwas anderes, lacht über etwas anderes. Das heißt, dass selbst Gefühlsregungen und ihre Reaktionen meistens nicht echt sind, sondern an sich schon wieder Ersatzhandlungen (gegen Triebregungen, Gefühlsregungen) darstellen können. Es sind die so genannten (für den betreffenden Menschen nicht erkennbaren) Lebens-Lügen, Familien-Lügen. Man lässt sich als Familie nicht hinter die Kulissen schauen. Jeder spielt seine vom Sitten-, Gesellschafts- und Kirchenkodex genau bestimmte Rolle. Jedes Familienmitglied hat sich diesen Ritualen – zumindest zum Schein – zu unterwerfen. »Ein ruhiges Gewissen ist ein gutes Ruhekissen.«
Für die Eltern steht fest, dass Eltern besser wissen, worauf es ankommt als Kinder. Kinder achten selbstverständlich die Worte der Eltern, alle helfen einander ein Leben lang, alle haben in unserer Familie dieselbe Idee, alle haben partei- oder kirchentreu zu sein. Mit einem Wort, alle in einer Familie haben dieselben Wert- und Moralvorstellungen, Menschen- und Weltbilder zu haben. Es ist nicht immer einfach für ein heranwachsendes Kind, diesen Familien-

vorstellungen entsprechend zu leben, aber es schafft das irgendwie. Man passt sich eben an. Mit den richtigen Scheuklappen und einem eisernen Willen (dem der Eltern) geht man eben seinen Pflichten nach. Man wird durch die innere Stimme, »die Stimme Gottes«, aber auch die Stimme sonstiger »Erzieher und Pädagogen« zu dem, der man ist, ein Mensch, der man nicht sein will, eben »angepasst«.

Diesen Dressurakt innerhalb einer Menschengruppe (egal ob dies nur zwei sind oder eine ganze Sippschaft) nennt man dann den Dressurakt der Über-Ich-Normen. Unsere heutigen Eltern und Großeltern begannen schon mit dem Dressurakt, uns ein schlechtes Gewissen zu erzeugen, als sie noch junge Eltern waren. Sie redeten uns als Kinder ein: Dass sie eines Tages sterben werden, wenn wir so schlimm sind! Dass sie noch die letzten Haare verlieren, wenn wir nicht um einundzwanzig Uhr zu Hause sind. Und dass sie sich um uns stündlich, ja minütlich Sorgen machen. Sie reden uns – als schon selbst Graumelierte – noch immer ein: Dass wir die Kinder falsch erziehen, weil wir uns nur um den Beruf kümmern. Dass wir unsere Familienpflicht nicht erfüllen. Mit diesem in uns gespeicherten Material (diesen Schuldgefühlen) erpressen sie uns, auch wenn sie alt sind, wieder: Wann kommst du wieder auf Besuch? Der morgige Tag kann mein letzter sein! Rufst du mich morgen wenigstens an? Die Schlüsselreize, die wir als Kind gesetzt bekommen haben, entzünden sich bei solchen Sprüchen, wir kommen, wir rufen an, wir vergessen unser eigenes Leben vor lauter schlechtem Gewissen.

Dieses Material, das ein schlechtes Gewissen erzeugt, können Sie nun Über-Ich-Normen oder Volksseele nennen, wie Sie wollen. Fest steht, dass seit Jahrhunderten die Moralbegriffe, die Umgangsformen vom Volke geprägt wurden und noch immer werden. Und diese, in einem Volk vorherrschende Moralvorstellung nennt man auch Volksseele, eine Art von »kollektivem Maßnahmenkatalog«. Dieser schreibt vor, wie man sich in Bayern, in China, in Österreich usw. zu benehmen hat. Dieses »ortsübliche Benehmen« kann man global als Volkscharakter, als Volksseele bezeichnen.

Unteres Hirnkasterl

Da wir Menschen ab der Geburt unsere Psychomotorik, Gefühlsmotorik ein- und anlernen, möchte ich einen Kurzüberblick über das untere Hirnkasterl (das Kasterl ohne intellektuelle Hirnleistung) einreihen.

Die *Psychomotorik* ist das typische Bewegungsmuster jedes Einzelnen, und damit auch die so genannte Signalsprache (oder Körpersprache) der Menschen. Somit erscheinen als psychomotorische Bewegungen alle motorischen Aspekte unseres psychischen Geschehens für die Umwelt sichtbar. Auf Grund eines Reizes reagieren wir mit einer Handlung. Die Körpersprache ist jene Sprachform, die nicht lügen kann. Wir erkennen in der Mimik, ob jemand etwas anderes sagt als er meint. Wir haben dann sofort das Gefühl, »da stimmt etwas nicht«, wenn jemand lügt. Der Körper zeigt durch die Psychomotorik unsere Stimmung, unsere Befindlichkeit, aber auch unsere Affekte an.
Mithilfe der Psychomotorik spielt sich also die nonverbale Kommunikation ab.
Schon das Kleinstkind teilt sich während seines ersten Lebensjahres einzig und alleine durch die Körpersprache mit: Es erlernt Gesten, Mimik, Bewegung und Haltung durch körperliche Reaktionen und all die Geräusche, die der menschliche Körper zu produzieren vermag. Während der Kindheit entstehen die Kommunikationsformen,

die Signale von und zur Umwelt. Alle psychomotorischen Bewegungen sind Reaktionen auf Gefühle.
Sie sind teils

- angeborene Haltungen,
- selbst entdeckte Handlungen,
- übernommene Handlungen und
- diverse Gesten.

Das Kind lernt, Signale von der Umwelt zu erhalten, aber auch gleichzeitig, selbst motorisch zu reagieren. Es verändert in der Entwicklung Jahr für Jahr seine Körpersprache.
Schon in der pränatalen Phase spielt *Rhythmus* und *Bewegung* eine große Rolle. Es ist somit kein Wunder, dass wir Menschen ein Leben lang geschaukelt werden wollen: Wir lernen schon als Fötus, also schon im Mutterleib, dass gleichmäßiges Schaukeln, Wiegen, gut tut, und wollen dies nun immer.

- Als Kleinkind werden wir eine Rassel toll finden.
- Als Kind werden wir ein Schaukelpferd toll finden.
- Und in der Folge werden wir auch als Erwachsene rhythmische Bewegungen lieben wie Tanzen, Turnen und rhythmisches Skifahren.

Mit einem Wort, was uns als Kleinkind Freude gemacht hat, wollen wir immer wieder. Das kennen wir, das sind wir gewohnt, das beruhigt. Das Kleinkind lernt aber auch, auf unangenehme Empfindungen zu reagieren und seinem Unbehagen (psychomotorisch) Ausdruck zu verleihen; es schreit; auch der Erwachsene tut dies wieder.
In der Folge lernen wir die Signalsprache zu perfektionieren. Wir signalisieren, ohne dass uns dies bewusst ist, an unsere Umgebung, ob es uns gut oder ob es uns schlecht geht. Wir werden offen oder verschlossen durch die Welt gehen. Sie sehen, auch die Psychomotorik erlernen wir teilweise biografisch. Es sind die Fähigkeiten eines Kindes, zu denen sowohl mentale als auch muskuläre Aktivitäten gehören. Wir lernen aber auch, mit der Grobmotorik und mit der Motorik unserer Organe umzugehen.

Das vegetative Nervensystem

Das unterste aller Kasterln ist das *Stammhirn*, in dem sich das *vegetative Nervensystem* befindet. Es entscheidet unter anderem, wann die Blase entleert werden muss, wann der Herzschlag die Frequenz ändert und der Blutdruck steigt. Das Stammhirn funktioniert im Allgemeinen unwillkürlich.
Sie kennen das aus Sprüchen wie:
- Liebe ist Herzklopfen zu haben vor Glück.
- Schmetterlinge im Bauch haben vor Aufregung.
- Sich in die Hose zu machen vor Angst.

Schon etwa ab der achten Woche können Babys willentlich und nicht nur reflektorisch nach Dingen greifen und später auch Schuhbänder binden und Rad fahren. Körperbeherrschung und Koordination werden zu einer Einheit.
Jeder Mensch hat seine eigene Psychomotorik und so gibt es von Haus aus schnelle und langsame Menschen – denen man beim Gehen die Hose flicken kann. Schon ab dem Geburtsvorgang können wir *aktivere* und *passivere* Menschen beobachten:
Aktive – Menschen mit höherer Psychomotorik – helfen bei der Geburt selbst schon aktiv mit, rutschen förmlich von alleine heraus und freuen sich des Lebens. Es gibt Menschen, die von Haus aus einen höheren Lebensantrieb haben, sie bewegen sich mehr, agieren mehr, sie brauchen ihr Leben lang einen größeren Auslauf, einen größeren Freiraum. Sie sind unruhiger, haben eine starke Mimik, einen starken Bewegungsdrang, sind eher euphorisch, manchmal manisch oder aggressiv.
Passive – Menschen mit minderer Psychomotorik – lassen sich schon bei der Geburt etwas behilflich sein und lassen sich auch im späteren Leben gerne bedienen. Sie haben von Haus aus einen geringeren Lebensantrieb, sie leben vom Sicherheitsgefühl, erscheinen ruhiger, gehen und reden langsamer, strahlen Ruhe und Geborgenheit aus, haben aber oft eine mimische Armut, mimische Starre.
Lernen Sie die Signalsprache kennen! Vergessen Sie nicht, die unterste unserer Bewegungen, die Psychomotorik, kann nicht lügen. Lügen kann man nur mit Worten, aber nicht mit Bewegungen. Der viel ehrlichere Bereich unserer Seele wird in unserer Mimik und

Körpersprache manifest. Wir können nicht hören, ob jemand lügt, aber wir können es sehen. Dieses Sehen ist diffus, aber erkennbar. Bei einigen Menschen, denen wir begegnen, die mit uns sprechen, werden wir das Gefühl nicht los: irgendetwas stimmt mit diesem Menschen nicht! Der redet scheinbar etwas anderes als er fühlt. Was wir erkennen können, ist seine Signalsprache, seine Signalsprache, die nicht zu seinen Worten passt.
Die Signalsprache, die Bewegung, die Mimik kann nur ein guter Schauspieler gut in Zusammenhang bringen. Stellen Sie sich vor, dass plötzlich einer auf Sie zukommt und vor einem großen Publikum zu Ihnen sagt: »Komm, geh auf die Bühne und sprich fünf Minuten über Sex im Alter.« Da spielt es sich ab. Sie werden verlegen sein (und nicht spielen) sie werden die Hände verschränken. Ihre Hände werden nicht wissen, wo sie hin sollen, Sie werden vor Verlegenheit und Angst etwas Falsches sagen. Vor lauter Verlegenheit wird auch Ihr vegetatives Nervensystem agieren. Sie werden schwitzen, zittern und einen schnellen Puls bekommen. Da ist nichts mehr zu verbergen, da können Sie nicht mehr sagen: »Ich hab alles im Griff!« Alle Zusehenden und Zuhörenden werden erkennen, dass sie psychomotorisch agitiert sind. Ihre Körpersprache und nicht der Inhalt ihrer Rede werden verraten, ob Sie echt oder falsch sind, ob Sie nervös oder ruhig sind. Je gespannter Sie werden, umso mehr werden Sie lügen. Sie werden ihre schlechte Rede auf die Zuhörer übertragen: »Ja, wenn die so blöd sind und mich nicht verstehen, was kann ich da dafür?«
Lernen Sie sich selbst wahrzunehmen, sagen Sie nur das, was Sie wirklich sagen wollen. Dann passt ihre Körpersprache zu dem gesprochenen Wort. Dann erscheinen Sie für die anderen wie sie sind, nämlich echt.

Des Menschen erste Festplatte, die Triebseele, »die Triebfestplatte«

Ich habe immer wieder den Eindruck, dass der Volksmund weit vor den Wissenschaftlern erkannte und erkennt, worum es geht. Somit möchte ich es nicht versäumen, auch das Kapitel Triebe mit einem Volksausspruch zu beginnen. Der Volksmund sagt: »Wenn ich heut' so deppert schau, dann ist das bestimmt ein Samenstau!« Dieser Satz drückt gut aus, wie eine seelische Leistung, ein leiblicher Trieb (in diesem Fall unbefriedigt) zu einer psychomotorischen, für alle Anwesenden sichtbaren Reaktion führt. Für alle ist erkennbar, dass es dem Menschen aus unserem Beispiel schlecht geht.

Sie werden sagen, wenn Sie die Zeilen gelesen haben, das fängt ja lustig (arg) an! Aber es ist eben so, dass der Mensch über zwei Dinge im Leben nicht redet (sie verdrängt, ablehnt): den Tod und den Sex, obwohl gerade diese die zwei lebenswichtigsten Sachen sind. Sex und Tod (Eros und Thanatos) gehören somit zu den drängendsten und zugleich verdrängtesten menschlichen Erfahrungen.

Immer wurden – zumindest im europäischen Raum – Sex und Tod verschwiegen; nur hinter vorgehaltener Hand wurde darüber gesprochen. Sex und Tod sind wie eine Waage: Ist der Lebenstrieb – der Sex – hochstehend, leben wir, geht uns dieser (aber auch andere Lebensantriebe) aus, sterben wir.

Da der Mensch vor diesen Themen des Lebens, nämlich dem Lebenstrieb (Sex) oder nicht mehr Leben (Todestrieb) eine Art Urangst hat, hat er gelernt, nicht darüber nachzudenken, Triebe zu verleugnen, gar nicht auf sich zukommen zu lassen oder zu projizieren.

Eine wunderschöne Projektion kann man an der Geschichte des Grafen Dracula erkennen. Dieser Vampir hat das, was wir Mensch nicht haben. Er hat Sex und ist tot, na super. Interessant dabei ist, dass es immer wenn es Lustseuchen gab, auch eine Art Wiederbelebung der Dracula-Geschichten gab. Heute im Zeitalter von AIDS ist es kein Wunder, dass man mit dem Musical »Tanz der Vampire« Geld machen kann. So nebenbei bemerkt, je älter man wird, umso mehr projiziert man (auch auf die Vampir-Geschichte), weil man selbst dem Tod näher kommt. So kann es doch kein Zufall sein, dass man vorwiegend mit Knoblauch Vampire vertreiben kann. Und somit sind auch mit zunehmendem Alter die Knoblauchpillen eine wunderschöne Projektion, der Gefahr (Tod oder Sex) zu trotzen.

Die Seele und unsere Lebensantriebe

Die Seele (griechisch: Psyche, lateinisch: Anima) ist ursprünglich ein religiöser Begriff, worunter man das Heilige im Lebendigen versteht, die sich beim Tode vom sterblichen Körper trennt. Die Seele wurde zum Inbegriff aller Vorgänge des Vorstellens, Fühlens (Empfindens) und Wollens. Die Folge war, dass man Seele und Geist begrifflich miteinander vermengte, sozusagen in einen Topf warf. Diese Ansicht ist auch heute noch allgemein verbreitet, die Begriffe Seele und Geist werden gleichbedeutend verwendet.
Wir finden sie in dem Ausspruch: »Er (oder sie) ist eine treue Seele.« Ferner bei den »armen Seelen«. Die Anschauungen über die Seele und ihr Wesen sind sehr verschieden und letztlich von der philosophischen bzw. religiösen Grundeinstellung des Beurteilers abhängig.
Nach der heutigen anatomischen, physiologischen Ansicht einiger Autoren wie Prof. Dr. Berner, Wolfgang Rost und Gerhard Roth kann man die Seele wie einen Computer sehen, der in unserem Hirn verankert ist. Dabei unterscheide ich aus Einfachheitsgründen (wir wollen ja nicht studieren) vier Festplatten, die zu bestimmten Entwicklungszeiten verschiedene Programme erhalten haben.

1. Festplatte: unser Es, unser Trieb- und Reflexhirn
2. Festplatte: unsere Thymopsyche – unser Stimmungshirn
3. Festplatte: die dazu gehörenden Über-Ich-Normen (unser abrufbares »schlechtes Gewissen«)
4. Festplatte: unser eigentliches Denkhirn, das angeblich nur Verstandesmenschen häufig benutzen.

Wenn wir unser Gehirn, unsere Seele mit einem Computer vergleichen, dann ist wohl die erste Festplatte, welche beim Menschen installiert wurde, der Lebenstrieb. Diese erste Festplatte ist jene, die uns förmlich zum Leben zwingt (uns wenigstens nach dem Geburtstrauma das erste Mal aufschreien lässt). Es ist unser Elan vitale, es sind unsere Lebensantriebe. So wie der Dieselmotor Diesel benötigt, die Straßenbahn Strom, so benötigt der Mensch als Energie Antriebe, mit einem Wort Seelennahrung.
Alle Organismen erfahren ihre Umwelt in einem Widerstandserlebnis, das heißt, sie müssen einen Daseinskampf führen (der

Stärkere frisst den Schwächeren). Die Basis animalischer Existenz sind die Hauptantriebe zur Existenzerhaltung.

- Nahrungstrieb
- Geschlechtstrieb
- Revierbehauptungstrieb
- Besitzerlangungstrieb und der
- Rangordnungstrieb, der Geltungsdrang (Ich-Wichtigkeit) und
- der Wille zur Macht.

Sobald ein Schlüsselreiz erfolgt und der Trieb unbefriedigt bliebt, erzeugen diese Triebe und Antriebe Spannungen, die Unlust hervorrufen.

Wenn Sie etwa Leberkässemmeln mögen und Ihnen begegnet auf der Straße ein Mensch, der gerade eine Leberkässemmel isst (Schlüsselreiz), bekommen Sie sofort den Wunsch, auch eine zu haben. Und solange Sie sich keine kaufen, werden sie unlustig sein. Erst der Kauf und die orale Befriedigung bringt eine nachfolgende Befriedigung, bringt Entspannung. Auf diese Weise haben sich im menschlichen Hirn die Lust- und Unlustareale von Anbeginn unseres Lebens gleich stark entwickelt. Trieb und Triebbefriedigung halten sich die Waage. Leid, Schmerz, Unlust sind Voraussetzungen, ohne die wir Freude, Glück und Lust nicht erleben könnten.

»Nichts ist schwerer zu ertragen, als eine Reihe von guten Tagen«, sagt der Volksmund. Auch die Sprüche: »Wenn es einem Menschen zu gut geht, geht er auf das Eis tanzen« und »Hat der Mensch keine Sorgen, macht er sich welche«, werden Sie kennen. Sie sehen, die Volksseele hat schon immer gewusst, was die Psychoanalytiker später erst erforscht und mit Fachausdrücken belegt haben.

Somit sind alle Lustgefühle gleichsam als Grundnahrungsmittel der Seele gegen den zerstörenden Anteil in unserer Seele, die so genannte Hemmungsenergie (Destruktion, Regression) gerichtet.

Leben ist so wie eine Küchenwaage, es kommt darauf an, was darauf liegt!

Lust	Unlust
Triebenergie	Hemmungsenergie
Wille und Wollen	Wille und Wollen
zum Leben	zum Exitus

Liegt mehr auf der Schale der Lust, schlägt diese aus, liegt mehr in der Waagschale der Unlust, eben diese. Übrigens können aus diesem Grund depressive Menschen keinen guten Ratschlag befolgen (»Gehen Sie doch spazieren, das Wetter ist so schön«, »Gehen Sie doch fernsehen, heute spielen sie einen so guten Film«). Sie können nicht, ihre Hemmungsenergie ist zu stark. Also, lassen Sie solche Ratschläge sein.

Solange der Lebenstrieb (das Lustprinzip) überwiegt, leben wir. Wenn allerdings durch irgendwelche Vorfälle (Dekompensationen) der Todestrieb überwiegt, sterben wir. Das Ausleben der Triebe (je nach Erziehung und Kultur) steuern unser Wille und unser Wollen, unsere Bedürfnisse, unsere Motive.

Können Sie sich noch an die Nachkriegszeit erinnern? Wie viel Nahrungstrieb und daher Wille und Wollen setzten wir damals ein, um zu Nahrung zu kommen! Vom Schleichhandel bis zum Diebstahl stand uns eine ganze Palette (je nach Prägung) zur Verfügung, die wir (je nach Hirn- oder Gefühlsmöglichkeit) auch nutzten.

Natürlich ist es so, dass unsere Triebseele ebenfalls gefüllt werden muss. Sie muss lernen, wie sie zur Triebbefriedigung kommt. Sie können sich demnach sicher vorstellen, dass Kleinkinder noch andere Copings verwenden als Jugendliche, diese andere als Erwachsene. Natürlich hat die heutige Jugend »Gott sei Dank« keinen Nahrungsmangel mehr, sie muss ihren Lebenswillen nicht durch Schleichhandel aufrechterhalten. Sie bedient sich des heute eher üblichen Spieltriebs, statt des Eroberungs- oder Arbeitstriebs zur Erlangung ihrer Befriedigung. Ganz egal welche biografischen Notwendigkeiten (Bedürfnisse angeboren oder durch die Werbung erworben) vorliegen oder vorlagen, Triebe steuern nun einmal, ob wir wollen oder nicht, unseren Lebenswillen.

Der Lebenswille, Lebensantrieb ist in unserem Säuglings-, Kindes- und Jugendalter sehr hoch. Der Wille zum Wollen überwiegt. Mütter wissen, dass man ein Kind nicht einfach niederlegen kann: Kaum hat man es ins Bettchen gebracht, ist es schon wieder da (besonders wenn Besuch da ist), die Angst, es könnte etwas versäumen (wird ausgesperrt vom Leben) ist so groß, dass das Kind auch eine Strafe in Kauf nimmt. Es geht nicht schlafen, es gewinnt! Im Alter kann der Lebenswille schleichend oder (wenn ein Anlass vorliegt, der zu

einer Dekompensation führt) auch sehr schnell nachlassen und somit der Lebenstrieb in den Todestrieb übergehen. Das ist auch umgekehrt möglich im Sinne einer Reaktivierung.
Ich habe in meinem Dienst einmal Folgendes erlebt: Eine Frau besucht ihren todkranken Ehemann und fordert ihn zu einem Spiel auf. Was für ein Unsinn, werden Sie sagen, in diesem Zustand würfeln? Ist das das Würfelspiel mit dem Tod? Bald habe ich die Absicht erkannt. Der Tod soll keine Chance haben. Nun, ich kenne dieses Paar persönlich, ein Leben lang haben die zwei – übertrieben gesagt – nichts anderes gemacht als gewürfelt. Natürlich kann man beobachten, dass beim Zusammenzählen der Punkte die Gattin zugunsten ihres Ehemannes schwindelt. Sie lässt ihn (wahrscheinlich das erste Mal in ihrem Leben) gewinnen. Er siegt über den Tod. Der Lebenstrieb, der Elan vitale ist gerettet.
Das Ausgehen der Energie (an einem selbst oder am anderen) merkt man, spürt man, sieht man.

- Plötzlich geht man nicht mehr aus, man geht nicht mehr essen.
- Man kümmert sich nicht mehr um die Kleidung.
- Man flirtet nicht mehr.
- Man telefoniert nicht mehr.
- Man schreibt keine Briefe.

So nebenbei gesagt: Viele ältere Herren (so wie ich) werden wohl den Volksspruch kennen: »Herr, du hast mir das Können genommen, nun nimm mir auch das Wollen!« Das ist natürlich ein sehr schlechter Spruch, denn solange wir wenigstens noch wollen, können wir aus dem Wollen Lebensenergie schöpfen. Wir können vom Sex wenigstens noch reden. Wir können uns Bilder von nackten Frauen anschauen. Wir können noch leben. Wäre das Wollen auch noch weg, dann, ja dann würde die (Hemmungsenergie) gewinnen und wir wären schon tot.
Man will nicht mehr, man hat genug von immer demselben, von dem gelebten Leben. Man kümmert sich plötzlich wieder um das Unbelebte. Findet plötzlich Freude an Steinen, an Blumen, an der Ruhe, an der Geborgenheit, an der Sicherheit im Pseudoparadies. Plötzlich stirbt das neugierige, triebhafte Kind in uns ab.
»In dem Augenblick, in dem das Kind in uns stirbt, beginnt das Altern.« (Francois Maurois)

Viele Jahrzehnte, kann man sagen, haben wir gelernt (oder wurden dazu erzogen), unsere Lebenstriebe auch zu tauschen. Sie waren und blieben aber Lebenstriebe:
Wir tauschten:

- Saufen gegen Kaufen,
- Lieben gegen Studieren,
- Machttrieb gegen Geltungsstreben,
- Aggression gegen Selbstvorwürfe,
- und so tauschten wir in der Regression eines Tages auch den Lebenstrieb gegen den Todestrieb.

Sie werden mir sicher Recht geben, dass gerade bösartige, aggressive (oft auch nur so erscheinende) Leute hundert Jahre alt werden, die liebe Mutti sehr oft aber vorzeitig stirbt. Natürlich, die aggressiv erscheinende böse Alte richtet ihren Lebenstrieb, ihren Aggressionstrieb gegen andere, nicht gegen sich selbst. Die liebe Mutti, der liebe Papa hingegen frisst alles hinunter. Er/sie frisst sich selbst auf, stirbt im Sinne einer Eigenaggression (Ausnahmen bestätigen die Regel).

Instinkt

Gleich nach unserer Triebseele ist unser menschlicher Instinkt gelagert. Bei allen in Gruppen lebenden Geschöpfen, die Menschen der Frühzeit inbegriffen, hat das Zusammenwirken und die Einigkeit der Gruppe ihre Wurzeln zum Teil im Instinkt. Ameisen oder Bienen leben in einer klar strukturierten Gemeinschaft. Die dort praktizierte Hingabe an gemeinnützige Pflichten gründet sich aber nicht auf religiöse Lehren – etwa dass alle Ameisen Schwestern seien –, sondern dient nur dem Überleben. Das Gemeinschaftsleben war und ist mechanisch, präzise, statisch. Bei den Menschen hat sich derselbe Instinkt aus Gründen der Nahrungssuche, der Jagd ergeben; es war die Überlebenschance schlechthin. Der Instinktmechanismus führte dazu, dass man in der Familie zusammenhielt (Sippenbildung), aber alle anderen Familien bekämpfte.
In der Entwicklung des Menschen versuchte man, die Stammessitten/das Gemeinschaftsgefühl als Instinkt zu erklären. Da die

kulturelle Entwicklung immer weiter vorangeschritten ist, verflachte der Instinkt; man musste eine neue Form der Loyalität finden und begründete die Einheit des Glaubens. Daraus teilen wir noch immer Menschengruppen in solche ein, die zur Sippe gehören und solche, die Feinde sind. In ruhigen Zeiten können wir es uns leisten, unseren Nächsten zu hassen, aber in Zeiten der Gefahr müssen wir ihn lieben. In normalen Zeiten hat der Fahrgast im Autobus nichts für den Nachbarn übrig, aber bei Bombenkriegen sehr, man fühlt sich plötzlich nebeneinander sicherer. Der einigende Faktor ist der Feind (Projektion).
Gibt es keine Feinde (Protestanten, Christen, Russen, Amerikaner usw.) oder keine auf die Sippe konzentrierte Gefahr, ist das Zusammenschmieden der Menschen nicht erforderlich. Wenn wir alle Kinder Gottes sind, dann bilden wir eine große Familie. In der Praxis jedoch waren jene, die einem bestimmten Glauben angehörten, schon immer der Ansicht, dass die anderen, die nicht dazugehörten, keineswegs Kinder Gottes seien, sondern Kinder des Teufels, und schon beginnt der altbewährte Mechanismus des Hasses gegen Stammesfremde wieder zu funktionieren. Viele Menschen sind im Krieg glücklicher als im Frieden. Manche die in den Krieg mussten, hatten plötzlich das Gefühl, ihrer Über-Ich-Norm entfliehen zu können, und sagten: »Jetzt lebe ich, wie die Natur es will«.

Die Gefühls-, Emotions-, Affektplatte (Thymopsychischer Speicher)

Eure Gefühle möchte ich nicht kennen, nur schade, dass ihr sie auch nicht kennen wollt. (Schivkov) Ich denke, daher bin ich. (Descartes) Ich fühle, daher bin ich. (Böhm)
Der thymopsychische Lebenslauf ist eine Kette von Gefühlen und Empfindungen. Der Sinn des Lebens ist das Leben selbst, und leben heißt fühlen, fühlen und leben! Konrad Lorenz sagte einmal – und ich glaube, er meinte auch Menschen: »Tiere haben wenig Verstand, aber sehr viel Gemüt.« Ohne Fühlen wäre jedes Lebewesen nur eine Maschine. Das Fühlen unterscheidet die Lebendigen von

den Toten. Alle Erlebnisse sind von Gefühlen begleitet. Somit muss der Mensch Erleben und Erfühlen erlernen, gelernt haben. Was fühlt wer wann? Welcher Reiz stimmt den einen Menschen positiv, den anderen negativ? Natürlich werden einige Gefühle auch aus unserem Bauchraum heraus, aus unserer ersten Festplatte, aus den Trieben heraus gesteuert und erzeugt. Sie wissen schon – der der gestern nicht durfte – wird sich heute schlecht fühlen, ein Unlust- statt ein Lustgefühl haben.

Ab dem Urschrei – vielleicht schon früher (pränatal/perinatal) – wächst in uns die Gefühlsseele (das untere Kasterl in der rechten Hirnhälfte) heran. Sie speichert vom Säuglingsalter bis zum 25. Lebensjahr (kalendarische Annahme) alle unsere Gefühle sowie deren Reaktionen. Wir lernen, wodurch wir zum Weinen gebracht werden können. Wir lernen, wodurch wir zum Lachen gebracht werden können. Wir lernen alle Schlüsselreize kennen, die unsere Gefühle erzeugen. Wir erfahren, was uns auch im späteren Leben positiv oder negativ erregen wird.

Viele, heute Erwachsene behaupten, dass die Prägung der Mutter oder des Vaters ein Leben lang als Kompass dient. Viele von den Befragten sagen, dass die Prägungszeit nicht lange, aber dafür intensiv sein soll. So behaupten viele, dass die Mutter, der Vater nicht immer da sein müssen, aber die Zeit, die sie da sind, soll intensiv sein. Mit einem Wort, Prägungen der Gefühle müssen wie Prägungen des Wissens erlernt werden. Man muss in der Familie Liebe, Beziehung, Witz, Humor, Spaß spüren und erleben, damit man diese als Erwachsener nacherleben kann. Man muss aber auch Zorn, Eifersucht und Ich-Wichtigkeit erfahren haben, um mitreden zu können. Es sind alle (primär) in einer Familie vorkommenden Gefühlsszenen sowie Ereignisse wichtig, die später wieder unsere Empfindungen erregen, die in uns wieder positive, negative oder ambivalente Gefühle aufkommen lassen.

Das Kind geht zur Übung von Schlüsselreizen auf Erkundungstour oder anders ausgedrückt, der Mensch sucht Reize, er geht auf Reizsuche. Vorwiegend die Reize aus dem Milieu, in dem er üben kann, der Familie, sind wichtige erste Gefühls-Forschungsstätten. Wir lernen somit Schlüsselreize sowie die darauf folgenden Reaktionen (und das daraus resultierende Verhalten) kennen.

Die Reaktionen unserer Seele werden meistens von körperlichen Erscheinungen begleitet. Jede Gefühlsreaktion ist somit auch eine Körperreaktion: Glück kann gesund, schweres seelisches Leid krank machen; Angst kann den Blutdruck erhöhen und den Puls beschleunigen.

Nach Ernst Mach – einem österreichischen Physiker und Philosophen – sind eigentlich nur Empfindungen auch tatsächliches Leben. Von ihm stammt die Idee, den Menschen als Empfindungskomplex zu sehen. Das Erlernen von Schlüsselreizen wie auch die darauf folgenden Reaktionen hängen von unserer Entwicklung ab. Ein Kleinkind nimmt andere Schlüsselreize wahr als ein Schulkind oder ein Jugendlicher.

Die Reaktionen auf Gefühle nennt man Verhalten, psychomotorische Reaktionen oder auch Copings (Bewältigungsstrategien); somit gibt es ein Säuglingsverhalten, ein Kleinkindverhalten, ein Schulkindverhalten, ein Altersverhalten. Viele Menschen haben aber in der falschen Situation zu weinen und in der falschen Situation zu lachen gelernt, sie haben in ihrer Kinderstube ein Fehlverhalten erlernt. Andere haben wieder das Glück, dass in ihrer Familie viele rechtshirngesteuerte Mitbewohner gelebt haben, die sie den Mutterwitz schätzen gelehrt haben.

Manche lernen in ihrer Familie nicht, über den Mutterwitz zu lachen, sondern den Vaterstolz zu achten. So wird der eine mehr linkshirn- der andere mehr rechtshirnorientiert sein Leben fristen müssen, der eine eher humorvoll und optimistisch, der andere ernst und pessimistisch durchs Leben gehen.

Wir erlernen, anders gesagt, unsere Gefühle und wie wir mit diesen umgehen, in unserer Kinderstube. Der Säugling entwickelt sich nach der Norm, die in seiner Familie vorherrscht. Das Kind lernt über den Weg der Trotzphase (den Erziehungsboykott) sich anzupassen, anzupassen an die Umwelt, an die Familie und an das Milieu, aus dem es abstammt, aber es lernt auch, in anderen Milieus zu agieren. Das Kind wird von einem gefühlsbetonten unkultivierten Wesen, das rechtshirnlastig oder gar trieblastig leben will zu einem linkshirnlastigen kultivierten Verstandesmenschen erzogen.

Der Psychoanalytiker Alfred Adler, der sich mehr in die Richtung einer Humanpsychiatrie bewegte, erkannte dass bereits für das kleinste Kind Sinn und Sinnfragen für seine Entwicklung entscheidend sind. Er beschreibt die Entwicklung (der Thymopsyche) des Kindes bis etwa zum sechsten Lebensjahr und nimmt an, dass mit dem sechsten Lebensjahr die Entwicklung der thymopsychischen Anteile abgeschlossen sei.

So wie Freud und Adler haben sich unendlich viele Autoren mit den Entwicklungskonzepten auseinander gesetzt. Viele Autoren kommen, wenn man sie miteinander vergleicht, in etwa auf das 19. bis 25. Lebensjahr, das als das Datum des Erwachsenseins (Reifseins) gewertet wird. Der Speichervorgang ist laut vieler Autoren (auch Dante, den wir schon erwähnten) mit dem fünfundzwanzigsten Lebensjahr beendet. (Wobei sich, und das sollte man nicht vergessen, die Noopsyche bis zum Tod weiterentwickeln kann.)

Erklärungstechnisch bietet sich auf alle Fälle dieses Datum recht gut an. Auch wenn sich dies nicht (ganz) wissenschaftlich begründen lässt, lässt sich sagen, dass wir alles, was wir bis zum fünfundzwanzigsten Lebensjahr erlebt haben, in unserer Festplatte (Tertiär- und Kollektivgedächtnis) abgespeichert haben und dass wir im Alter, vorwiegend bei einem demenziellen Prozess, auf dieses gespeicherte Material zurückgreifen, auch weil es Sicherheit bietet. »Daheim ist daheim«, beginnt der Text eines alten Wienerliedes, das aussagt, dass man nur in seinem Milieu – in diesem Fall Alt-Ottakring – wieder Ruhe und Einkehr findet.

Das Leben ist ein ständiger Wechsel von Freuden und Leiden. Davor können uns auch Verstand, Klugheit und Mut nicht bewahren. (Spruch aus Indien)

Vor kurzem hatten wir ein Symposium. Ich selbst redete wahnsinnig gescheit, hatte gute rationale Ideen, ich fühlte mich den Mitkolleginnen und Kollegen überlegen. Meine Hirnanteile agierten enorm an diesem Tag. Ich konnte sogar einige Autoren frei, so aus dem Stegreif heraus zitieren, super, super Tag!

Dann plötzlich ging mein Freund, Dr. Avarello auf das Rednerpult zu und hielt eine prächtige Laudatio auf mein Lebenswerk, und sagte, dass er und die Kollegenschaft mich immer lieben werden, dass sie mein Lebenswerk nachvollziehen wollen. Und plötzlich – so aus heiterem Himmel heraus – drückte es mich und ich begann zuerst einmal heimlich und verstohlen, und dann auch noch für die anderen sichtbar, zu weinen. Aus einem rationalen Lebewesen, das im Linkshirn agierte, wurde ein gefühlsbetonter, rechtshirnbetonter Mensch? Das ist doch paradox, ich werde gelobt und weine auf einmal? Ich musste rausgehen, mir das Gesicht waschen, mich sammeln, mich wieder in die Noopsyche, in die Hirnpsyche zurückholen.

Nun was war passiert mit mir, einem Menschen der noch vor kurzem ganz sterile intellektuelle Aussagen machte? Mich hat es erwischt, meine Psyche, meine Seele, mein Rechtshirn ist auf Grund eines Schlüsselreizes in die Gefühlsseele, in die Thymopsyche abgestürzt. Plötzlich wurde aus dem rational agierenden Professor ein gefühlsbetontes Kind, das auch wie ein Kind agierte und weinte. Natürlich haben sofort alle anderen Kolleginnen und Kollegen meinen Zustand wahrgenommen. Jeder hat sich auf Grund seiner Linkshirnlastigkeit eine Erklärung zurechtgelegt. Plötzlich war ich ein anderer mit einer für sie (und auch für mich) persönlichkeitsfremden Handlung. Nun, mich haben die Kolleginnen und Kollegen, weil ich mich selbst wieder anpassen konnte (Gesichtswaschung) und wieder in den Saal hineinging, noch nicht als nicht mehr anpassungsfähigen Alten gleich in ein Heim geschickt, ich durfte nach dem Kongress wieder alleine nach Hause fahren. Aber sie vermuten schon, was ich meine. Ein Mensch, Vater, Mutter, den man ein Leben lang nicht als Weinsuse kennt und der plötzlich weint, ist eben ein anderer.

Ich persönlich glaube, dass die Gefühlsplatte, die Stimmungsseele der größte und auch beste Speicher unserer Seele ist. Gerade dieser Speicher ist es, der den Menschen, das Menschlichsein ausmacht. Gerade Männer (die angeblich mehr linkshirnlastig sind) versuchen, ich möchte fast sagen, ein Leben lang, diesen wichtigen Speicher zu verdrängen, nicht zu akzeptieren. Aber glauben Sie mir, er ist immer und überall vorhanden. Hätten wir diesen »blöden« Gefühlsspeicher (und seine Reaktionen, wie etwa Weinen) nicht mehr, wäre der Mensch ein Roboter, ein gefühlloses und damit lebloses Wesen. Ich habe an diesem Tage gelernt, meine Gefühle wieder mehr zuzulassen, zu akzeptieren, dass mit meinem zunehmenden Alter immer mehr Gefühle in mir hochkommen. Ich habe, obwohl ich in das Gefühl abgestürzt bin, einen Gewinn verzeichnet.

Jeder von uns lernt in seinen Kindheitstagen, auf Gefühle anders zu reagieren. Diese Reaktionen auf Gefühle sind geprägt; sie sind abhängig davon, welche Gefühlsreaktionen (Copings) in der jeweiligen Familie geduldet oder akzeptiert wurden.
Viele Gefühlsreaktionen lernen wir von der uns zuerst begegnenden Person, der Mutter. Wer, wie ich, Pestalozzi verehrt, der weiß, dass jede emotionale Erziehung in der Kinderstube wurzelt und dass die Mutter die erste und prägungsstärkste Person für Gefühle ist. Haben wir eine tüchtige Mutter, so wächst auch eine tüchtige Jugend heran. Das ist eine alte Weisheit und allen Völkern bekannt. Die Mütter bedürfen keines neuen Ruhmes, sie dürfen stolz sein auf die Ehrennamen, die ihnen die Sprichwörter aller Völker geben.

- »Muttertreu«, sagt der Deutsche, »wird täglich neu.«
- »Ist die Mutter noch so arm, gibt sie doch dem Kinde warm.«
- »Wer der Mutter nicht folgen will, muss zuletzt dem Gerichtsdiener folgen.«
- »Besser einen reichen Vater verlieren als eine arme Mutter.«
- »Was der Mutter ans Herz geht, geht dem Vater nur ans Knie.«
- Im Hindustan heißt es: »Mutter mein, immer mein, möge reich oder arm ich sein.«
- Der Venezianer sagt: »Mutter, Mutter, wer sie hat, ruft sie, wer sie nicht hat, vermisst sie.«
- Der Russe sagt: »Das Gebet der Mutter holt vom Meeresgrund herauf.«
- »Ohne die Mutter sind die Kinder verloren wie die Bienen ohne Stachel.«
- Der Tscheche meint: »Mutterhand ist weich, auch wenn sie schlägt.«
- Fast alle Völker haben den Aphorismus: »Eine Mutter kann eher sieben Kinder ernähren als sieben Kinder eine Mutter.«

Das Mannesideal in der Geschichte war immer linkshirnlastig oder gar trieblastig (allerdings auch von den Müttern) anerzogen. Männer wurden und werden im Sinne einer noopsychischen Schulmeisterei erzogen. Viele Bücher beschäftigen sich mit dem Thema »Erziehung zur Mannhaftigkeit.« Sie wissen schon, so ein richtiger Mann darf nicht weinen, darf nicht gefühlsbetont sein. (Sonst ist er ein Weichei oder ein Softie.) Ein Knabe braucht einen Vater, wenn aus ihm ein richtiger Mann werden soll. Ein Vater soll mit Vaterstolz, nicht mit Mutterliebe agieren. Man ging eben ins Gymnasium und lernte geistige Gymnastik. Die auch bei einem Knaben anfallenden Gefühle wurden mit Sport und Kampfsport abreagiert. Auch heute noch schwitzen sich hoch intellektuelle Menschen, die einen Gefühlsmangel aufweisen, in den Kraftkammern ab, statt Lachen und Weinen zu lernen.

Knaben brauchen, um Männer zu sein, einen Befähigungsnachweis, ein noopsychisches Doktorat. Man wünscht sich große Männer an der Spitze. Nicht umsonst wurde in Deutschland Bismarck so verehrt und immer wieder wurde nach einem starken Mann gerufen. Kein Vater sagte zu seinem Sohn, dass er ein schöner oder gar ein lustiger Mann werden sollte. Nein, er sollte ein züchtiger Mann werden. Zucht kommt doch wohl von ziehen also aufziehen, emporziehen zu kulturellen Leistungen. Aber im Lauf der Jahre gewann auch der gewalttätige Teil (schwarze Pädagogik) die Oberhand. Mit schwarzer Pädagogik wurde man ja auch im Zuchthaus »erzogen«.

Selbst Goethe fand an der Männlichkeit Gefallen: »Ihr festes Leben und Männlichkeit, ihre innere Kraft und Ständigkeit.« Wie aus Eichenholz geschnitzt sind die Charakterköpfe der Männer. Auch Luther war ein ganzer Mann, er sagte: »Hier steh ich, ich kann nicht anders!«

Männer mit Herz wurden von den Deutschen verachtet! Wie heißt es so schön in einem Erziehungsbuch für gebildete Männer: »Der deutsche ›Ehrenmann‹ ist neben dem Gentleman ein achtbarer Philister.« Der österreichische Mann, der edle Kavalier, wurde von den deutschen Kollegen hingegen immer lächerlich gemacht. So konnte man lesen (in einem Buch von circa 1820): »Der österreichische Kavalier ist zwar von gefälligsten Formen und von großer Liebenswürdigkeit, aber oft ein Mann ohne Grundsätze, ein Lebemann, bei dem Volk beliebt, weil leichtlebig und gut zum ›Hochnehmen‹, aber bei aller Lustigkeit schon unterwegs zum Bankrott. Der österreichische Mann hat das ganz unglaubliche Bestreben ›dekadent‹ auszusehen. Die Witzblätter übertreiben nicht, wenn sie ihn, wie eine Vogelscheuche, mit krummem Rücken, schlappen Beinen, Hängelippe und müden Augen darstellen. Der Deutsche hingegen«, so heißt es weiter, »geht mit Brust raus, Nase hoch, Beine stramm durchgedrückt und den stolzen, unzufriedenen Mann gespielt, auf dass man denke, er sei aus einem hohen Haus.«

Wer mich persönlich kennt, wird wissen, dass ich sehr humorvoll lebe und dass mein Pflegemodell rechtshirnlastig ist, und dass ich somit für viele Deutsche diese typische, soeben beschriebene Karikaturfigur bin. Ich kann nur sagen: »Gott sei Dank dafür, denn ich habe auch auf Hochdeutsch viel Unsinniges gehört!«

Der Prügelsprachen-Satz der Eltern für Burschen (Jungs) lautete: »Betrag dich doch gebildet.« Man fragte nie, ob man auch gebildet sei und vor allem nicht, ob man auch eine emotionale Bildung habe. Viele Männer wurden zu Beamten erzogen. Der Deutsche, heißt es nun wieder in einem Buch aus den Anfängen des 19. Jahrhunderts (das gilt aber auch für uns Österreicher), trägt seine Uniform gerne! Er hat sein sicheres Brot, hat ein Amt und dadurch männliche Würde. Es kommt ihm dabei nie zu Bewusstsein, dass es eine Tracht der Unfreien ist. Dem Staate zu dienen, gilt als ihm höchste und männliche Pflicht. Der tüchtige Beamte hat alles, was ein Mann braucht: Gehorsam, Pflichttreue, Pünktlichkeit, Amtsverschwiegenheit, Korrektheit. Wie man sieht, eine Reihe von trefflichen Tugenden – aber bei Licht besehen – doch vorwiegend Tugenden von Unfreien, eben von Bediensteten. Der Beamte hat ein Amt, aber keine Meinung.

Ich persönlich bin sehr froh darüber, dass mir meine Eltern Hirn, aber noch mehr Gefühl mitgegeben haben. Denn heutzutage gilt für viele Leute das Wort von Albert Schweitzer: »Trunken von den Fortschritten des Wissens und Könnens, die über unsere Zeit hereingebrochen sind, vergaßen wir, uns um den Fortschritt in der Geistigkeit der Menschen zu sorgen.«

Entwicklung der Thymopsyche (Seele)

Wir haben uns nun damit beschäftigt, wie der thymopsychische Speicher im Laufe der Zeit befüllt wird. In diesem Abschnitt soll es nicht um wissenschaftliche Streitereien gehen, sondern um Feststellungen aus der Praxis (nachgehende Forschungsarbeiten sind erwünscht). Der zweite Teil unserer Seele, das Noopsychische oder der rationale Anteil, wächst (bei Training) hingegen stündlich, auch bis zum Exitus weiter.

Die Gefühlsseele und die Hirnseele verhalten sich wie Hund und Katz. Wie hoch auch die Wissensseele wächst, unsere Gefühlsseele verschwindet nie. Auch zwei im selben Garten gepflanzte Blumen können sehr unterschiedliche Wachstumsphasen durchstehen und sind kaum zu vergleichen. So kann man auch nicht die Seele eines 1910 geborenen Bürgers mit der eines um 1910 geborenen Arbeiters vergleichen; nicht einmal der eine Bürger ist mit dem nächsten Bürger, der ja immerhin aus demselben Milieu stammt, vergleichbar. Am ehesten lassen sich noch Milieu-Ähnlichkeiten bei der Erziehung der Kinder finden, etwa aus dem Ort der Herkunft, der Heimat, aus häuslichen Gewohnheiten und Reaktionen des Kindes, aus dem Kindheitsmilieu und der Reaktion, wie man die Mutter, den Vater erlebt hat und ihnen begegnet ist, welchen Nährboden man als Kind gehabt hat. Diese Punkte sind, um nur einige zu nennen, entscheidendere Kriterien als die Feststellung, wann welcher Entwicklungsschritt sein sollte. Das heißt, dass sich das Bild der Menschen und ihrer Entwicklung bzw. in unserem Fall der Rückentwicklung nur aus einem Längsschnitt heraus verfolgen lässt.

Die Trennung zwischen Noopsyche und Thymopsyche wird auch in der Entwicklungspsychologie sichtbar. In dieser wird immerhin erforscht, was zu einer bestimmten Zeit der Entwicklung als normal anzusehen ist. Alles in allem beziehen sich die Thesen aus der Entwicklungspsychologie auf die Prägungszeit unserer heute Betagten. Alle Entwicklungskonzepte an sich sind aber nur Wertvorstellungen bzw. Normen, die in der Praxis des Überlebens keinerlei Gültigkeit haben. Die folgende Gegenüberstellung einiger von der Entwicklungspsychologie abgeleiteter Stadien mit der Gefühlsentwicklung soll diese Trennung verdeutlichen:

Trennung zwischen Noo- und Thymopsyche unter Verwendung von Thesen der Entwicklungspsychologie:

Entwicklung	Gefühl/Lebensbewältigung
rationales Lernen	Erlernen von Copings und Ersatzhandlungen konditioniertes Lernen
Erziehung	Erziehung macht Angst, Angst macht krumm. Man lernt, nicht krumm zu werden und wird falsch oder »bauernschlau« als Coping.
Entwicklungsmaßstäbe wie: Zähne bekommen, sprechen lernen ...	Man fühlt, dass es auch anders geht.
Schulerziehung	Die Lehre fürs Überleben kommt kaum vom Lehrer.
Selbstständigkeitserziehung	Im Gefühlsbereich muss man alleine selbstständig werden oder nie.
Lernen durch Zuschauen	Lernen durch Fehler

Die verschiedenen Altersstufen des Menschen halten einander für verschiedene Rassen: »Alte haben gewöhnlich vergessen, dass sie jung gewesen sind, oder sie vergessen, dass sie alt sind, und Junge begreifen nie, dass sie alt werden können.« (Kurt Tucholsky)
Wenn wir in die emotionale Situation einer bestimmten Generation eindringen wollen, müssen wir Zeitzeugen befragen. Diese Zeitzeugen sollten unsere Klienten selbst sein. Je weiter ihre Demenz fortgeschritten ist, umso mehr erzählen sie uns erlebte Geschichten. Der Klient selbst wird somit zum Mitarbeiter und zum emotionalen, aber wahrscheinlich auch ehrlichen Zeitzeugen seiner Generation, da die Über-Ich-Normen entfallen. Erwähnen muss man natürlich in diesem Zusammenhang, dass sich der Zeitgeist verschiebt. Etwa alle zehn Jahre muss eine neue Struktursituation erhoben werden, das heißt eine Neuerhebung der jeweiligen im Heim liegenden Generation.
Die derzeitige Situation dieser Forschung, also Prägungen ab 1910 zu erarbeiten, ergibt sich aus der Überlegung, dass viele Kinder von

den Großeltern maßgeblich beeinflusst bzw. geprägt werden und dies demnach die Prägungszeit unserer heute Betagten ergibt. Die Rollenmuster bleiben länger als fünfundzwanzig Jahre aufrecht, da ja in einer Drei-Generationenerziehung die Volksmuster und Folkloresituationen immer wieder von den Großeltern auf die Eltern und auf deren Kinder übergeben werden.

Wenn man sich das Weltbild unter den Generationen etwas genauer ansieht, fallen die unterschiedlichen Verhaltensmuster auf, die sich aus der jeweiligen Zeit ergeben. Heute zum Beispiel gründet man sofort einen neuen Hausstand oder zieht zumindest aus, um selbstständig zu sein. Man versteht nicht mehr, dass man früher unter der Fuchtel des Vaters oder der Mutter lange leben konnte. Früher haben junge Leute viel seltener einen selbstständigen Haushalt gegründet. Sie wohnten bei ihren Eltern, und die Eltern blieben immer Chef und Herr der Lage. Kein Wunder, dass man auf die Eltern einen Zorn bekommen hat, wenn man bei Mutter hausen musste. Die jungen Leute von früher wurden nie Haushaltsvorstand, weil sie ja alle überleben mussten. Nur Frauen änderten ihren Wohnsitz, wenn sie heirateten. Der Stand, in den man hineingeboren wurde, legte das Leben fest. Dies ging vom Dialekt bis zur Kleidung.

Die Tagesstruktur der Arbeit war früher immer gleich; heute ist die Tätigkeit immer eine andere. Die Alltagsbewältigung war hingegen individuell; man hatte persönliche Schicksale zu meistern, man lebte – gesamt gesehen – vermehrt im Kollektiv (in Gemeinde, Gruppe, Familie). Heute werden alle im gleichen Jahr eingeschult, beginnen im gleichen Jahr die Lehre und das Berufsleben, man wird fast im gleichen Jahr selbst zu Eltern, und alle gehen mit 65 in Pension. Die Lebensarbeitszeit wird für alle gesenkt. Früher trafen sich die Generationen trotzdem bei der Wiederkehr der Lebensthemen, nur mit anderer Kulisse. Immer gleich sind die Themen der Psychobiografie (Prägung): Geburt, Heirat, Kinder, Tod.

Muskel- und Brotarbeitergesellschaft bis 1945: Während die Arbeit heute für viele den Lebensinhalt darstellt, war die Arbeit früher Lebenssinn, Überlebenssinn, Training und Orientierung. Die Arbeit war notwendig gegen Hunger, die Sorgen der Sinn des Lebens. Die Menschen waren damit beschäftigt, sich Nahrung zu besorgen.

Hungrige Menschen hatten keine Angst. Ein fixer Arbeitsplatz bedeutete früher die Gettoisierung, heute fördert er Freundschaften, ähnlich wie bei Gleichgesinnten in einem Verein.
Nachholbedarfsgesellschaft: Der Nachholgeneration ab 1945 ging es darum, ein nettes Leben aufzubauen mit Haus, Auto, Möbeln, Gütern, Kleidung.
Die *Mundarbeitergesellschaft* ist die Freizeitgesellschaft ab 1960. Heute, wo Essen und Grundversorgung vorhanden sind, fallen Sorgen als Lebenssinn weg; in der postmateriellen Zeit geht es um Selbstverwirklichung. Die Gesellschaft ist trainiert auf Selbstfindung, schnellen Verbrauch und Genuss. Satte Menschen bekommen Zukunftsangst; Untätigkeit führt zu Angst. Es fehlen An- und Entspannung. Man verirrt sich in sich selbst. Orts- oder Berufswechsel verhindern Freundschaften und berufliche Bindungen. Der Konkurrenzkampf verursacht Introvertiertheit, jeder erlebt sein persönliches Schicksal. Orientierungshilfe ist das TV.
Überblick über Generationen und ihre Lebensmuster:

Gesellschaftsordnung/ Prägung im Zeitgeist	**Auswirkungen**
der *Monarchie*, Brotarbeitergesellschaft	Folklore, »Chef«, Kirche, Küche, Kinder
der *Kriegsjahre*, Mussarbeiter-Gesellschaft	Überlebensstrategien, Liebe zum Leben, Abenteuer, Hass auf verschiedene Menschengruppen
der *Nachkriegsjahre*, Doppelarbeiter-Gesellschaft	Nachholbedürfnisse, Überkompensationen, Zusammenhalten, Staat, Familie, Wiederaufbau
des *Friedens*, Mundarbeiter-/Freizeitgeneration	Antiautoritäre Welle und ihre Auswirkungen, Beziehungskisten, Singles, Egoismus, alles wird in Frage gestellt

Gesellschaftsordnung heute/ bürgerlicher Sozialcharakter:	**Gesellschaftsordnung morgen/ Sozialcharakter heute:**
Ordnung, Gesetz, Selbstdisziplin, Sparsamkeit, Arbeitsfreude, Werte, auch ethisch-moralische, geben Richtung und Sicherheit	Abbau von Höflichkeit, gutem Benehmen, gewissenhafter Arbeit, Sparsamkeit, Unterordnungsbereitschaft, Bescheidenheit

Die *Jugend* hat es heute nicht schlechter und nicht besser als es wir in unserer Generation hatten. Trotzdem gibt es einen wesentlichen Unterschied in den Prägungen dieser Generation. Meine Generation hat sich von unten – aus dem Nichts – nach oben gearbeitet. Die heutige Generation aber hat oben angefangen. Wir mussten, um an eine Wohnung zu kommen, noch mit einem Hausbesorgerposten beginnen, uns von einer Wohnung mit fünfzig zu einer mit siebzig Quadratmetern emporarbeiten. Es machte Spaß, sich Schritt für Schritt etwas selbst zu erarbeiten. Es machte Spaß, das erste Gebrauchtauto zu erwirtschaften, es bei jedem Sonntagsausflug reparieren zu müssen. Mit einem Wort, der Aufbau, der Weg des Lebens machte Spaß. Die armen heutigen Jugendlichen haben von Haus aus schon alles. Wozu sollen sie leben, was sollen sie entwickeln, worüber sollen sie sich noch freuen?

Sie haben nicht das Coping, etwas zu erarbeiten, sie haben es nicht gespeichert. Sobald die Zeiten schlechter werden, muss es ihnen noch schlechter gehen als uns damals. Sie können ein »Weniger ist mehr« nicht verkraften. Sie haben, wenn man so will, keine Bewältigungsstrategien (Copings) für Krisen entwickelt. Somit ist die Perspektive der heutigen Jugend schlechter als unsere. Wir sind aber selbst daran schuld, wir haben unseren Jungen das Geld hinten hineingeschoben in der Fehlannahme es »möge ihnen besser gehen als es uns gegangen ist«. Die heutigen jungen Menschen werden von der Schule für die Schule geprägt. Von einer Schule in die nächste, eine Ausbildung folgt der anderen. Sie haben für das Leben kaum etwas gelernt. Da haben es die Zuwanderer viel leichter, denen geht es so wie uns damals: Sie müssen sich erst etwas aufbauen und sie haben die Strategien (Copings) dafür. An diesen kleinen Beispielen kann man schon

den Unterschied zwischen der heutigen und der gestrigen Generation erahnen. Deshalb erscheint es wohl notwendig, die Begegnung der Generationen zu fördern, zu schulen und zu erstreiten. Es ist die Fremdheit der anderen, die uns entrüstet, die Einstellungen, die uns verwundern, aber oft auch die Stereotypien zwischen den Generationen, die uns zu »Gegnern« machen.
Heute stelle ich mir oft die Frage, ob es unserer heutigen Jugend mit ihrem Hang zum Verstandesmenschen gut geht? Ich glaube: Sie wissen alles und fühlen nichts! Sie sprechen statt in der Muttersprache mit pseudoenglischen Fremdworten. Sie leiden lieber als zur Tat zu schreiten, wobei man zugeben muss, dass das auch für die Alten gilt. Leiden ist eben leichter als Handeln. Sie suchen, weil ihre Welt heute »überbefürsorgt« ist, Schlüsselreize wie im Krieg: Stadtbahnsurfen, Turmspringen am Gummiseil, Telefonhäuschen zertrümmern und Ähnliches, um wenigstens von der Polizei wichtig genommen zu werden. Dabei ist es keine Frage, wir hatten es leichter. Bei uns war klar, nach A kommt B, bei uns war klar, dass wir, in eine Firma einmal eingetreten, aus dieser – ich möchte fast sagen – wieder rausgetragen wurden.
Bei uns war das Leben anders. Wir wussten wenig, aber eines wussten wir: wie wir uns selbst unterhalten können. Jeder von uns war sein eigener Komiker, Sänger, Schauspieler. Wir Alten mussten uns unsere Unterhaltung selbst machen, wir konnten keinen Komiker, kein Orchester einladen, wenn wir etwas feiern wollten. Wir waren, wenn Sie so wollen, aktive Selbstunterhalter. Heute braucht die Jugend selbst im Urlaub Animateure, damit sie überhaupt weiß, was sie machen soll.
Da alle Menschen – die Alten und die Jungen – immer wieder von und mit *Aphorismen* beeinflusst und erzogen wurden, möchte ich einige moderne Aphorismen in die Gedankengänge einfließen lassen.

- Das Zeitalter der gescheiten Dummen ist angebrochen.
- Jeder ist cool (lieber cool als Kohl).
- Jeder bleibt locker. Jedem »geht alles am Arsch vorbei« oder er hat »Null Bock«.
- Jeder telefoniert mit anderen, um ihnen nicht begegnen zu müssen (»Lieber'n wackeliger Kneipentisch als 'ne feste Beziehung«)

- Auch heute bestimmt die Über-Ich-Norm »Ein richiger Mann weint nicht« (sonst ist er ein Warmduscher) und heute spielen die Mädchen auch noch mit.
- Arbeit macht Spaß, »aber Spaß vertrage ich nicht!«

Es wäre eine wertvolle Beschäftigung für Pensionisten, den jungen Leuten »selbst gemachten Spaß« beizubringen.

Die kollektive Volksseele

Arbeit ist die Tugend des Kollektivs, Faulheit die Macht des Individuums. *(Schivkow)* Die Volksseele ist etwas Kollektives. Sie ist über viele Generationen hindurch vererbt und geprägt. Die Volksseele scheint auch eine Art Nationalcharakter zu sein und hat ihre Prägungen aus der Folklore. Folklore ist das Wissen des Volkes, eine Art mündliche Überlieferung von Überlebensstrategien in einer bestimmten Gemeinschaft. Man könnte natürlich auch sagen, eine Überlieferung etymologischer Copings. Vorwiegend Volkskundler sind damit beschäftigt, die Folklore zu analysieren. Warum hat man was, wann für absolut richtig befunden? Vieles aus der Folklore ist heute noch in unseren Über-Ich-Normen wirksam, obwohl wir den eigentlichen Ursprung dieser Rituale nicht mehr kennen und damit intellektuell anzweifeln können.
Aber alles in allem ist es auch egal; wir vererben und prägen eben durch diese Überlieferungen unsere menschliche Natur für das Kollektiv. Jede Nation hat eine besondere Reihe von Verhaltensweisen und man trifft bei dem einen Volk häufiger auf eine bestimmte Qualität als bei seinen Nachbarn. Das schreibt schon David Hume 1748 in seinem Artikel »Of National Characters«. Meiner Ansicht nach ist der Nationalcharakter eine Anhäufung spezifischer Persönlichkeitszüge, die empirisch identifiziert werden könnten. Der ethnische Charakter eines Volkes reflektiert sich in seinen projektiven Materialien und beinhaltet Kunst, Musik, Literatur, Küche, Medizin und auch den Umgang mit seinen Alten. (Wobei man den Umgang mit den Alten auch als Nationalstereotypien bezeichnen kann oder sollte.) Nationalcharaktere zeigen, wie die Menschen in dieser Region sind. Die Nationalstereotypien zeigen, wie die

Jüngeren mit den Älteren umgehen und wie sie diese wahrnehmen oder auch nicht!
Damit steht fest, dass die Volksseele, der Volksgeist über viele Generationen mittels Ritualen und Handlungen bestimmt wurden und werden. Die Volksseele bestimmt immerhin, was in einem Volk für gut oder schlecht gehalten wird.

Volksseele und Globalisierung heute

Die heutigen Kinder lernen nicht, die eigenen, geschweige denn die fremden Gefühle zu verstehen – Signalsprachen zu kapieren. Der Gameboy hat keine! Das Zeitalter des »Keiner versteht keinen« hat begonnen (daher sind sogar für Österreicher österreichische Kommunikationsseminare erforderlich)! Die Erkennung der Signalsprachen wird durch die Globalisierung unmöglich. Sie können natürlich einen bestimmten Pass bekommen, sie können auch ein bestimmtes Land kennen lernen und dessen Sprache erlernen. Aber was sie nicht können, ist die dazu gehörige Signalsprache zu verstehen. Sie können nicht in nur einer Generation die kollektive Kultur dieses Landes verstehen lernen. Es entsteht eine Art von ökonomischer Globalisierung, die wir allerdings gefühlsmäßig (heute) noch nicht verstehen können.

Die Volksseele und das Alter

Im mitteleuropäischen Raum hat man immer schon die Alten als unnötige Belastung und auch als böse angesehen. Wenn man sich die Verhaltensnormen der westlichen Welt zu dem Thema Alter anschaut, schneidet der alte Mensch nicht gut ab. Zu keiner Zeit hat man Alte gemocht, geliebt, noch gebraucht, sie waren viel mehr – noch auf ihrem Ausgedinge (Altenteil) sitzend – unnütze Esser. Dies kann man auch an den weiter oben angeführten Aphorismen sehen. Einerseits hat der Alte (rational gesehen) keinen Tauschwert mehr, also wozu braucht man ihn? Andererseits müssen wir ihn lieben, weil uns dies unsere Über-Ich-Norm ritualisiert vorschreibt.

Jedes Zuwiderhandeln wird mit einem schlechten Gewissen bestraft. Es ist interessant zu sehen, wie viele Leute schon ein schlechtes Gewissen beim Gebrauch des Wortes »Alte« bekommen. Sie wollen stattdessen das Wort »Betagte« hören!?
Die Volksseele befindet sich Tag und Nacht zum Thema Alte in einem schlechten Gewissenszustand. Wir haben Angst, »den Alten etwas schuldig zu sein« und wollen ihnen trotzdem nichts geben! Am Lande, wo es immer um Besitz gegangen ist (und geht), war und ist die Angst vor den Alten noch größer als in Großstädten, wo der »Alte« sowieso in einem anderen Bezirk (Gretzl) wohnt und nichts zu vererben hat. Gerade am Land fürchtete man, dass der Verstorbene wiederkommen könnte und den Hof, den man gerade geerbt hat, wieder in Besitz nehmen könnte. Als Abwehr hatte man folgende Tafeln am Eingang des Friedhofes stehen (Kreis Gersfeld): »Hier ruhen unsere Alten/Gott möge sie behalten./Denn würden sie auferstehen,/so müssten wir vom Hause gehen.«
»Vota, wann gibst a mal üba,/Host du no net gnua ghaust,/scher die a mal hintri ins Stüberl,/glaub Dir ein paar Erdäpfel aus.«
Ich denke, dass die Liebe unserer Kinder zu uns keiner weiteren Erklärung bedarf und ich mich in meiner Betrachtung des Alters an den Speicher heranwagen darf, der diese negative Haltung uns gegenüber auslöst, nämlich unseren Gefühlsspeicher.
Die Eltern und Großeltern der heutigen Großstädter sind ihren Wurzeln nach oft Bauern und Bürgerliche gewesen und gerade die ältere Generation ist hiervon noch stark geprägt. Darum werde ich mich in den nächsten Kapiteln vermehrt mit diesen Seelenprägungen beschäftigen.

Das Kollektivgefühl der Bauern

Da alles im Leben in Wirklichkeit unscharfe Grenzen hat, kann der Sinn einer Begriffsbestimmung immer nur sein, das klarer zu erfassen, was der Sprachgebrauch des Alltags ungefähr meint. Das gilt auch für die Prägungen des Bauernstandes. Heute noch, wenn man in einem Dorf einen Bauernhof betritt, mag einem wohl eine Frau oder ein Kind sagen: »Der Bauer ist nicht daheim.« Dieser Bauer ist der Eigentümer des Hofes und als solcher der einzig gültige Chef. Es scheint, als ob man diesen bäuerlichen Menschen von seiner Umwelt, seiner Tätigkeit und daher von seinen seelischen Eigentümlichkeiten her, bestimmen kann. Er lebt nicht in der künstlichen Welt einer Stadt, nicht im Villenviertel einer Vorstadt, sondern in freier Natur von Wiese, Wald und Gebirge umgeben. Das gilt natürlich nicht unbedingt für einen aus der Stadt zugezogenen Menschen. Es gehört mehr zu einem »echten bäuerlichen Menschen« als dass er am Lande wohnt. Wenn etwa ein Arzt oder Rechtsanwalt ein Landgut kauft und bewirtschaftet, kann er wohl Landwirt werden, aber niemals Bauer. Um Bauer zu sein, muss man in bäuerlicher Welt aufgewachsen sein und die ganze urtümliche, von den Volkskundlern auch »mutterschichtlich« genannte Seelenprägung in sich aufgenommen haben.

Mutterschicht wird dabei nicht etwa einer *Vaterschicht* gegenübergestellt, als Gegensatz des Weiblichen zum Männlichen, sondern einer Tochterschicht, die aus ihr als dem Urgrund hervorgeht. Somit ist die Tochterschicht Gegenstand der Geschichte am Land. Goethe unterschied die so genannten drei Ehrfurchten der Welt. Der mutterschichtliche Mensch hat diese drei Arten von Ehrfurcht in sich, er hat eine urtümliche Nahestellung zur Natur, zur Gemeinschaft und zur Übernatur.

Zur Natur – er schwärmt zwar nicht von ihr – lebt aber von ihr, im Gleichklang mit dem Rhythmus der Jahres- und Tageszeiten und in Abhängigkeit von ihrer Gunst. Dadurch spürt er auch stärker die unberechenbaren und unbeherrschbaren Kräfte in ihr und hinter ihr. Das führt zu einer religiösen Haltung im weitesten Sinn des Wortes, zum wunderlichen Volksglauben an Zauberkräfte und Geister bis hin zur zarten Mystik. Dieses selbstverständliche Drinnenstehen kommt ihm vom natürlichen Hineinwachsen in eine Religionsgemeinschaft ganz ebenso, wie der mutterschichtliche Mensch auch in andere Gemeinschaften hineinwächst und ihre Haltung selbstverständlich in Sitte und Brauch übernimmt. Dadurch wird auch seine Haltung weniger von ihm als Einzelperson als von der Gemeinschaft her bestimmt.

Diese mutterschichtliche Haltung ist bei uns sicher beim bäuerlichen Menschen am meisten ausgeprägt, findet sich aber bis zu ei-

nem gewissen Grad doch auch bei allen anderen naturverbundenen Menschen (Bergbauern, Bauern, Bergsteiger) wieder.
Ich habe vor kurzem im Radio eine Sendung gehört, in der darüber gesprochen wurde, wie viele Großstädter sich am Lande ein Haus kaufen und nach einem Jahr wieder in eine Wohnung in der Großstadt ziehen. Es sind, sie werden staunen, achtzig Prozent. Nun, es ist kein Wunder, sie sind weder mit der Natur noch mit der Übernatur geprägt. Sie können sich weder in die kleine noch große Gemeinschaft einfühlen. Dazu muss man geprägt sein. Ich wohne nun, obwohl ich Wiener bin, seit vielen Jahren auf dem Lande (Breitenau im Steinfeld) und habe mich von meinem Zuzug an sofort wohl gefühlt, so als ob ich ein Einheimischer wäre. Nun ist aber auch meine Gefühlsprägung aus meinem Elternhaus entsprechend. Ich war mein Leben lang Bergsteiger, habe dabei kennen gelernt, welche Naturgewalten am Berg vorherrschen können. Ich weiß, wie es einem geht, wenn man nicht weiter kann, wenn das Seil zu kurz ist, wenn der Nebel einsetzt. Ich wurde aber auch geprägt, in Gemeinschaften zu leben, das Schutzhüttenleben zu genießen. Man muss eben primäre Freude daran haben, bei der Feuerwehr, beim Musikverein beim Kirtag mitspielen zu dürfen.

Das Daheim der Bauern

Das Leben des Bauern ist einfach wie die Natur, die ihn umgibt. Er lebt in der Natur und mit der Religion. Er liebt das Einerlei, Einförmige, Bekannte, Bleibende, und zwar in seinem ganzen Lebenskreis, in Sitte, Speisen, Büchern, Gesängen, Häusern und Bekannten. Diese Einfachheit drückt sich selbst im Körperlichen aus; man sagt, dass das längere Zusammenleben der Bauern sie sogar einander körperlich ähnlich macht. Was einer treibt, treibt jeder, wie einer die Sache anfasst, fasst sie der andere an. Er hat Heimatliebe und verachtet daher alles Fremde, die Stadt und das Ausland. Die Heimat macht ihn charakterfest, wurzelstark. Daraus entstehen die Witze über andere, ja selbst über die Nachbardörfer.
Folklore: »Was der Bauer nicht kennt, frisst er nicht.« Es gibt Hausmannskost. In der Kleidung galt der Grundsatz: »Selbstgesponnen,

selbstgemacht ist die beste Kleidertracht«. Das Familienleben findet am häusliche Herd (Ofenbank, Kachelofen) statt. Es ist ein hohes Gut, zu Hause zu sein, denn »je weiter sich der Kreis des Lebens zieht, umso stärker werden die Wünsche, Enttäuschungen und Sorgen«. Der Bauer hat den Hang zum Spott. Der Volkswitz bekämpft die dörfliche Frömmigkeit. Die Ordnung des Aufstehens und der Zeiten prägt ihn. Er ist misstrauisch und verschlossen und will nichts als sein Recht. Er ist konservativ (Hauswurze). Die Sitten werden groß geschrieben. Die Familienüberlieferungen prägen. Er hält fest am Alten. Die Beziehung zur Örtlichkeit ist alles. Der Bauer ist vor allem er selbst. Einen festen Halt hat nur der, der am Boden gebunden ist. Die Leute, die wir jetzt betreuen, wurden um 1920 geprägt.

Charaktereigenschaften der Bauern

Die sich aus der mutterschichtlichen, ländlichen, landwirtschaftlichen Prägung ableitenden Eigenarten sind demnach klar. Die Abhängigkeit von der Natur macht den bäuerlichen Menschen hart und nüchtern, denn er muss ihren Gesetzen folgen, sonst geht seine Wirtschaft zugrunde. So ist er meistens auch nicht zimperlich gegen sich und leider auch nicht gegen andere, wie Frauen, Gesinde und Haustiere. Er ist auch scheu gegenüber zimperlicher Befürsorgung, die ihm von anderen entgegengebracht wird; ist er doch selbst auch sehr bedürfnislos. Seine Naturnähe macht ihn weitgehend selbstständig und unabhängig. Wenn nötig, kann er sich selbst das Notwendigste an Wohnung, Kleidung und Nahrung schaffen. Das mag auch den Grund für sein Selbstbewusstsein sein. Schwere Arbeit, kräftige Nahrung und das Leben im Rhythmus der Natur macht die klobige, starke und zähe Körperlichkeit des Bauern verständlich, die auch meistens die Bäuerin hat. Das Haus ist meistens aus dem Material der Umgebung gebaut, sich naturhaft in sie einfügend, Wohnung und Werkstätte zugleich und bildet zusammen mit Wiesen, Feldern und Wald das Um und Auf im Bauernleben und wird erst gesamt gesehen als »Hoamat« bezeichnet. Das Daheim, die Hoamat ist somit das gesamte Milieu, das den Bauern

umgibt. Die Viehzucht, die Hühnerhaltung macht es schon den Kindern möglich mitzuarbeiten, dies jedoch ernsthaft und nicht spielerisch.
Auch die noopsychische, die geistige Welt, des Bauern ist von der Gemeinschaft bestimmt. Es ist eine stille Welt mit wenigen, aber tiefen Eindrücken. Sie macht den Bauern auch selbst still und verschlossen, langsam im Reden und besonders karg im Gefühlsausdruck. Die Kenntnisse des praktischen Lebens erwirbt er sich nicht durch theoretisches Lernen, sondern durch wirkliches Mitarbeiten auf dem Hof. Schriftsprache lernt er gewöhnlich erst in der Schule kennen, hört sie dann auch noch in der Kirche, wo er die meisten thymopsychischen Eindrücke wie Musik, Gesang, Bilder und Zeremonien erfährt. Als typisches Beispiel für die bäuerliche Kultur (für das Rechtshirn) wird nicht selten das Volkslied angeführt. Etwas romantisch erklärt man, dass die Volkslieder nicht von einem Einzelnen, sondern vom Volk geschaffen sind. Da das Christentum in der Sprache der Evangelien und in den Symbolen der Liturgie auch an ländliche Dinge wie Hirt und Herde, Säen und Ernten, Brot und Wein anknüpft, spricht es von vornherein den bäuerlichen Menschen an. Es gibt dem Bauern in der Regel Trost, ein Unglück als Heimsuchung – das ist der Besuch von oben – zu verstehen (Über-Ich-Normen gegen ein schlechtes Gewissen).

Das Kollektivgefühl der Bürgerlichen

»Es war eine Welt der Geborgenheit«, lautet der Titel eines Buches von Andrea Schnöller und Hannes Stekl, in dem es um das bürgerliche Milieu geht.
Eine ganz andere Prägung, und damit einen anderen Lebensinhalt hatten (und haben demnach) die Bürgerlichen. Sie stammen sozusagen aus einer anderen Schicht. Somit kann man sie gut gegen andere Milieus abgrenzen. Die nun folgenden Seiten sollen kein Geschichtsbuch darstellen und sind daher in Abstractform zu jeder der unterschiedlichen Prägungen gehalten. Ihre Aufgabe ist es, darüber nachzudenken, warum Sie so sind wie Sie sind.
Ich möchte damit beginnen: Jetzt wissen Sie, warum die Damen in

Portugal nicht mit mir – dem Proleten – in eine einheimische Bar gegangen sind. Dort wäre es mit der gespielten Geborgenheit vorbei gewesen, da hätte plötzlich das Leben begonnen!
Gerade bürgerlich geprägte, linkshirnlastige Menschen verdrängen auf Grund ihrer Erziehung das Leben, die Gefühle, die Triebe. Sie lassen sie nicht aufkommen, sie lassen sie nicht zu. Die gibt es nur bei den Proleten, bei den »Trieblern«. Sie stehen den niederen Trieben, ich möchte fast sagen, kontraproduktiv gegenüber. Bildung, Verstand ist Macht – Wissen ist Macht! Nun, wie Sie schon wissen, ist das auch ein Trieb, der Machttrieb. Aber wenn jemand schon drei Doktortitel hat und noch einen vierten dazu macht, sieht das nicht so aus, es erscheint gebildet.
Bei vielen primär Bürgerlichen werden die niederen Triebe zu höheren Trieben umerzogen (sublimiert). Das Rechtshirn wird mit dem Linkshirn getauscht.

Das Daheim der Bürgerlichen

Der Stadtmensch hat kein Heim, nur eine Wohnung. Er ist daher unruhig umherziehend; das kennzeichnet das ewige Elend des wandernden Städters. Er ist heimat- und ruhelos geworden. Der Städter kann hinziehen, wo er will, überall kann er sich zu Hause fühlen (auch im Heim), überall findet er eine Umgebung, der er sich anpassen kann. Das richtige Bauernkind ist hingegen verwachsen mit dem Boden, seinen Sitten, seiner Sprache, er findet in der Fremde nie das, was er daheim aufgegeben hat.
Die Bestimmung der Familiensituation wurde als eine Art Blutsverwandtschaft aufgefasst. Die Wurzeln der Familie sind »gottgewollt«; sie sind auch die Wurzeln aller sozialen Einrichtungen. Im Daheimgefühl wurden die ersten Spitäler organisiert. Hier wird die Fürsorge geübt, eine nie nachlassende Wachsamkeit. Hier ist auch der Ursprung aller Künste und des Handwerks zu finden. In bescheidenen Wohnungen brennt das Feuer der Malerei, der Bildhauerkunst, der Stickerei. Gott schenkt Vater und Mutter den Instinkt, um die Kleinen vor Gefahren zu schützen. Hier wird durch Liebe Gehorsam geübt. Die Eltern bilden die nächste Umgebung.

Welche Macht vermag ein Daheim auszuüben, wo Beständigkeit in der Liebe, Aufopferung und Treue, gewissenhafte Pflichterfüllung, Mut zur Arbeit, Ehrlichkeit in Worten, Selbstlosigkeit, Selbstverständlichkeit für Opfer und manchmal auch Heldentum hochwertige Tugenden sind!
Sehr anschaulich stellt die Germanen-Bibel, der Katechismus der Vernunft, für edle Frauen in Geboten die bürgerliche Familie dar: »Du sollst keinen Geliebten haben neben ihm, aber du sollst Freundin sein können, ohne in das Kolorit der Liebe zu spielen und zu kokettieren oder anzubeten. Du sollst dir kein Ideal machen, weder Engel im Himmel noch eines Helden aus einem Gedicht oder Roman noch eines selbst geträumten oder fantasierten, sondern du sollst einen Mann lieben, wie er ist. Denn sie, die Natur, deine Herrin, ist eine strenge Gottheit, welche die Schwärmerei der Mädchen heimsucht an den Frauen bis ins dritte und vierte Zeitalter ihrer Gefühle. Du sollst von den Heiligtümern der Liebe auch nicht das kleinste missbrauchen, denn die wird ihr zartes Gefühl verlieren, die ihre Gunst entweiht und sich hingibt für Geschenke oder Gaben oder um nur in Ruhe und Frieden Mutter zu werden. Ehre die Eigentümlichkeit und Willkür deiner Kinder, auf dass es ihnen wohl ergehe und sie kräftig leben auf Erden.«
Natürlich färbten die Familienkulturen auch auf die Dienstboten ab und diese versuchten dann »bürgerähnlich« zu werden. Hier kann die Frau den künftigen Männeregoismus an der Quelle ersticken, indem sie die echte Ritterlichkeit in ihrem Knaben weckt und ihn das Weib als solches ehren lehrt, ganz unabhängig, ob Dame oder Dienstmädchen. Man rege an, am Sonntag beim Geschirrspülen mitzuwirken, damit das Mädchen früher ausgehen kann. Man rege an, dass der Herr Sohn auch beim Auftragen der Speisen hilft. Man rege seine Ritterlichkeit bei Tag an.
Das bürgerliche Denk- und daher Fühlmuster war und ist das goldene Zeitalter der Sicherheit. Eine Art Vor-Paradies vor dem Paradies. Entstanden aus der Familientradition, der Familienchronik. Die Sozialisationen erfolgten als Stereotypien der Geborgenheit: die Sicherheit (nicht mit Straßenkindern zusammenkommen zu müssen), die Zuwendung von einer fremden Person (Erzieherin) und Liebe (als Wort und nicht in der Tat). In bürgerlichen Kreisen

sagt man, dass Liebe nur ein Wort, nur ein Gefühl sei, eigentlich ohne wesentliche Bedeutung. Gefühle sind nicht wesentlich, wesentlich ist und bleibt Wissen – Wissen ist Macht! Ganz anders im Proletariat. Da galt der Lehrsatz: »Höre auf dein Herz und glaube was es sagt.« Es war eine Prägung in der das Daheim die Schutzhülle vor der fremden bösen Welt war, das Heim Daheim als Refugium, als Ort des Innehaltens, als Kräftezentrum, in dem man Energie für den Lebenskampf tankte. Die Institution Familie bildete offenbar einen Gegenpol zum Profit- und Konkurrenzdenken.
Dieses Profit- und Konkurrenzdenken begründete vor allem Karl Marx. Er unterschied zwischen den Kapitalisten und den Proletariern. Die Kapitalisten, das sind die Eigentümer des Kapitals, das sind produzierende Produktmittel, also etwa Maschinen, aber auch Geldmittel, die weiter werbend verwendet werden können. Wer Kapital nicht besitzt und auf den Verkauf seiner Arbeitskraft schicksalhaft angewiesen ist, heißt Prolet. Beide Ausdrücke haben und hatten einen sozialen Beigeschmack und damit eine unterschiedliche Volksprägung.
Der aus bürgerlichem Milieu stammende englische Historiker Eric Hobsbawm hat in seinem Buch »Die Blütezeit des Kapitals« das Heim als Quintessenz der Welt des Bürgerlichen beschrieben. Nur hier, im engen Kreis der Familie ließen sich die Probleme und Widersprüche der bürgerlichen Gesellschaft vergessen oder künstlich beseitigen. Nur hier konnte die bürgerliche Familie die Illusion vom harmonischen, hierarchischen Glück nähren. Das Familienleben als Traumleben, als Lebenslüge. Erzogen wurde ohne Liebe, ohne Beziehung; beziehungslos, aber gebildet. Sagen wird man hingegen, das ist eben die Lebenslüge, »Liebe war um uns, Toleranz und über allem der Glaube an Gott«, na super! Der Vater war die distanzierte Respektsperson, die Verhätscheln, Zärtlichkeiten, spontane Gesten der Zuneigung ablehnte. Die Mutter war nicht, wie bei den Bauern, mutterschichtlich, sondern eine Dame, die repräsentieren musste.
Emotionalität und somit Rechtshirnlastigkeit bedeutete unnütze Sentimentalität. So wurden die Bürgerlichen zur Linkshirnlastigkeit erzogen und gezwungen.

Der Triebverzicht, die Triebunterdrückung zwangen zum Sublimieren. Natürlich sind auch einige bürgerliche Männer der sexuellen Faszination verfallen. Dienstmädchen, Köchinnen und Prostituierte wurden von ihnen benutzt, aber ohne, wie dass dabei Liebe im Spiel gewesen wäre.

Du hast dich gut zu benehmen. Am Abend wurden Schiller und Goethe vorgelesen. Man wurde zum Nachplappern erzogen. Das Rollenverhalten Bub – Mädchen wurde exzellent eingeübt. Die Facette des guten Benehmens war gefragt; die Abgrenzung von den Kindern auf der Straße obligatorisch; gepflegtes Sprechen, korrektes Grüßen. Sauberkeit das Nonplusultra. Jegliche Spontaneität (aus dem Rechtshirn) untersagt. Die Psychomotorik, also die Gestik, musste gekonnt gespielt werden. Tischsitten waren ganz klar. Gesellschaftliche Zwänge fanden als Lebensvorbereitung statt, der kultivierte Mensch war das Nonplusultra. Klavier- und Violinunterricht statt mit der Steinschleuder zu schießen, war gang und gäbe, Lustigsein und übertriebenes Herumspringen war verboten. Es mussten gebildete Menschen erzeugt werden, nur die akademisch gebildeten waren und sind Menschen, die anderen reine »Triebler«, die auf der untersten, auf der ersten Festplatte leben. Damit ist es weder zu einer guten Eltern-Kinder- noch zu einer funktionierenden Lehrer-Schüler-Beziehung gekommen. Es ist somit kein Wunder, dass viele Bürgerliche und Pseudobürgerliche heute in Kurse wie »Arbeit an der Beziehung« und »Kommunikationstraining« gehen müssen. Aber meist nützen diese Kurse nicht wirklich, da dort nur darüber geredet weird, wie es gehen könnte.

Folgende Zitate aus dem Buch von Andrea Schnöller und Hannes Stekl: »Es war eine Welt der Geborgenheit«, verdeutlichen die Prägungen:

- *Wenn ich nicht strickte, bekam ich Prügel.* Erkennen sie nun, wie lustig es ist, in einem Altersheim zu sitzen, und die Therapeutin oder die Krankenschwester ordnet der Alten an, sie möge doch ein wenig stricken. Kennen sie eigentlich die alten Damen, die dann Tag und Nacht, sogar am Sonntag stricken? Kein Mensch – Therapeut – kommt auf die Idee, diesen armen Alten am Sonntag, am Feiertag freizugeben. Nein, sie müssen (weil sie noch können) stricken. Tag und Nacht, Sonntag und Feiertag!

- *Das Hausgebet hatte in unserer Familie große Bedeutung.* Natürlich schläft diese alte Frau in einem Altersheim nicht, wenn nicht das Ritual des Hausgebetes absolviert wird. Schlafmittel helfen da nicht, aber das Wissen aus der Biografie von ritualisierten, konditionierten Handlungen.
- *Einem gesunden Kind gibt man, ein krankes Kind fragt man*, war das Motto beim Essen. Ganz egal, was auf den Tisch kommt, es wird gegessen. Aber was man nicht vergessen darf: Auch wenn es noch so ein Fraß war, die Tischmanieren mussten eingehalten werden: Beim Essen die Ellbogen nicht wegspreizen, sonst wurden Bücher unter die Arme gelegt.

Nach diesem Beispiel der Erziehungsmethode, werden sie sofort verstehen, dass zwei Frauen – eine Bürgerliche und eine Proletin – im selben Altersheim bei Tisch streiten können. Die Proletin isst mit dem Löffel, die Bürgerliche stochert mit der Gabel in der Speise herum. Keine wird die andere verstehen. Beide werden entsetzt sein über die andere.

Das Kollektivgefühl der Arbeiter

Ganz anders als die Prägung der bürgerlichen Gefühle und ihrer Reaktionen verlief die Prägungsgeschichte der Arbeiter. Das kündbare Lohnverhältnis, in das der Arbeiter durch Abschluss des Arbeitsvertrages eintritt, begründet seine Abhängigkeit vom Arbeitgeber und die Unsicherheit seiner Stellung, und wegen des knappen Einkommens ist dies ein Dauerzustand.

Abhängigkeit und Unsicherheit sind natürlich auch das Schicksal des kleinen Angestellten, der rein wirtschaftlich das Schicksal des Arbeiters teilen musste. Was sie voneinander unterscheidet, ist ein seelisches Merkmal. Beim Angestellten kann man dies als bürgerliches Lebensgefühl erkennen, beim Arbeiter hingegen ist es eine seelische Bindungslosigkeit. Der Arbeiter erlebt keinen Zusammenhang zwischen seiner Arbeit und dem fertigen Produkt. Erinnert man sich daran, dass der Arbeiter aus der Landbevölkerung stammt und vergegenwärtigt man sich die Eigentümlichkeit, mutterschichtlich leben zu wollen, so ist es begreiflich, dass allein schon die soziale Verpflanzung aus der umfriedeten ländlichen in die aufgelöst städtische Welt zur seelischen Bindungslosigkeit führen muss.

Das Daheim der Arbeiter

Der Arbeiter war nie sesshaft, er zog umher. Die Heimatliebe war demnach gering. Beim Bauern ist es genau das Gegenteil; seine Heimatliebe, seine Erbschaft war verwurzelt. So sagten die Bauern früher, dass die Heimatliebe der Bauern vor der »Volksplage des Sozialismus« schützt. Proletarier aller Länder vereinigt euch, hieß, die Zigeuner ziehen herum von einem Ort zum anderen, und das macht auch der Sozialismus. In der industriellen Welt ist der Mensch losgelöst vom Boden. Er hat keine Heimat, rastlos wird er herumgetrieben. Wer die Realität zum Boden verliert, verliert auch alle Bezüge dazu. So hat er auch keinen Bezug zu persönlichem Besitz. Nichts nennt der Arbeiter sein eigen. Arbeiter wurden zu dieser Zeit eher aufgrund ihrer nicht so stark religiösen Bindung verachtet. Die Arbeiterfamilie wurde angeprangert, die heiligen Situationen der Familie zerstört zu haben. Die Arbeiter gingen eben arbeiten, auch die Mütter waren plötzlich im Arbeitsprozess und konnten nicht mehr mit den Kleinen spielen.

Der Lebensinhalt wurde durch die Industrie ein anderer. Viele Bürgerliche regten sich darüber auf, dass die Heimarbeit einging und die Familien durch die Firmensituation zerrissen wurden. Außerdem wurde festgestellt, dass der Familie immer mehr die Religion entzogen wurde. Die Hauptursachen, die man gegen die Arbeiterfamilie verwendete, wurden wie folgt benannt: Mangel an religiöser Unterweisung während der Kindheit; Versagen der väterlichen Autorität und Disziplin; unüberwachte Vergnügungen, wie das eben erst entstandene Kino, ausgesprochene Abneigung der Jugend gegen jede Art anstrengender Arbeit. Aus dem *Tagebuch eines Frommen* (von L.N. Tolstoj, 1828–1910): »Ich habe die ganze Nacht nicht geschlafen, das Herz tut mir weh! Hilf himmlischer Vater, gestern sah ich den achtjährigen Akim pflügen, traf Jaremischs

Weib, die keinen Pelz und nur einen einzigen Rock besitzt und die Marie, deren Mann erfroren ist, sie hat niemanden, der ihr das Korn einbringt, und ihr Kind liegt im Sterben ..., wir aber üben Beethoven.«

Nun, egal, ob wir nun da oder dort hineingeboren wurden, die Haut um uns haben wir, um uns abgrenzen zu können, aber auch dafür, jede Berührung zu empfinden. Ohne Berührung verödet man, die Haut wird rot (Neurodermitis). Die Wärme unseres Daheims ist ausschlaggebend für unser Leben, nicht die Ideologie der Heimstätte. Daheim ist oft ein schönes Daheim, und trotzdem ist uns kalt. Es fehlt oder fehlte an Wärme. Wärme erzeugt Vertrauen (Kamin, Holzofen). Diese Grundkenntnis, dass eine Familie Wärme geben soll, ist erst sehr kurz. Viele heute neurotische Alte gehen und gingen zu Lasten der Familie schlechthin.

Die Arbeiterfamilie war von vielen Daheim-Effekten geprägt. Sie übersiedelte mindestens zwanzigmal in ihrem Leben (Grillparzer etwa neunzehn Mal), prägte viele Ausdrücke, die auf das Daheim hinweisen: »Schiach wie der Zins« heißt, dass Zinszahlen (Miete zahlen) die höchste Steigerungsstufe von hässlich ist, »Tuberkelburg« war Ausdruck dafür, dass in den Wiener Zinshäusern lauter Tbc-Kranke lebten. »Vor einem Hausmeister bückte man sich tiefer wie vor einem Baron.« Alle diese Aussprüche erregen noch immer und sind daher als reaktivierende Sprüche einsetzbar.

Die Charaktereigenschaften der Arbeiter

So ergeben sich Abhängigkeit, Unsicherheit und seelische Bindungslosigkeit als Merkmale des arbeitenden Menschen. Es ist kein Wunder, dass in diesen Prägungsmerkmalen der Minderwertigkeitskomplex, aber auch die Überkompensation ihre Wurzeln haben, derer sich dann vorwiegend Adler psychotherapeutisch und politisch angenommen hat. Die mutterorientierte Kleinwelt wurde zur Fabrikanlage, zum Arbeiterwohnviertel, zu Personalwohnhäusern. Aus Warenmassen wurden Menschenmassen, eine Belegschaft von Hunderten in einem Werk. Diese Massenansammlung fand natürlich auch am Feierabend in den zu kleinen Substandardwohnungen ihre Ergänzung. Eine Privatsphäre gab es nicht. Es entstanden Viertel, Arbeiterviertel, Bürgerviertel, Villenviertel.

Da die Arbeit als Ware behandelt wurde, muss sie gewisse, dafür geeignete Eigenschaften haben. Sie muss auswechselbar sein. Deshalb wurden ungelernte oder leichter austauschbare Jugendliche vorgezogen, und so wird es wieder werden. Schließlich muss die Arbeit auch beherrschbar sein durch eine strenge Betriebsordnung oder die Anordnungen von Vorarbeitern und Ingenieuren (auch in manchen Altersheimen funktioniert diese Taktik noch immer). Die kurzen Kündigungsfristen führten zu einer ganz anderen Periodisierung des Lebens als beim Bauern. Das machte den ganzen Lebensrhythmus kurzlebiger und oberflächlicher und erklärt die Wirtschaftshaltung des Arbeiters als Konsument. Auch die Trennung von Werkraum und Lebensraum trägt zur seelischen Bindungslosigkeit bei. Einige mutterschichtliche Prägungen brechen manchmal (bei zugezogenen Arbeitern) durch: Arbeitsmut im Bergwerk oder als Lokomotivführer, bis zum aufopfernden Heldentum in der Firma. Dieselbe vitale Kraft äußert sich auch manchmal in grob anmutender Sexualität.

Im nüchternen, harten Leben der Arbeiter wird die Mutter als Haushälterin, der Vater als Ernährer geschätzt. Als solcher ist er wenig daheim, und wenn er vielleicht müde und überreizt heimkommt, kümmert er sich oft um nichts, lässt sich selbstverständlich bedienen, oder aber nörgelt an allem herum. Geht auch die Mutter in die Arbeit, hat sie wenig Zeit für die Kinder, deren Kommen oft mehr Verlegenheit als Freude bedeutet. Sie werden dann vielleicht gleich weggegeben oder bleiben viel sich selbst überlassen. Dann kann es wieder geschehen, dass sie in jähem Wechsel bald durch Leckereien, Spielsachen und später Taschengeld einmal unsinnig verwöhnt und dann gleichsam aus lauter Angst vor Verwahrlosung mit ebenso unsinniger Strenge behandelt werden. Den Kindern selbst fehlt das Erlebnis der Geborgenheit. Entweder wachsen sie ziemlich wild heran oder werden einfach zum Schweigen gebracht, wirken geduckt und befangen. Im Jugendalter sind sie eher frühreif, begünstigt durch das beengte Wohnen und den Wunsch, dem öden Einerlei ihres Daseins zu entkommen. Gleich einem Nachklingen der Mutterschichtlichkeit ist die Haltung zur Gemein-

schaft. Man begibt sich gerne in einen Zusammenschluss von Gleichgesinnten, wie Gewerkschaft, Konsumgenossenschaft oder unzählige städtische Vereine.
Nicht nur das Gefühlshirn ist anders als bei der ländlichen oder bürgerlichen Gesellschaft, nein auch die Prägung der Noopsyche. Der Arbeiter hat eine Vorliebe für geradliniges Denken ohne Verständnis für Spannungen zwischen Theorie und Praxis. Daher stammt auch das eingewurzelte Misstrauen gegen Ideale wie Religion, Vaterland und Studium. Verschiedene Charaktereigenschaften werden dem Arbeiter aus seiner Prägung heraus nachgesagt: Hunger und Durst nach Gerechtigkeit. Bemitleiden verträgt er nicht. Was ihm zukommt, nimmt er bedenkenlos. Geschenken gegenüber ist er misstrauisch. Wenn man von ihm etwas will, so ist er bereit zu geben. Er ist stolz auf das Kollektiv der Arbeit. »Alle Räder stehen still, wenn dein starker Arm nicht will!« Jedem Arbeiter ist Solidarität wichtig. »Arbeitskampf«. Nichts ist so verhasst wie Streikbrecher.
Bei diesen Zeilen ging es mir darum, aufzuzeigen wie Prägungen unserer Gefühlsseele von dem jeweiligen vorherrschenden Zeitgeist bestimmt wurden und werden. Man erkennt daran, dass unsere Kinder andere Menschen sind als wir, da sie eben anders geprägt wurden.

Das übergreifende Verhalten unserer drei Hirnkasteln

Unsere Seele ist so konstruiert, dass im Normalfall alle drei Seelenspeicher gut zusammenarbeiten: Der Glaube, das Wissen und die Triebe – die Metaphysik, der Materialismus und die Trieblehre.
Da jeder einzelne Anteil unserer Seele die Welt anders empfindet, entstehen Missempfindungen: Das Marienkäferl sagt: Rot sei Spitze, die Maus meint: Grau ist der Hit, die Giraffe bemerkt andere nur, wenn sie auch einen langen Hals haben. Das heißt, jeder nimmt seelisch selektiv, gefühlsbetont wahr. Alle haben Recht. Ein reiner Vernunftmensch wird große Schwierigkeiten mit einem Gefühlsmenschen haben. Übrigens, weil wir über das Alter reden, eines ist

doch klar, die Tochter, der Sohn sind gerade in ihrer Entwicklung auf dem Status des Verstandesmenschen, der Vater, die Mutter aber werden schon wieder Gefühlsmenschen. Da kann man sich die Schwierigkeiten, welche die beiden Kontrahenten miteinander haben müssen, an einer Hand ausrechnen.

Am besten wäre es, wenn sich alle drei Teile der Seele bei allen Menschen gleich verhielten, wenn sie sich wenigstens ergänzten. Aber das hätte den Nachteil, dass es keine Entwicklung gäbe. Trotzdem, keine Frage, würde jeder von uns im täglichen Leben einmal mehr die linke und einmal mehr die rechte Hälfte des Hirns verwenden, wäre das Leben ein sich ergänzendes Spiel mit den gleichen Spielregeln.

Dieses sich ergänzende Spiel funktioniert nur dann, wenn alle drei Seelenanteile entwickelt wurden. Entwickelt sich keine Gefühlsseele, bleibt man gefühllos. Entwickelt sich kein Hirn, bleibt man eben hirnlos. Entwickelt sich keine Triebseele im Du-Bereich, würden Sie noch immer onanieren. Wir alle müssen uns entwickeln. Bleiben wir in einer Entwicklungsstufe stecken, benehmen wir uns so wie es dieser Entwicklungsstufe entspricht. Stellen Sie sich vor, wie Sie persönlich etwa Sexualität erlernt haben. Sie begannen auf Drängen der untersten Festplatte sexuell aktiv zu werden. Sie begannen somit schon als Säugling, sich um ihr Geschlechtsteil zu kümmern. Erlernten hoffentlich danach das Onanieren, das Herumspielen mit nicht so ernsten Frauen (im Rechtshirn) und trauten sich dann eines Tages auf erwachsene Frauen zuzugehen. Ich hoffe für Sie, dass Sie dann auch eine solche geheiratet haben (mit allen Hirnanteilen). Stellen Sie sich aber auch weiter vor, dass es Männer und natürlich auch Frauen gibt, die in einer unteren Entwicklungsstufe stecken geblieben sind. Dass sie, obwohl sie heute vierzig oder fünfzig Jahre alt sind, immer noch nur Doktorspiele machen können. Dann haben sie die typischen Männer, die kleine zierliche Frauen heiraten (die machen keine Angst), dann haben sie die typischen Kinderschänder vor sich, Menschen die sich nicht entwickelt haben, die nicht von der Triebseele in die Gefühlsseele, in die rationale Hirnseele gelangt sind.

Nun gibt es aber auch Menschen, die sich über die Triebseele zur Hirnseele entwickelt haben und die Gefühlsseele in ihrer Entwick-

lung fast vergessen haben. Die leben in der Sublimation, im Zölibat und sind dabei auch noch zufrieden (höhere Triebe). Diese Menschen haben in ihrer Entwicklung einen niederen Trieb gegen einen höheren getauscht.
Nun gibt es aber leider auch Menschen, die sich zwar entwickelt haben und zu tatsächlichen Erwachsenen geworden sind, aber durch krankhafte Vorgänge (Stirnhirnschäden) auf eine frühere Entwicklungsstufe zurückkehren müssen. Diese Menschen werden dann der Krankenschwester auf den Hintern greifen, obwohl sie achtzig Jahre alt sind. Sie werden wieder onanieren, obwohl sie neunzig sind ... Sie sehen nichts Böses in ihrem Tun, sondern sie leben, agieren wie früher in ihrer üblichen Art und Weise.

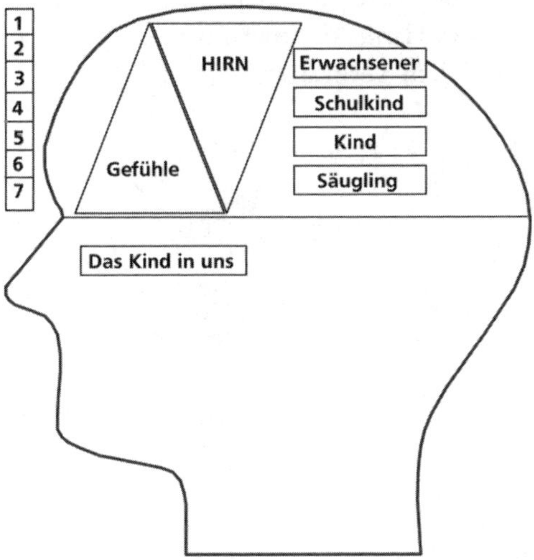

Unser psychogener Lebenskalender

Wir und unsere Gefäße

Wenn Ihre Waschmaschine nicht mehr funktioniert, liegt es meistens, wie wir aus der Fernsehreklame erfahren können, an den verkalkten Röhrln. Da gibt man Calgon hinein und das Ding geht schon wieder. Leider ist das bei unseren Hirngefäßen noch nicht möglich. Trotzdem gibt es etwas Ähnliches wie Calgon, es heißt Knoblauch. Dass unser Hirnkalender (im Alter) bei einem besser und bei einem anderen schlechter funktioniert, liegt an unseren Gefäßen. Mehr Blut, mehr Sauerstoff in diesen ergibt eine bessere, weniger Sauerstoff und Blut natürlich eine schlechtere Hirnleistung. Unser Hirn wird über vier Hauptschläuche versorgt, zwei vorne, zwei hinten. Sie vereinigen sich zu einem Versorgungsring. Von diesem gehen einige Hauptarterien zu unserem Cortex, unserem Denkhirn. Sie können sich schon anhand der Zeichnung vorstellen, dass der untere Anteil, der für die Gefühle zuständig ist, wesentlich besser funktioniert als die kleinen dünnen Fäden in unserem Denkhirn.

Es ist somit keine Frage, dass man sich vermehrt um die Mikrozirkulation seines Hirns kümmern sollte. Denn der Mensch wird älter als seine Gefäße verkraften.

4 UNSERE KRISEN

Ich bekomme die Krise und das faktisch ein Leben lang.
(Erwin Böhm)
Wie jede Blüte welkt und jede Jugend
dem Alter weicht, blüht jede Lebensstufe ...
(Hermann Hesse)

Vor kurzem machte ich bei einer meiner Vortragsreisen wieder mal Station in einem mir fremden Hotel. Das Zimmermädchen führte mich in ein Zimmer, erzählte mir im schönsten Hochdeutsch (obwohl ich Wiener bin), dass hier das Bad sei, dass ich die Handtücher dort und das WC da finden würde. Im Übrigen meinte sie, könne ich das Frühstück ab acht Uhr haben. »Na ja«, meinte sie weiter: »Ich hoffe, Sie finden sich (noch) zurecht!« Ich fühlte plötzlich, da gehöre ich eigentlich gar nicht her! Was mach ich da? Warum bin ich da hergefahren?! Alles ist fremd, nichts erinnert mich an mein Zuhause, an mein Daheim. Bin ich blöd, warum tue ich mir das in meinem Alter noch an? Na gut, jetzt bin ich schon da, was soll ich da machen – ich gehe halt spazieren. Aber wohin? Und warum eigentlich? Und wozu? Es ist doch egal, wie die Kirche in diesem Dorf ausschaut. Ob die Straßen voll von Menschen sind oder menschenleer. Ich rieche nicht wie das Abendessen von meiner Frau zubereitet wird und höre sie nicht keppeln, dass ich schon wieder rauche. Unseren Nachbarbuben, der mit seinem Motorrad Tag und Nacht Krach macht, höre ich hier in diesem fremden Hotel auch nicht.

Also, scheinbar ist mein Gefühl – hier in der Fremde – »entfremdet«. Ich habe, mit anderen Worten, eine Krise; eine Ich-bin-nicht-daheim-Krise. Nun kann ich persönlich diese Krise noch ganz gut in den Griff bekommen, weil ich diese Entfremdungskrise jahrelang geübt habe. Ich habe Copings (Bewältigungsstrategien) wie ein Staubsaugervertreter erlernt. Und damit natürlich auch erlernt, dass mir nichts Menschliches fremd sein sollte. Ich habe erlernt, mit dieser Art Krise zurechtzukommen. Auch Handelsvertreter und ähnliche fahrende Menschen haben gute Copings, mit der Fremde zurechtzukommen. Aber stellen Sie sich nun eine Bauersfrau vor, die ihr Leben nur auf ihrem Hof verbracht hat und dann plötzlich drei, vier Tage alleine im Ausland sein soll. Der geht es wahrscheinlich schon ganz schön schlecht.

Was heißt das nun? Es heißt, Krisenbewältigung könnte man großteils (wenn man früh genug beginnt) auch erlernen. Je mehr Sie in ihrem Leben mit Krisen umzugehen gelernt haben, umso leichter wird es Ihnen fallen, wenn die nächste kommt. Sie kennen sie schon und haben eigene, für sie spezifische Abwehrstrategien entwickelt. Für mich war es immer wieder erstaunlich, die Biografien von vielen Patienten zu lesen. Dabei konnte ich eindeutig feststellen, dass jene Menschen, die ein Leben lang Furchtbares hinter sich hatten, im Alter toll drauf geblieben sind. Diese konnte auch im Alter kaum eine Krise aus den Schuhen schmeißen. Sie waren und blieben, wie die Jungen heute sagen würden, cool!

Hingegen erging es den verwöhnten Kindern ganz schlecht! Die »Prinzessin auf der Erbse« dekompensierte bei den kleinsten Ereignissen. Sie können das auch bei den Pensionistenausflügen erleben. Die Prinzessin auf der Erbse dekompensiert, wenn das Zimmer getauscht werden muss, wenn es zum Frühstück etwas anderes gibt als sie sich vorgestellt hat und wenn jemand im Reisebus gar noch raucht. Wie schlecht geht es der Prinzessin erst, wenn sie an einem fremden Ort in ein Spital oder Heim kommt?

Für den Menschen ist jede Krise ein Entfremdungsgefühl. Die Krisen im Alter liegen in den kleinen und größeren Schwierigkeiten des tagtäglichen banalen Lebens vergraben. Sie kumulieren sozusagen den ganzen Tag. Und wenn man »auf Hundert« ist, genügt schon ein weiterer kleiner Anlass und die Krise ist perfekt. Das Erlebnis einer Krise macht uns bewusst, dass etwas geschehen müsste! Es gibt Menschen, die aktiv sind und bei einer Krise tatsächlich auch noch zu einer Handlung imstande sind. Diese leben halbwegs zufrieden. Sie haben gelernt, auf eine Krise mit einer Handlung zu reagieren. Andere hingegen – Sie wissen schon, die »Prinzessin auf der Erbse« – ist nicht in der Lage, eine Tat zu vollbringen, sie stellt sich tot. Menschen, die nichts tun, fühlen sich überfordert, ratlos und hilflos. Die Krise ist für sie der Verlust des seelischen Gleichgewichts. Sie können die derzeitige Situation weder überblicken noch beherrschen. Sie suchen Helfer. So wird jede Krise subjektiv empfunden. Die Prinzessinen wollen das Ende, aber nicht das Ende des Lebens, sondern das Ende dieser Situation.

Alterskrisen sind häufig Veränderungskrisen

Krisen erzeugen, wie wir schon sagten, ein Entfremdungsgefühl. »Es ist alles anders als früher, als sonst«, »ich verstehe die Welt nicht mehr!« Wir Menschen sind doch auf der Welt alle Fremde – Entfremdete – wir gehören vielleicht alle gar nicht da her. Eigentlich gehören wir alle nur in unsere Urheimat, den Uterus. Aber wo ist dieser in dieser fremden Stadt zu finden? Nun habe ich das Ziel meines eingangs erwähnten Spazierganges gefunden. Mein Entfremdungsgefühl zwingt mich dazu, einen Ort aufzusuchen, der meiner Heimat wenigstens ähnlich ist, der meiner eigenen Wohnung oder der meiner Eltern am ähnlichsten ist. Bei mir ist das Haus meiner Eltern ein altes Holzhaus. Also suche ich mir ein altes Holzhaus. In der Realität ist das natürlich eine Gaststätte, die alt aussieht, in der es noch morsche Fußbodenbretter gibt. Dort trinke ich mein Ersatzhandlungsbier (statt Muttermilch) gegen mein Entfremdungsgefühl, dann bin ich betrunken (so meine ich), leg mich nieder und am nächsten Tag halt ich ein Referat und bin am Abend im Flieger, der mich nach Hause bringt. Sie sehen, ich finde mich zurecht. Ich habe somit, wie Sie schon wissen, meine eigene Dekompensation verhindert. Statt zu dekompesieren, habe ich eine Tat gesetzt. Ich habe Gasthäuser in Dortmund, in Basel, oder wo immer Sie wollen, kennen gelernt.

Nun natürlich werden die Aktiven unter Ihnen sagen, warum läuft der Kerl nicht spazieren, schaut sich die Sehenswürdigkeiten an? Warum geht er nicht Joggen oder in eine Diskothek? Na ja, ganz einfach, weil das kalendarische, das biologische und das psychische Alter drei Paar Schuhe sind. Das, was man psychisch noch machen will, geht organisch nicht mehr. Das, was man organisch machen kann, geht teilweise psychisch nicht mehr. Mehrere Seelen wohnen doch in meiner Brust und befremden sich gegenseitig. Was die eine will, kann die andere nicht mehr und umgekehrt.

Je nach dem, was Sie persönlich daraus machen, ist Altern ein Gewinn oder ein Verlust. Der Mensch entwickelt sich (oder auch nicht) vom Geburtstrauma über die Trotzphase, über die Krise des Pubertierenden zum anscheinend Erwachsenen. Jeder von uns versucht ein paar Jahre – so gut er kann –, einen Erwachsenen zu spielen, seine Rolle zu übernehmen. Aber kaum ist dieses Spiel »ein Erwachsener sein zu wollen« (etwa mit vierzig Jahren) zu Ende, sind wir schon in der nächsten Entwicklungsstufe oder Krise, der Midlife-Crisis, die fast ohne Unterbrechung in die Latelife-Crisis und in die Todeskrise übergeht. Alle Übergänge, Entwicklungschancen sind vorwiegend Glaubens- und somit auch Sinnkrisen.

1 Geburtstrauma
2 Trotzphase
3 Pubertät
4 Erwachsener spielen
5 Midlife-Crisis
6 Latelife-Crisis
7 Exitus

Erst wenn man diese Entwicklungschancen nicht ergreift oder ergreifen kann, ist man in jenem bösen Status, der uns Menschen dazu zwingt, untere (von früher bekannte) Copings, Krisenbewältigungsstrategien zu verwenden (Regression). In jeder Krise ist es so, dass sich die Welt ändert und wir plötzlich die Welt nicht mehr verstehen. Als Kind und Jugendlicher lebt man in einer belebten Welt; man kümmert sich um das Leben. Wir sind nach außen orientiert, expandieren in unsere Umgebung, zu unseren Mitmenschen, kümmern uns um alles, was um uns herum vorgeht, wollen alles verändern und mit beeinflussen.

Wir sind im Aufbau, bauen eine Familie, ein Haus, eine Firma auf. Wie streben nach Gütern und sammeln Geld und Autos, versuchen mit den verschiedenen Ersatzhandlungen (Projektionen und Ähnlichem) zu überleben, und damit auch andere Menschen zu überlisten. In diesem weltoffenen Kampf werden alle Machtmittel verwendet, die uns zur Verfügung stehen. Manche, die wenige Mittel haben, bedienen sich sogar der Schuldzuweisung an andere. Weil aus ihnen nichts wurde, geben sie ihren Eltern, ihren Lehrern, den Politikern usw. die Schuld. »Wenn der depperte Lehrer nicht gewesen wäre, wäre ich schon Arzt und nicht wie jetzt Hilfsarbeiter.« »Wenn wir eine andere Politik gehabt hätten, hätte ich eine Firma.« »Wenn der Krieg nicht gewesen wäre, hätte ich studiert!« Andere haben sich durchgesetzt, haben jede Krise zu ihrem eigenen Ich-Aufbau verwendet und sind tatsächlich Chef geworden! Und fühlen sich daher auch im Alter wohl, haben ein hohes Selbstwertgefühl, fühlen sich in ihrer Maske, in ihrer Rolle wohl. Bei beiden Typen, also bei jenen, aus denen etwas geworden ist und bei jenen, aus denen eben nichts geworden ist, kann über Nacht die Krisenfrage auftauchen, ob denn das nun alles war im Leben? Also wenn das keine Krise ist?!

Man fragt sich natürlich, wo und wie denn eine weitere Entwicklung, ein Auf- und Ausbau des Lebens möglich sei? Da kommt man darauf, dass es keinen Aufbau mehr gibt. Man ist am Ende, man ist am Gipfel seines Lebens angekommen. Was nun? Nun muss man – wie oft im Leben – umlernen. Man muss lernen, erwachsen zu werden. Der Mensch, der es schafft, noch einmal umzulernen, wird aus dieser Krise einen Erfolg machen, seine Altersweisheit erreichen. Der, der es nicht schafft, wird abstürzen (dekompensieren) und nach alten Lebensmustern suchen, die er von früher kennt (Kind zu sein, Pubertierender zu sein) und Ähnliches. Diese Menschen erscheinen dann in ihrem Benehmen und Verhalten (zumindest zeitweise, in Belastungsmomenten) wie jene Menschen, welche die Mediziner als Demenzpatienten oder Alzheimerpatienten bezeichnen. Im Durchschnitt könnte man sagen, dass ungefähr sechzig Prozent der Menschen als »unauffällige Betagte oder Hochbetagte« sterben werden, etwa vierzig Prozent der Menschen ihre Midlife-Crisis und Latelife-Crisis aber nicht in den Griff bekommen und abstürzen und somit in ihrer Dekompensation mit einer Verhaltensstörung reagieren. Ob Sie diese Verhaltensstörung nun Verwirrtheit oder Alterswahn nennen, ist an dieser Stelle noch nicht von Bedeutung.

Früher hat man sich Entwicklungsstufen wie eine Erfolgsleiter vorgestellt. Der Mensch, der mithalten konnte, wurde reif, der, welcher nicht mithalten konnte, blieb zurück, blieb unreif. Ich denke, dass man Entwicklung nicht als Erfolgsleiter sehen sollte. Leitern zwingen immer die Menschen in einen neuen Konflikt, in ei-

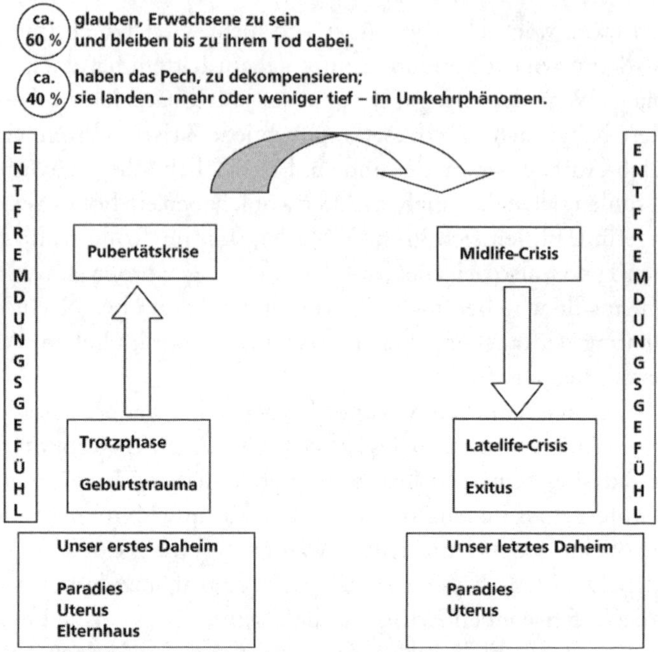

nen Zeitkampf. Was muss man als können, was als Zwölfjähriger? Wann muss man welche Zähne haben? Und ab wann muss man Mama sagen können?

Trotzdem bestimmt die Öffentlichkeit, was normal ist. Es ist normal, dass sich ein Fünfjähriger wie ein Fünfjähriger benimmt. Es ist normal (so sagt die Öffentlichkeit), dass sich auch ein Siebzigjähriger wie ein Siebzigjähriger benimmt. Benimmt er sich nicht so, schließt ihn die Öffentlichkeit als »nicht normal« aus. Mit dem Ausschluss aus der Gemeinschaft kommt es bei diesem Menschen zu einem Nicht-Verstehen seiner Umgebung und damit wieder von sich selbst.

Damit hat der Ausgeschiedene das Gefühl, sich nicht mehr auszukennen. Wobei dieses Gefühl, sich nicht mehr auszukennen, diese völlige Desorientierung, nahezu eine Dauererscheinung des ganzen Lebens an sich ist. Der Säugling kennt sich nicht aus, der Pubertierende kennt sich nicht aus, der in der Midlife-Crisis-Krise stecken-

de Menschen kennt sich nicht aus, der in der Latelife-Crisis steckende Mensch kennt sich auch nicht aus. Somit könnte man sagen, das ganze Leben ist eine Krise. Und auch eine Krisenbewältigung oder eben nicht. Somit ist auch Altwerden nichts anderes als eine neue Krise, die durch den Verlust von Möglichkeiten (biologisch, psychisch) ausgelöst wird. Wobei man aber verschiedene Verluste mit dem Gewinn anderer Wichtigkeiten kompensieren könnte, wenn man weiß wie. Somit wird Alter mit guten Kompensationsmethoden zum Gewinn. Reifer werden ist das Ziel des Daseins; Altsein somit die Krönung des Daseins. Die Krönung des Daseins können Sie erreichen, indem Sie beim Älterwerden solange als möglich in Ihren oberen linken Hirnkasterln bleiben. Viele Menschen, die sich in die unteren Kasterln begeben, betreiben als Ersatzhandlung die Suche nach dem »Früher«, nach verschütteten Materialien.
Auch die Musikbranche kennt das Abstürzen in die unteren Laden (in Wien sagt man etwa zu alten Liedern: »ein Lied aus der unteren Lade«). So gibt es eigene Ersatzhandlungslieder (an denen vorwiegend die schon kompensierenden Menschen ihre helle Freude haben). Dabei fällt mir das Wienerlied »der Lausbub« ein, das ungefähr so lautet: »Einmal möchte ich noch als Buberl Balln schupfen, Wolferl treiben, Raffler steigen, Tempelhupfen.« Oder gar das Ersatzhandlungslied von Willi Schneider, den man immer wieder singen hört: »Man müsste nochmals zwanzig sein.«
Sobald Sie solche Ersatzhandlungen annehmen, an diesen ihre Freude haben, scheiden Sie (durch das Nachjammern nach früheren Zeiten) für eine weitere Entwicklung aus. (Sie bleiben, sozusagen in Ihrer eigenen Entwicklung stecken.) Betreiben Sie besser Krisenbewältigung: Immerhin altert man so, wie man gelebt hat, wie man in seinem Leben gelernt hat, Krisen zu bewältigen. Menschen, die viele Schicksalsschläge überleben mussten, haben viele Copings (Bewältigungsstrategien) entwickelt, sodass es ihnen auch möglich ist, die Krise des Alterns zu bewältigen. Vergessen Sie dabei auch nicht, dass wir Grau- und Weißhaarigen die Generationen sind, die ohnehin viele Krisen überlebt haben. Somit werden wir auch die des Alterns bewältigen.
Wie ich schon in der Einleitung erwähnt habe, stürzen wir Menschen ein Leben lang von einer Krise in die andere. Kaum haben

wir die erste Trotzphase (und ihre Erziehungsmaßnahmen) überlebt, sind wir schon in der Pubertät (und bekommen die nächsten Schläge ab). Nun denken wir, wir sind Erwachsene, wir sind reif, da kommt schon die Midlife-Crisis, und haben wir diese überstanden, kommt die Latelife-Crisis auf uns zu.
Die ist erst ein Hammer, in dieser Krise überkommen uns unsere eigene Urängste verfolgt uns unsere eigene und selbst gemachte Biografie. Man könnte fast sagen es holen uns unsere Vorkrisen und deren Bewältigungsmechanismen wieder mal ein. Lassen Sie uns jetzt einen Blick auf unsere Lebenskrisen und unsere Bewältigungsmechanismen im Einzelnen werfen.

1. Geburtstrauma

Unser erstes Daheim und damit unser erstes Daheimgefühl (alles ist richtig, da gehöre ich hin, da fühle ich mich wohl und zufrieden) ist wohl der Uterus. Hier eingebettet in warmes Wasser, geschaukelt, bewegt, fühlt man sich nicht bedroht, nicht belastet, man ist zu Hause, alles ist mit einem Wort »paradiesisch«, mega-, affen-, supercool. Über viele Jahrtausende geprägt ist dieser Ort der richtige Ort. Alle unsere Bedürfnisse werden gestillt. Alles, was wir brauchen, haben wir. Plötzlich, wahrscheinlich durch die Geburtswehen bedingt, wird man delogiert, man fliegt aus diesem Urparadies, dieser Urwohnung raus; sitzt plötzlich auf der Straße oder in einem Kreißsaal, der so ähnlich wie die Straße ist: Lärm, Licht, Chrom, verkleidete Menschen, ein Wahnsinn! Das geht einem so auf den Nerv, dass man am liebsten wieder hinein will, zurück will in die Ruhe des Paradieses. Nur weg von hier! Der Säugling, der genug Lebenstrieb mitbringt, muss und kann wenigstens schreien. Man kann noch nicht sprechen, aber schon beginnen die ersten Seelenqualen des Lebens. Man schreit und wird rot im Gesicht. Dieses Uterusgefühl, dieses erste Zuhause erreichen wir nach langem Lebenskampf erst dann wieder, wenn wir in Embryostellung in einer Tuchent (Federbettdecke), die den Uterus darstellt und einer PEG-Sonde (Magensonde durch die Bauchdecke) die die Nabelschnur imitiert, zu liegen kommen.

Ich glaube, dass gerade die Geburt und die folgenden Stunden und Tage für den kleinen Erdenbürger die wichtigsten in seinem Leben sind. Was er fühlt, ehe er denken kann, ist ein mächtiger Bestimmungsfaktor dafür, woran er denkt, wenn Denken möglich wird. Der Mensch sucht und sucht über viele verschiedene Daheim-Situationen ein Leben lang sein erstes Daheim, sein richtiges Daheim. Man ist sozusagen ein Leben lang auf der Suche nach dem ursprünglichen Paradies, das wir hier Uterus nennen wollen. Diese Erfahrung des Uterus als unsere Urwohnug ist im Tertiärgedächtnis gespeichert. Da nach dem Geburtstrauma diese uns so heimisch gewordene Wohnung nicht mehr vorhanden ist, sind wir desorientiert. Wo bin ich? Wer bin ich? ist nicht geklärt. Der »juvenile Alzheimer« ist geboren. Der Säugling kennt sich nicht aus, er ist in einer Krise. Um diese Säuglingskrise beherrschen zu können, muss er sich entwickeln. So wird die Krise zu einer Chance. Der Säugling muss sich eine Ersatzwohnung zulegen, um das Entfremdungsgefühl in den Griff zu bekommen. Vor dieser neuen Wohnungssuche – Daheimsuche – müssen wir uns erst einmal selbst suchen. Wer bietet sich da besser an als Lehrer, als die eigenen Erziehungsberechtigten (das sind ja auch die, die uns die Wohnung weggenommen haben). Die Ersatzwohnung, die wir statt des Uterus finden, wird unser Säuglingsbett, unsere Wiege und schließlich und endlich die erste Wohnung, in der wir leben, die Wohnung unserer Eltern. Plötzlich ist nicht mehr die Uterussituation unser Zuhause, sondern die Gerüche, die Umgebung, die Stimme der Mutter. Das Milieu, in dem wir uns entwickeln, gibt uns Sicherheit für die verloren gegangene Sicherheit im Uterus.

2. Trotzphase

Die zweite Kündigung und der Kampf gegen diese eigene Entfremdung geht mit etwa drei Jahren in der so genannten Trotzphase los. Jeder hat schon Kinder im Trotz erlebt, von der kleinen Bockigkeit über das scheue Verkriechen ins Schneckenhaus bis zum lauten Wutgebrüll, ja sogar bis zum Schreikrampf. Eigentlich ist diese Trotzreaktion ja wieder nichts anderes als eine Krise, eine Entwicklung, in der unser Kind steckt. Der erwachende Wille, das erwachende Ich deckt sich noch nicht mit der nötigen Einsicht der Erwachsenen. Die Eltern versuchen, die fehlende Einsicht zu ersetzen und der Tango geht los. Natürlich reagieren nicht alle Kinder gleich. Bei manchen merkt man gar nicht, dass sie etwas anderes wollen als die Erwachsenen.

Auch manche unserer heute Betagten in der Latelife-Crisis agieren wie Trotzphasenkinder. Allerdings haben unsere Betagten ein ganzes Leben an Erfahrung hinter sich, das heißt, dass sie in ihrer neuen Trotzphase wesentlich mehr Abwehrmöglichkeiten zur Verfügung haben als die Kinder.

Mechanismen, die Trotzreaktionen bei Kindern und bei Alten auslösen können:

- Vieles, was Sie tun wollen, geht nicht (mehr).
- Sie verlieren die Geduld.
- Sie wollen so sein wie Sie sind und wir lassen Sie nicht.
- Sie wollen unkultiviert sein; wir kultivieren Sie.
- Wir verderben Ihnen eine Freude.
- Wir stören Ihre Fantasie (Sie können die Fantasie im Alter auch Alterswahn bezeichnen).
- Wir über- oder unterfüttern Sie, körperlich oder seelisch.
- Wir lassen Sie basteln, obwohl Sie streiten möchten.
- Was auch immer der Auslöser ist, suchen Sie ihn! Wenn Sie den Auslöser meiden, kommt es auch zu keiner Dekompensation.

Das Kind kann ebenso wie der Betagte in seiner Hilflosigkeit nur mit Trotz reagieren. Ein Beispiel: Heute ist auf der Pflegeabteilung Weihnachtsfeier, alle singen das schöne Lied »Oh Tannenbaum«. Natürlich wird auch Frau Müller von allen bedrängt mitzusingen. »Na, Frau Müller, Sie kennen doch das Lied von früher – Sie haben es ja auch zu Hause gesungen.« Alle überfordern die Müller mit dem »Oh Tannenbaum«. Das geht so lange, bis die Müller einen Schreianfall bekommt und die Weihnachtsfeier schmeißt. Die Betreuer sollten sich hüten, von ihren Klienten etwas zu fordern, was den Klienten innerlich unmöglich ist. Es ruft, wie Sie schon wissen, Trotz hervor.

Trotzphase und Latelife-Crisis erscheinen mir sehr ähnlich. In der Trotzphase leidet das Kind darunter, dass es von seiner kleinen Person nicht loskommt. Im Alter leidet dieselbe Person darunter,

dass sie von ihrem Erwachsenen-Ich entfernt wird. Beide Situationen führen zu einer Art Kritiklosigkeit, Uneinsichtigkeit und einem abnormen Verhalten. Das Kind und der Alte spüren die Unsicherheit. Es handelt sich um eine Gefühlsmischung zwischen »ich habe Recht« und »ich habe nicht Recht«. Die Not aus diesem Zwiespalt herauszukommen ist groß, ihm herauszuhelfen ist unsere Aufgabe.
Lassen sie ihren Angehörigen oder auch sich selbst so hie und da einen »schlechten Tag« zu. Es ist sowieso nichts schwerer zu ertragen, als eine Reihe von nur guten Tagen.

3. Pubertät

Die dritte Entlassung aus dem Daheim. Kaum ist die erste Welle der Wohnungssuche erledigt, die Frage, was für mich als Kind das Richtige ist, beendet, geht nicht zuletzt durch die hormonelle und somatische Entwicklung neuerlich die Urwohnungssuche an. Jetzt kommt die Zeit, in der nicht die Umgebung alleine fremd für uns ist, jetzt ist es noch ärger, jetzt sind wir uns selbst auf einmal fremd. Wir beginnen gegen die verschiedensten Gefühle zu kämpfen. Eine Entfremdung der eigenen Person setzt ein. Eine komische Zeit beginnt; man ist plötzlich nicht mehr Kind und noch nicht Erwachsener. Wer ist man da eigentlich? Man sollte in seinem eigenen Körper heimisch sein und werden. Aber wie geht das? Die Hände sind zu lange, die Haare zu kurz, die Füße immer in Bewegung. Die Mutter, der Vater ist plötzlich kein Vorbild mehr. Der Papa mit dem großen Bauch – so will man auch nicht werden, die Mama mit ihren alten Strapsen und falschen Zähnen – das aber auch nicht. Ja, wer will man da werden? Wer will man da sein? Man ist der Welt »entfremdet«, nichts passt, nichts will man werden. Ich hatte es in meiner Generation noch etwas leichter, ich wollte wenigstens John Wayne werden – um das vorwegzunehmen, ich habe es nicht geschafft. Es erweist sich auch die Suche in der Familientruhe – Erinnerungsstücke am Speicher – als nicht brauchbar zur eigenen Identifikation. Wer will schon so werden wie der Opa oder die Oma? Pubertät ist somit eine Krise, die einerseits Unsicherheit bedeutet, anderseits Rebellion. Plötzlich kommt man mit Wörtern (sprachliche Verwirrung) wie Minderwertigkeitskomplex, Tabu und Triebe in Kontakt. Man fühlt sich zu dick, zu dünn, zu leblos. Man wünscht sich Freunde, die die gleiche Sprache sprechen, und zwar eine andere als die der Erwachsenen. Und wenn man diesen nicht begegnet, träumt man sich halt welche, bis der Sprung der Entwicklung geschafft ist und man endlich wieder ein Selbstbewusstsein hat. Die Entwicklung ist gelungen. Die Entfremdung von der Welt vorbei. Wir brauchen hier nicht darüber zu reden, dass einige Jugendliche diese Phase nicht als Entwicklungsphase gesund überleben. Und so, wie wir später in der Latelife-Crisis hören werden, eben verhaltensgestört weiter agieren.

4. Erwachsener

Der vierte Ortswechsel unserer Seele ist der Umzug von der Gefühlsseele in die Denkseele. Das Daheimgefühl der emanzipierten Erwachsenen ist angeblich das Denken. Wir lösen unsere Probleme und Konflikte per Wissen (oder durch das, was wir dafür halten). Wir lehnen unser erstes Daheimgefühl ab, sind rational denkende Lebewesen und überkompensieren mit der formal schulischen Ausbildung unsere Grundbedürfnisse. Wir sind dann nicht mehr kindisch, sind in unseren Emotionen und Bedürfnissen nach-denklich, erlauben uns nur mehr das Erlaubte (Über-Ich-Normen) und denken nur mehr an die Konsequenzen unseres Tuns (oder auch Nicht-Tuns) (Tatreue und Tatfolgereue). Wir bauen uns keinen Uterus (den wir brauchen würden), sondern durch eine Ersatzhandlung ein rationales Daheim. Wir bauen uns einen neuen Uterus mit Sonnenkollektoren, mit Abwasserentferner und Wasserenthärter. Und noch schlechter, weil es stabiler ist, ein Haus aus Ziegeln, statt – sie wissen schon, wie ich es brauchen würde – aus altem Holz. Wir bauen uns kein Nest, sondern – nach den üblichen Bauvorschriften – eben nur ein Haus statt einem Daheim.

Ich habe in meiner Praxis eine Frau erlebt, die in einem Iglu – zusammengebastelt aus eigenem Kot und Pappkarton – lebte. Diese Frau hat ihre sehr große Wohnung nicht mehr bewohnt, sondern

lebte in ihrem eigens für sie gemachten Uterus, und das glücklich. Allerdings nur so lange, bis wir gekommen sind und diesen Iglu aus »Gesundheitsgründen« abgebaut und desinfiziert haben. Während dieser noopsychischen Aktion starb die Frau. Wir haben es geschafft, ihr Daheim, den Uterus zu zerstören, eine Geburt zum Erwachsenenhirn eingeleitet. Allerdings, sie hörte auf zu atmen. So wie ein Säugling, der nicht will, der in den Uterus, sein Urzuhause will, eben nicht zu atmen beginnt. Da können wir ihm auf der Säuglingsstation auf den Rücken klopfen so viel wir wollen – er will nicht leben in dieser für ihn entfremdeten Welt!
Versuchen Sie – zumindest teilweise – ihren Uterus mitzugestalten, wenn Sie sich ein Haus bauen. Sie erkennen schon, was Ihr richtiger Platz ist oder sein soll. Der eine braucht wenigstens eine Birke vor dem Haus. Sie ist für ihn richtig, weil vor seinem Elternhaus eine Birke stand. Der andere braucht hingegen einen Brunnen; der eine ein Ziegelhaus, der andere eines aus Holz. Prinzipiell weiß auch der erwachsene Mensch noch (intuitiv), was für ihn das Richtige wäre. Bei der Suche meines Hauses bin ich auf eine Gegend gestoßen, wo ich fühlte: »Das ist es.« Ich wusste noch nicht, ob das Haus überhaupt einen Keller hat oder was das kosten würde. Ich sagte nur, das ist es, das kaufe ich. Wenn ich aus dem Fenster schaue, sehe ich Berge, Felsen, Wald (das brauche ich biografisch). Direkt vor dem Haus ist alles frei (das brauche ich, weil ich Freiheit brauche) und vor meinem Bürofenster gehen Katzen und ein Pferd spazieren (das brauche ich auch). Ich reagierte »kindlich« begeistert: das wollte ich, das ist schön, da bin ich zu Hause, da fühle ich mich zu Hause! Da kann ich bis zu meiner nächsten Krise – der Latelife-Crisis – leben.

5. Midlife-Crisis

Das ist die erste Altersunordnung in der Ordnung des Lebens. Mit dem vierzigsten Lebensjahr sind wir im, ich möchte fast sagen in einem Lebensjahr. Alle Menschen, denen ich bis jetzt begegnet bin, wollen Vierzig sein und bleiben. Sind sie jünger, dann konzentrieren sie ihre Entwicklung auf die Vierzig. Sind sie aber älter, dann orientieren sie sich, als ob sie Vierzig wären, sie möchten ihr Traumalter zurückgewinnen. Warum ist dies so?, frage ich mich. Na ja immerhin ist das biologische Lebensjahr Vierzig als Karrierehöhepunkt zu sehen. Wer bis Vierzig nichts erreicht hat, kann es vergessen. Wer bis Vierzig alles erreicht hat, kann es auch vergessen, denn was soll da noch kommen?

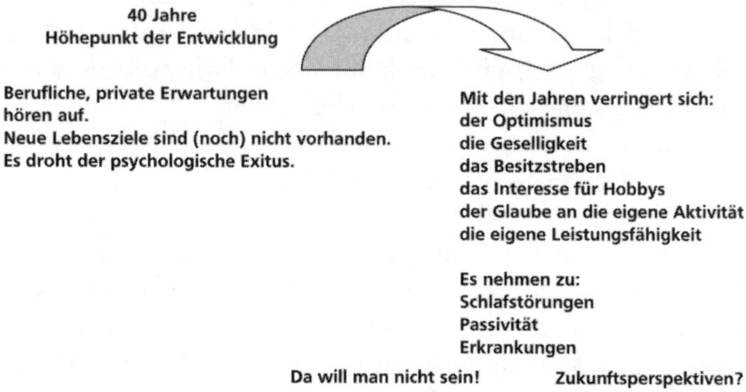

Die Ursachen dieser Fehleinschätzung können nur vermutet werden. Es sind wohl die Auswirkungen des Jugendkultes, der Medien, der Werbung. Keiner braucht mehr Alte, keiner hört auf die Erfahrungen der Alten. Man entlässt Alte in einen Seniorenkult. Sie wissen schon, über den dann die Pflegeträger und Seniorenmessen verdienen wollen. Jegliche andere Altenkultur (die es früher wohl gab) muss unter diesen Umständen verkümmern.
Der modische Seniorenkult ist kein Ersatz für Alte. Alterspezifische Ersatzhandlungen als Krisenauswege sind somit vorprogrammiert. Es ist klar, dass man sich daher in einem Zeitalter des Jugendkultes selbst helfen muss. »Hilf dir selbst, sonst hilft dir keiner«, muss das Schlüsselwort für älter werdende Bürger sein.
Akzeptieren Sie, dass Krisen heilsam und aufbauend sein können. Verzichten Sie auf Fremdangebote, vertrauen Sie auf ihre eigene Intuition. Entwicklungsvorgänge sind notwendig. Irgendwann ist der Abschied von Jugendträumen notwendig. Planen sie langfristig (womöglich ab dem Kindergarten) ihr eigenes Älterwerden. Sie sollten lernen, die verschiedensten Formen ihrer eigenen Ich-Wich-

tigkeit zu speichern. Achten Sie darauf, dass Sie nicht nur ihren Beruf im Schädel haben, der hilft ihnen ab vierzig gar nichts mehr. Plötzlich ist alles anders, man merkt, man wird alt. Man möchte alles Versäumte nachholen, einholen. Wir verändern nicht mehr die Welt, sondern die Welt um uns verändert sich. Aber Sie wissen schon: Wer bis vierzig kein Revoluzzer ist, hat kein Herz, wer nach vierzig noch ein Revoluzzer ist, hat kein Hirn. Wir riskieren Ausbruchsversuche aus der Ordnung. Frauen ändern plötzlich und radikal ihren Typ. Männer haben auf einmal romantische Bärte. Alte Bindungen zerreißen. Oft führen wir ein Doppelleben mit einer Geliebten oder auch anders rum. Die Krise der Desorientiertheit ist eröffnet. Einige – meistens die Stallrösser, die ruhigen Pferde – flüchten in den Krisenalkoholismus, weil sie sich eine Freundin per Über-Ich nicht vorstellen können. Der Krisende, die Krisende will dabei andere nicht schädigen, sondern nur sich selbst helfen, aus der Krise rauszukommen. Nun, Sie sind ja nun schon geschult und wissen: Das ist nichts anderes als eine banale Ersatzhandlung. Die Kerle wollen und können nicht reif werden, sich nicht emanzipieren. Sie wollen in ihrem Desorientiertheitszustand eine neue Jugendlichkeit gewinnen und sich von ihrer bisherigen Biografie befreien.

Diese Desorientiertheit setzt neue schöpferische Kräfte (Elan vitale) frei. Der Betroffene hat das Gefühl, etwas für sich tun zu müssen und dies auch zu können. Das aus der Biografie stammende schlechte Gewissen kommt – könnte man sagen – erst später als Tatreue oder als Tatfolgereue nach. Das ist keine Entwicklung, das ist eine Desorientierung! Sie kennen das, der ehemals glückliche Vater bewohnt nach zwei Jahren Krise einen Möbelwagen am Stadtrand (natürlich bereits ohne Freundin); der ehemalige Posthilfsarbeiter steht ihnen plötzlich mit einem Transparent auf der Hauptstraße gegenüber, die Aufschrift lautet: »Helft den Kindern in Schwarzafrika«. Er, der Briefträger, hat plötzlich nicht Briefe an die angegebene Adresse, sondern »Botschaften an die Welt« abzugeben. Natürlich sind an dieser Krise andere Leute schuld:

- die ein Leben lang gefühlskalte Frau,
- die ein Leben lang zu sinnliche Frau,
- der ein Leben lang zu dicke Gatte,
- der ein Leben lang zu potente Mann.

Na ja, wenn Sie lange genug nachdenken, fällt Ihnen selbst noch etwas ein! Weil es zu Hause im Ehebett doch nicht mehr so richtig geht, kommen einige auf die Idee, dass sie die größten Fotografen aller Zeiten seien (auf die die Welt gewartet hat) und fotografieren Tag und Nacht andere Menschen, womöglich nackt! Der Voyeurismus als neue Geschlechtlichkeit wird entdeckt. Die Frau in der Krise entdeckt plötzlich ihre Liebe zu alten Leuten und wird Altenpflegerin (natürlich nur, weil der Mann fotografiert oder fremdgeht.) Beide desorientierte Typen brauchen natürlich ein neues Outfit, was Kleidung, Frisur, Kosmetik betrifft. Beide Typen betreiben plötzlich Wellness statt zu arbeiten. Die hier beschriebene Krise hat ihren Ursprung in der Tatsache, dass sich das Rad der Zeit nicht weiter dreht wie bisher. Brüche und Risse im Rad der Zeit treten auf, das verwirrt. Die biografische Ordnung wird zur ersten Unordnung. Jede Unordnung sollte zu einer Neuordnung führen. Einige schaffen dies und entwickeln sich weiter, einige ordnen sich nicht um und fallen sofort nach einigen Jahren Verwirrung in die nächste auf sie zukommende Unordung.

Also, um auf das ursprüngliche Thema zurückzukommen, so lebt der Mensch ein paar Jahre dahin. Als denkender, statt lebender Erwachsener, als Mischling zwischen Erwachsener, der er sein will und muss und seiner Kinderseele, die ja weiter in ihm fortlebt und – ob er es will oder nicht – ihn beeinflusst. Sie müssen wissen, ich habe auch Kinder. Diesen versuchte ich ein guter Vater zu sein (obwohl ich kein typischer Uterus bin!). Ich versuchte, so gut es eben geht, Vater zu sein. Als Vater ist man ja nicht nur so ab und zu Geld- oder Trostspender in Krisen seiner Kinder, nein, nein, man hat ja noch viel mehr das positive Gefühl, der Herr der Familie zu sein, der Chef sozusagen, der alles weiß, der alles kann, wenn die Kinder kommen und fragen: Vater wie geht dies, Papa wie geht das? Super!

Aber plötzlich werden Sie als Vater delogiert, plötzlich ist man das Kind seiner Kinder! Eines Tages, wir saßen beim Grillen zusammen – Sie wissen schon, ich machte natürlich das Feuer, ich erzählte meinem Sohn, wie der Umgang mit der Lötlampe funktioniert – da sagte meine Tochter plötzlich zu mir: »Papa, pass ein bisschen auf dich auf, hetz dich nicht von einem Termin zum anderen!«,

»Schon dich ein bisschen!«, »Setz dich hin, wir machen das schon!«, »Du hast ja nicht mehr nötig, dass du uns bedienst oder belehrst!«. Der Sohn unterstützte den Vortrag und das Referat (zum Thema Älterwerden) meiner Tochter maßgeblich. Plötzlich wusste ich, meine Rolle als ratschlaggebender Vater ist beendet. Meine Tochter wird meine Mutter, mein eigener Sohn entwickelt sich zu meinem Vater.

Meine Kinder sagen mir plötzlich – nach ihrem Gesichtspunkt (mag der nun gut sein oder nicht) – wo es lang geht! Meine Rolle als Erwachsener ist offenbar beendet. Plötzlich bin ich das Kind meiner Kinder. Plötzlich ist aus einem Berg ein Hügel geworden! Sofort fühlte ich mich entfremdet, gefühlsmäßig delogiert. Nun, Sie wissen, werte Damen und Herren, Sie müssen eine Delogierung nicht annehmen. Sie können klagen, flüchten oder sich entwickeln. Ich lasse mich natürlich (noch nicht) zum Kind meiner Kinder machen! Vergessen Sie nicht, sobald Sie den gut gemeinten Ratschlag ihrer Kinder annehmen, die Rolle als Erwachsener aufzugeben, sind sie weg von der Bühne des Lebens. Überlegen Sie gut, ob Sie sich in der Altersrolle wohl fühlen werden! Wenn nicht, flüchten Sie vor ihren Kindern, fahren Sie fort, wandern Sie aus oder ziehen Sie wenigstens aufs Land. Aber ziehen Sie um Gottes Willen in kein Pensionistenheim! Dort haben sie dann noch viel mehr Kinder – das gesamte Personal – die es gut mit Ihnen meinen und Ihnen zeigen, wo es lang geht. Natürlich nach den Wünschen des Personals und nicht nach Ihren! Werden sie für die Betreuer unerreichbar, das bewahrt sie vor Betreuungsschäden! Gehen sie in die Fremde, an einen Ort, der Ihnen richtig erscheint. Sie wissen schon, der eine zieht zu der Birke der andere zu den Felsen und der dritte ans Meer. Ich meine hier natürlich die Ost- oder die Nordsee und nicht Mallorca oder die Malediven.

In den letzten Jahren hat sich in der Psychiatrie ein neuer Terminus entwickelt: das *Mallorca-Phänomen.* Es ist bekannt, dass viele – vorwiegend reiche – Deutsche im Alter nach Mallorca oder an ähnliche Orten übersiedeln. Sie tun dies auf Grund ihrer körperlichen Beschwerden: die Knochen tun weh, sie wollen der Kälte des Winters entfliehen und Ähnliches mehr. Seit neuestem weiß man aber, dass es diesen Leuten auf der Insel psychisch schlecht ergeht.

Viele von ihnen entwickeln sich nicht mehr weiter, sprechen nicht Spanisch, lernen nicht Spanisch, lernen nicht, Inselbewohner zu sein, sondern leben als Deutsche im Niemandsland. Sie können die Landessprache nicht. Sie können keinen Kontakt zu Spaniern aufnehmen (die wollen auch nur ihr Geld und nicht die alten Deutschen). Sie finden keinen Partner. Sie kennen keine Rituale und kollektiven Entwicklungen. Sie sind plötzlich weg von der Bühne, vereinsamen. versaufen sich, werden verwirrt und entfremden sich selbst im fremden Land. Keine Frage, sie dekompensieren, statt sich weiterzuentwickeln.
Ich meine unter Ortswechsel einen, den sie gewohnt sind (wie etwa zurück in Ihre ursprüngliche Heimat). Wenn Sie ihre Wurzeln in den neuen Bundesländern hatten, dann sollten Sie auch dort wieder hinziehen! Nur dort sind Sie zu Hause. Nur dort spricht man Ihre Sprache, nur dort beherrscht man Ihre Umgangsformen. Nur dort, in der neuen Fremde, können Sie sich zu Hause fühlen. Nur dort (unter der Birke) werden Sie als (ehemaliger Einheimischer) und nun Zugezogener weiter Erwachsener sein dürfen. Dort verlieren Sie ihre Rolle nicht (so schnell). Die haben Sie ja in ihrer ersten Wohnung, in ihrem ersten Daheim erlernt. Dort, in der alten Heimat, kommen Sie erst später wieder in die Schwierigkeiten der nächsten Entfremdung.

6. Latelife-Crisis

»Der Mensch wird heute älter als seine Seele verkraftet.« Jetzt erst, nach vielen Jahren der Forschung ist es mir möglich, den tieferen Sinn dieses von mir geprägten Satzes auch in der Literatur näher beschreiben zu können. Noch vor einigen Jahren war in der Literatur das Krisenmanagement mit der Midlife-Crisis beendet. Mit der Midlife-Crisis war faktisch und praktisch das Leben aus. Mit dem Älterwerden der Menschenseele verlängert sich aber meiner Meinung nach das krisenhafte Leben um eine weitere Lebenskrise, die ich Latelife-Crisis nennen. Es ist dies die Krise der älteren Herrschaften, die für sie entweder eine weitere Entwicklung (Krisenbewältigung) oder eine Dekompensation bedeutet.

Somit ist die Latelife-Crisis ein Mischbild von:

- körperlich biologischen Problemen (sehr viele seelische Störungen führen zu körperlichen Symptomen);
- psychischen Problemen (eine Krise kann versteckte psychische Erkrankungen auslösen);
- und sozialen Problemen (eine Krise kann zu einem materiellen Krankheitsgewinn führen).

Die Latelife-Crisis ist eine Veränderungskrise. Junge Leute haben die Aufgabe, Krisenbewältigungsstrategien zu erlernen (Tätige, Handelnde). Bei den älteren oder alten Menschen sind diese Strategien konditioniert, sie sind fertig. Allerdings entsprechen die Strategien der Alten der alten Zeit und sind demnach für das Heute kaum geeignet. Die heutigen Alten haben ihr Krisenmanagement bei Schicksalsschlägen in der Vorkriegszeit oder der Nachkriegszeit entwickelt. Aber, so frag ich Sie, kann man dieses heute noch brauchen?

Zusätzlich kann man sagen, dass jedes angelernte Krisenmanagement dem jeweils vorherrschenden Gefühlsstatus (Altersstatus) entspricht. Der junge Mensch lebt in der Eroberungsmentalität, der Alte eher im Sinnverlust. Die Gefühlswelt der Jungen und der Alten decken sich nicht.

Die Jugend ist in der Eroberungsmentalität.	Der Alte ist in der Wirklichkeit, in der Realität des Lebens. Man muss akzeptieren, dass die Jungen unseren Platz einnehmen wollen. Wir erkennen, dass wir langsamer werden. Wir fragen uns: »Hat das alles Sinn gehabt?«
Selbstwertgefühl der Jungen ist hoch.	Sie haben eine hohe Ich-Wichtigkeit. Wir geraten dabei in die Alterswirklichkeit. Wir beginnen an uns selbst zu zweifeln und finden dabei hoffentlich zur Selbsterkenntnis.
Sie sind Chefs, Ernährer der neuen Jungen.	Wir Alten waren einmal diese Chefs und müssen uns nun mit dem zweiten Platz begnügen.

Die Jungen setzen manche Handlungen ohne selbst zu erkennen, warum.	Bei uns kommen diese Ersatzhandlungen ans Tageslicht.
Die Jungen streben und sammeln.	Wir sollten lernen loszulassen!
Sie üben den Aufbau.	Wir sollten den Abbau vom Weltlichen lernen.
Sie sind schnell in allen Handlungen.	Wir sollten lernen, dass small beautiful ist.
Junge sind nach außen orientiert.	Wir sollten in uns gehen, Introversion üben.
Junge leben von der belebten Welt.	Wir sollten uns schön langsam mit der unbelebten anfreunden.

Mit dem Erkennen kommt das Akzeptieren, mit dem Akzeptieren das Verstehen, mit dem Verstehen die Möglichkeit der Änderung. Die Latelife-Crisis wird durch thymopsychische Auslöser verursacht. Verlust von derzeit normalen Zuständen führt zum Verlust der normalen Strategien. Der Verlust der Ich-Wichtigkeiten führt zum Verlust von bekannten Copingmethoden.

- *Lebenskrisen*
  Viele nicht bewältigte Lebenskrisen heilen nicht aus, sondern hinterlassen Spuren. Die Zeit heilt nicht alle Wunden perfekt, sondern mit Narben (es bleiben Läsionen).
- Chronische *Seelennahrungsmangelzustände*
  Viele alte Menschen hatten ein Leben lang Seelennahrungsmangelzustände. Für eine Dekompensation genügt eine kleine Belastung. Im Alter erntet man, was man in der Jugend gesät hat. Einige werden paranoid, einige flüchten vor der Welt, wollen nichts mehr erkennen.
- Dies führt zum *Umkehrphänomen.*
  Ältere Menschen, die nie gelernt haben, etwas Neues anzufangen, verfallen in frühere Verhaltensrituale (Kinderverhalten). Prophylaxe: Milieugestaltung.

- Die *Alterskrise* trägt (nicht zuletzt durch die Pflege) die Gefahr der Chronifizierung in sich.
- Die Latelife-Crisis ist eine *Familienkrise*.
  Somit muss die Krisenbewältigung ein gemeinsames Ziel der Familie sein, da der Betroffene (und die Angehörigen) rat- und ziellos erscheinen.
- Bei einer Krise kommt es zum *inneren Chaos.*
  Der Klient lässt sich fallen, geht in Resignation, die man bei den jungen Leuten wohl als Nervenzusammenbruch bezeichnen würde, über.
- Diese Rat- und Ziellosigkeit wird von *körperlichen Symptomen* begleitet.
  Jeder Mensch, der affektiv belastet ist, möchte sich entlasten. Je nach Menschentyp wird diese Entlastung geschehen entweder als sympathikotoner oder als parasympathikotoner Typ:

Sympathikotoner Typ	**Parasympathikotoner Typ**
Plus-Symptomatik	Minus-Symptomatik
Die Spannungsabfuhr geschieht über:	
aggressive Reaktionen	innerliches Gelähmtsein
ziellose Aktivitäten	Denken, Fühlen und Handeln
Schreien	Erlahmen
Toben	Regression
aktive Suizidhandlungen	passive Suizidhandlungen

Chronische Krisen, die wie akute Krisen aussehen

Viele im Alter oder bei einer Heimaufnahme sichtbaren Krisen sind Seelenmangelzustände, oder wenn Sie so wollen, chronische Krisen, die im Alter wie akute Krisen aussehen. Menschen, die ein Leben lang Krisen hatten, zeigen ein ausgeprägtes Vermeidungsverhalten. (Angstentwicklung kann durch Vermeiden bestimmter Situationen verhindert werden.) Sie scheuen Kontakte, wenn sie Angst vor Menschen haben; vermeiden Anstrengungen, etwas zu verändern, wenn sie Angst vor Veränderung haben. Somit erschöpft

sich ihre Aktivität in Klagen und Anklagen. Die Stimmung ist subdepressiv. Sie haben oft und immer körperliches Unbehagen, haben einen hohen Medikamentenkonsum, sind misstrauisch. All diese Gefühle können sich in körperlichen Beschwerden äußern. Häufig treten diese als Begleitsymptome einer Krise auf. Bei Leuten mit Angst werden Herzrasen, Atemnot, Erstickungsanfälle, Schweißausbrüche und motorische Unruhe bemerkbar sein. Bei Leuten, die im Vordergrund depressive Verstimmungen haben, werden Appetitverminderung, Gewichtsverlust, Durchschlafstörungen, Verlangsamung der Motorik, Erschöpfung sichtbar werden. Bei Leuten, die in Spannung sind, werden Einschlafstörungen, Kopfschmerzen, Kreislaufbeschwerden, Verdauungsstörungen, Zittern als Begleitsymptom sichtbar werden. Diese Typen (Sie wissen schon) erscheinen im Gesamtverhalten wie ein M. Alzheimer.
Bei der Latelife-Crisis entsteht vorwiegend das Gefühl der Entfremdung von Zeit und Raum, von sich selbst und von der Umgebung. Diese wird mit Nostalgiestreben beantwortet. Der Alte will als kleines Kind neu anfangen. Sie kennen diesen Einbruch der Entfremdung sicher selbst: Nach jahrzehntelanger Pause kommt irgendwer auf die Idee, man könne doch ein Klassentreffen machen. Nun, Sie freuen sich, die alten Kumpel wiederzusehen, möchten mit ihnen über frühere Zeiten reden. Mit Freude gehen Sie zum vereinbarten Treff und was passiert? Alle, die dort herumsitzen, kennen Sie nicht mehr. Sie sind verwundert, wie sich die (Sie auch) geändert haben. Das Gefühl der Entfremdung ist entstanden: Was tu ich da bei diesen fremden Leuten? Es gibt nichts Gemeinsames mehr. Statt der erwarteten Vertrautheit ergibt sich eine Entfremdung. – Na ja, das ist einfach zu erklären: Die Leute sind nicht mehr dieselben. Durch die Entwicklung ist man aus seiner sozialen Schicht in eine andere gewechselt. Alle Menschen, die wir nun wieder treffen, haben ein Auf oder Ab in ihrem Leben erlebt. Sie sind eben andere, wahrscheinlich sind sie sogar so anders, dass man mit ihnen nichts mehr anfangen kann und auf das nächste Klassentreffen verzichtet.

1. Sprachliche Entfremdung

Natürlich, und das ist keine Frage, kann eine lebenslang bestandene Kommunikationsstörung, ein Beziehungsproblem gerade im Alter als Dekompensationsfolge auftreten. Sehr oft ist die für den älteren unverständliche Umgangssprache der Auslöser. Kein Jugendlicher verwendet bewusst gegen uns Alte gerichtete neue Wörter wie »affengeil« oder »mega cool«. Trotzdem entsteht, ob wir wollen oder nicht, eine sprachliche Entfremdung. Da sich die Jugendlichen selbst fremd werden (Pubertätskrise), entsteht ihre Eigensprache, der Eigenwitz als ihr eigener Abwehrmechanismus. Alle Jugendlichen haben ihren eigenen Sprachstil, der sie von den Erwachsenen abheben soll. Die Verwendung von Kraftausdrücken, die für jede Zeit typischen Spitz- und Kosenamen. Auch wir hatten unseren eigenen Nonsens. Fällt Ihnen noch etwas ein?
Plötzlich haben wir Alten eine Rollenunsicherheit. Unsere Rolle gilt nicht mehr, wird im Moment nicht gebraucht. Wir stehen auf der falschen Bühne mit einem falschen Text in der Hand. Natürlich kann diese Entfremdung auch durch andere Auslöser verursacht werden: Wir trinken zu wenig; nehmen unsere Herztabletten falsch oder gar nicht ein; werden in psychischen Stress versetzt (etwa in die Pension); können unsere normale Rolle nicht mehr spielen und und und.

2. Entfremdung von Raum und Zeit

Für Ältere ist die Frage der Zeit eine Frage des Zeitvergehens (der schon verlebten, erlebten Zeit). Diese schon erlebte Zeit wurde in einem bestimmten Raum, der Umgebung, verlebt, somit bilden Zeit und Raum eine zusammengehörende Einheit und als solche müsste sie in der Pflege berücksichtigt werden! In dieser verlebten, erlebten Zeit, die mit einem bestimmten Raum assoziierbar ist, lebte (lebt) das Ich unserer Klienten. Somit haben Raum, Zeit und das Ich eine fast unzertrennliche Dynamik in sich, die im Umgang mit so genannten Desorientierten zu berücksichtigen ist! Raum und Zeit sind die Grundlagen meines Selbsts, meines Ichs.

Der alte Mensch spricht fast immer von »seiner Zeit«, von seiner verlebten Zeit. Es ist die Zeit, die schon vergangen ist! Wenn der Betagte von seiner Zeit spricht, gebraucht er Gleichnisse aus der Welt des Raumes. (1942 in Stalingrad, da haben wir ...)
Zeitfragen: »Wie lange ist es her, dass wir uns kennen lernten?«, »Wie ist mir doch die Zeit davongelaufen!«, »1920 da waren wir noch flotte Burschen!«, »1940 konnte ich noch Sporteln, Laufen, Radfahren!«. Zeit ist somit die Form des inneren Sinnes, des Anschauens von uns selbst (in Assoziation zum Raum). Die Zeit ist immer in uns, so wie der Raum um uns ist. Ganz anders als für den jungen Menschen; für den existiert die Vergangenheit nicht, die ist ja schon vergangen, die Zukunft ist für Junge auch nicht die Zeit, die ist ja noch nicht da. Also ist die Zeit der Jungen das Hier und Jetzt, die Gegenwart.
Raumfragen: Mein erster Raum als Lebender (nach dem Uterus) war und ist wohl mein erstes Zuhause mit seiner Umgebung, den Gerüchen, Ritualen, aber auch Personen, die (sympathisch oder unsympathisch) mich prägten. Jeder Mensch hat somit eine emotionale Assoziationskette, eine emotionale Realitätsordnung, eine Verknüpfung der Sinne. Das Gesicht der Mutter ist verbunden mit einem bestimmten Geruch aus der Umgebung, eben der Küche, in der sie irgendwann (Zeit) Apfelstrudel machte. Bei der Entstehung einer Emotion ist es unwichtig, ob dies 1920 oder 1940 war. Es ist egal, ob ich fünf Jahre oder zehn Jahre alt war. Der wesentliche Faktor ist, dass ein Gefühl entsteht. Der eine wird eher sein Gefühl durch räumliche, der andere mehr ein Gefühl durch eine, seiner Mutter ähnliche, Person erfahren.
Enträumlichung: Nun, wenn wir Zeit, Ort und Ich in der Erinnerungswelt assoziieren, dann stellt die Heimaufnahme an sich schon eine Enträumlichung dar. Damit ist die erste Möglichkeit, mit einer Desorientierung (als Coping) zu reagieren, gelegt. Die Rest-Enträumlichung und Entzeitlichung wird durch den Tod passieren. (Heimholen!) Eine Enträumlichung hat eine Entzeitlichung sowie eine Entichung in sich. Enträumlichung kommt einer Vernichtung gleich, genau so wie eine Entrümpelung! Wie soll ich, kann ich darauf anders reagieren, als mich nicht mehr auszukennen auf der Welt!

3. Der Kampf mit den eigenen Urängsten beginnt aufs Neue

Ängste wie Verarmungswahn, Angst vor Verhungern, Abhängigkeit, Versagen und die Angst, dass nichts von mir übrig bleibt führen primär zu einem Entfremdungsgefühl. Schon vor einigen Jahren, als ich mir einen Bart wachsen ließ und mir neue Kleidungen beschaffte, hielt mich ein Wachmann auf, forderte meine Papiere und stellte fest: »Das sind aber nicht Sie auf diesem Foto.« – Meine nächste Krise, die Latelife-Crisis war eröffnet. Ich betrachtete selbst mein Bild und fragte mich: »Bin ich das oder war ich das?« Ich entfremdete mich sozusagen von mir selbst. Plötzlich fiel mir auf, dass ich eben keine Haare mehr habe und mein Gesicht älter aussieht. (Also, ob ich das auf dem Foto bin, ist fraglich.) Ich wurde, wie Sie sehen, zunehmend desorientiert. Schuld war dieser Beamte in Uniform.

Welche Entwicklungssituation sollte ich wählen? Sollte ich der von früher sein? Sollte ich der sein, der ich heute bin, der aus mir geworden ist? Das ist eine Sinnkrise (so wie die Midlife-Krise ja auch). Diese Sinnkrise führt entweder zum Aufbau meiner Persönlichkeit oder zu dessen Abbau.

Nun, ich bin ein in mir verwurzelter Mensch. Soll ich nun der Tradition frönen (die gibt mir Sicherheit) oder soll ich mich nochmals der modernen Zeit anpassen, soll ich wieder Mobilität und Erneuerungsbereitschaft zeigen? Das ist in etwa dieselbe Frage wie: »Soll ich normal bleiben oder einen Morbus Alzheimer entwickeln, mich zurückziehen aus Angst vor der modernen Welt? Soll ich eine Haltungsverwandtschaft mit den Jungen oder mit den Alten eingehen? Soll ich konstruktiv oder destruktiv sein?«

Es kommt mir dumm vor, mich entscheiden zu müssen. Noch dazu ist diese Entscheidung schwer. In mir wohnen mindestens zwei Seelen, ein individuelles und ein kollektives Bewusstsein. Für welches soll ich mich entscheiden (solange ich mich überhaupt noch entscheiden kann)? Es ist ein Hin- und Herpendeln zwischen Alt und Neu, ein Pendeln zwischen alten und neuen Werten. Wenn ich mich zu den Jungen bekenne, werde ich von diesen akzeptiert. Wenn ich mich nur zu den Alten bekenne, von diesen; aber die sterben weg. Was bleibt dann wieder? Sehr verwirrend ist das. Klar ist, dass das Tasten nach neuen Gesichtspunkten länger dauert, die Werteordnung der gleichgesinnten Alten beizubehalten aber leichter geht.

4. Zerstörung unseres Weltbildes

Klar ist, dass bei der Latelife-Crisis das bisherige Weltbild und die Weltordung, wie wir sie uns im Laufe der Jahre zurechtgelegt haben, nicht mehr gilt. Die Sprache, die wir als Kind erlernt und seither benützt haben, hat uns Sicherheit gegeben. Die Folge ist: Ich lebe in einer Welt der Verfremdung, der Entfremdung, alles ist anders. Desorientierung (Verfremdungsgefühl, Entfremdungsgefühl) ist die Folge. Das Alte nicht mehr zu verstehen, ist eine Bedrohung. Das Neue ist noch nicht zu verstehen und führt zu Erschrecken, zu Erstaunen. Es entsteht das Gefühl, immer dümmer zu werden! Gibt es denn ein altersspezifisches Weltbild? Soll das Weltbild von einem kindlichen zu einem erwachsenen Weltbild und dann zu einem präsenilen werden? Nennt man das dann Altersweisheit? Klar ist, dass die Ablösung von Weltbildern immer stattgefunden hat. Wir Menschen gehen vom Weltbild der Kindheit, das zusammenbricht (Trotzphase) zum Weltbild des Jugendlichen, das zusammenbricht (Pubertät), zum Weltbild des Erwachsenen, das zusammenbricht (Midlife-Crisis), zum Weltbild des alten Menschen über, das auch irgendwann zusammenbricht (Latelife-Crisis). Mit anderen Worten man wechselt ein Leben lang seine Ansichten, wenn sie der gegenwärtigen Lage nicht mehr entsprechen. Der Entfremdung folgt die Infragestellung, bis es zu einem neuen Aha-Erlebnis kommen kann.

Mein nun älterer Enkelsohn zeigte mir immer wieder einen Gameboy. Ich stand dieser Sache vollkommen hilflos gegenüber. Ich sah nicht, worum es da geht, ich begriff es einfach nicht. Ich fühlte mich als Trottel. Nun gibt es zwei mögliche Wegrichtungen: Entweder ich akzeptiere, dass ich nicht mehr mitkomme, dann kann ich abdanken; oder ich bemühe mich, mich weiterzuentwickeln und lerne dazu, auch wenn es mich nicht interessiert. Die Einstellung zu Fragen der Enkelkinder oder der Jugend führt uns Alte zu Entscheidungen: Mitmachen oder Aufgeben. Entscheiden Sie, was Sie wollen!

5. Depersonalisierung

Plötzlich schaut mich aus meinem Spiegel ein anderer an. Bin ich das, oder bin das nicht mehr ich? Ich hasse mein Spiegelbild: ich ohne Haare, mit einem Bauch. Die vielen Falten, die Traurigkeit um den Mund, das kann doch nicht ich sein!? Oft kommt es auch bedingt durch die Änderung des Äußeren zu einer innerlichen Entsinnlichung des Ichs. Gerade diese Ich-Entpersonalisierung bringt es mit sich, rat- und ziellos zu werden. Häufig wird dieser Ich-Verlust (das Gefühl, das bin ich ja gar nicht mehr) von körperlichen Symptomen begleitet. Auf der Grundlage des Ich-Verlustes benötigt der Mensch »ärztliche Diagnosen«. Sie sind als Alibifunktion (Ersatzhandlung für die verloren gegangene Ich-Wichtigkeit) zu verstehen. Somit sind oft körperliche Symptome eine Symbolik für ungelöste Altersprobleme. Der psychische Ausgangspunkt ist das veränderte Selbstbewusstsein, das sich früher oder später (untherapiert) in körperlichen Symptomen äußert. Nicht umsonst fragt der Arzt gleich nach der Begrüßung »Was fehlt Ihnen?«. Gerade unsere Symptome sagen uns, was uns fehlt. Meistens oder sehr oft ist es die (anscheinend) verloren gegangene Ich-Identität.
Interpretieren Sie Ihren Verlust: Wenn Menschen aufhören, die Ereignisse in dieser Welt zu deuten, sinkt ihr Dasein in die Bedeutungslosigkeit und Sinnlosigkeit. Vergessen Sie nicht, dass der Mensch ein polares Lebewesen ist und trotzdem immer wieder nur »Ich« sagt. Sobald sie nur »Ich« sagen, gibt es auch ein Nicht-Ich und das ist eine typische De-personalisierung.
Es gibt nicht ein »Ich«, das alleine in der Gegend herumsteht; es gibt auch ein »Du«, und ein »Wir«. Lernen sie ein »Wir« zu sein, dann ist auch ihr »Ich« wieder bestätigt. Nur durch die anderen (Freunde, Familie und so weiter) bekommen wir unser »Ich« bestätigt.
Plötzlich geht es uns in und mit unserer Seele wie Emigranten im eigenen Körper. Und die Stimme »Ich gehöre nirgends mehr dazu« wird laut. Ich war einmal Bestandteil Österreichs, Wiens, einer Turnergruppe, eines Skifahrvereins – alles verblasst. Plötzlich erscheint mir das Leben wie in der Fremde. Die Sprache, Feste, das moderne Essen geht mich nichts mehr an, es hat mit mir nichts mehr zu tun.

Beschäftigen Sie sich mit Ihrer eigenen Biografie und geben Sie sich dadurch ein Stück »Identität« zurück. Bleiben Sie sich selbst treu. Sie müssen nur umlernen, ungefähr so wie ein Pubertierender, der ja auch nie genau weiß, wer er ist, bis er es gelernt hat. Lernen Sie, ein »Alter zu sein«, zu akzeptieren, dass Ihre seelischen und leiblichen Veränderungen normal sind. Der Bauch, den Sie haben, gehört eben zu Ihnen. Die Glatze zeichnet Sie als Individualisten aus. Sie sind auch im hohen Alter eine Persönlichkeit. Alles, was Ihnen im Alter fremd erscheint, sind und waren immer nur Sie. Nur Sie wohnen in Ihrem eigenen Körper und sind der, der Sie sind. Bleiben Sie Immigrant in Ihrem eigenen Körper. Grenzen Sie sich nicht durch Ihre Gefühle der Entfremdung aus. Werden Sie ein Eigenbrötler; eben der, der sie sind.

6. Glaubensmäßige Verfremdung

Ich glaube, dass es für streng katholische Menschen schwer ist, plötzlich, so wie es heute der Fall ist, in einer post-christlichen Zeit leben zu müssen. Obwohl gerade diese Menschen schon einiges an Veränderungen hinter sich haben. Die Gebete, wie das »Vaterunser«, das »Gegrüßet-seist-du-Maria« und das »Glaubensbekenntnis« haben sie als Kinder erlernt und seither immer und immer wieder gebetet. Seit dem Konzil mussten sie diese umlernen, eine neue Übersetzung hatte stattgefunden. Ähnlich ist es mit den Bibeltexten. Die im Laufe des Kirchenjahres immer wiederkehrenden Texte hörten sich auf einmal fremd an. Wahrscheinlich hat auch diese Umstellung bereits eine Distanz zur Religionsausübung mit sich gebracht, da ein Entfremdungsgefühl entstanden ist. Und mit der Abschaffung der lateinischen Texte wurde so manche liturgische Handlung entmystifiziert. Der Esoterik wurde dadurch Tür und Tor geöffnet. Die Sehnsucht der Menschen nach Mystik, nach dem hinter allem Bestehenden liegenden Sinn wurde in Sichtbares, Greifbares, und auf diese Weise leichter Fassbares, umgewandelt. Und nun im Alter, wo das Sterben bevorsteht, sucht man nach den alten Riten und den damit verbundenen Gefühlen, weil diese Sicherheit geben könnten. Doch sie sind weg. Eine religiöse Desorientiertheit führt nun im Alter zur Sinnentleerung. Auch hier sollten Sie sich entscheiden, ob Sie sich mit dem neuen Gesicht der Kirchen intensiv beschäftigen wollen, um die alten religiösen Wurzeln wiederzufinden oder ob Sie sich an diese Welt, wie sie Sie umgibt, gewöhnen wollen. Sie sollten wählen.

7. Entfremdungsgefühl durch die Änderung der Situation

Oder mit anderen Worten, das was wir einmal erlernt haben wie Moral und Pflichtgefühl brauchen wir nicht mehr. Die Jugend agiert anders, uns fremd. Ja selbst die Enkelkinder kann man nicht mehr verstehen. Die sind auch andere geworden. Wir brauchen keine Moral (in unserem alten Sinne) mehr, keinen Arbeitstrieb, keinen Wiederaufbau, keine Sechzigstundenwoche, keine Religion, keine politische Partei. Das können Sie alles vergessen, es gilt nicht mehr! Wenn Sie das nicht können, nämlich ihr Erlerntes vergessen und Neues zu speichern, dann sind Sie schon das, was die Jungen als Morbus Alzheimer bezeichnen.

8. Entfremdungsgefühl durch die verschiedenen Generationen

Dass sich die Grauhaarigen nicht mehr an die gepiercten Jugendlichen anpassen können oder wollen, ist nicht die Problematik, sondern eher die Anpassungsschwierigkeiten, die sich zwischen der weiß- und grauhaarigen Generation ergeben. Immerhin sind heute die Kinder, die Grauhaarigen, keine Kinder mehr, werden aber noch immer von den Weißhaarigen wie Kinder behandelt und betreut.

Vergessen wir nicht, den Umgang von Mensch zu Mensch, von Fremdem zu Fremdem muss man lernen. Nun gab es aber früher weder bei den heute Grauhaarigen noch bei den heute Weißhaarigen Alte. Das heißt, man hat nie gelernt, mit Alten umzugehen, es gab sie ja nicht. Um andere Menschen zu ertragen, muss man sie kennen. Die heutige Jugend wird es leichter haben, leichter haben, selbst alt zu werden. Sie sind umgeben von lauter Alten, von Leuten mit

Gehstöcken und Prothesen, aber auch von einer Menge Wellnessgedanken. Das heißt, nur wir Alten können mit unseren Alten nicht umgehen. Wir kennen keine. Wir konnten es nie üben.
Ich habe mir oft überlegt, warum denn gerade ich in die Altenforschung gegangen bin? Obwohl es zum Üben in meiner Kindheit keine Alten gegeben hat? Nun, ich sage es Ihnen: Mein Vater war eigentlich ein alter Mann, als er mich als Sohn bekommen hat. Ich bin einer der wenigen, die schon von Kind auf lernen mussten, mit Alten umzugehen. Ich wurde auch weiterhin von Alten unterstützt. Ich kannte und erlernte durch meine Familie ihre Tricks, wie etwa Heurigenlieder singen.

9. Entfremdungsgefühl durch die Änderung des Lebensstils

Keine Angst, derzeit haben Sie noch alle Chancen, derzeit sind Sie nur das, was man verwirrt nennt; verwirrt zwischen ihrer Biografie und ihren Werten und der Biografie unserer Kinder und deren Werten. Die Phasen Ihrer »Verwirrtheit« sind nicht aus Ihrem nicht mehr funktionierenden Hirn entsprungen, sie kommen durch den Druck der heutigen Wirklichkeit. Der Unterschied zwischen dem von außen gelenkten und dem aus Ihrer eigenen Persönlichkeit kommenden Lebensstil und den für Sie bisher gültigen Idealen bedingt ihre Verwirrtheit.
Über viele Jahrzehnte hatten Sie ein sicheres Welt- und Menschenbild. Das gab uns Alten das Gefühl der Sicherheit. Nun ist es weg. Das tut weh. Aber, vergessen Sie nicht, so geht es auch den Kindern und den Jugendlichen in der Pubertät. Sie haben dasselbe Problem. (Sie schauen nur jünger aus.) Und sie werden, wenn sie ein Problem haben, nicht gleich in ein Heim abgeschoben oder als Morbus Alzheimer bezeichnet. Auch ein Pubertierender sollte fast von heute auf morgen von seinem Spieltrieb zum Arbeitstrieb wechseln. Solange war er ein Kind, konnte sich kindisch benehmen. Jetzt soll er plötzlich erwachsen werden. Auch für ihn ist die Welt plötzlich eine andere, wenn man so will, ihm fremde geworden.

10. Entfremdungsgefühl durch Verlust des Vertrauens?

Vertrauen wird geprägt! Betrachten wir die Entwicklung des Vertrauens in Bezug auf die spätere Aufnahme in ein Heim können Erlebnisse eine Rolle spielen wie ein Aufenthalt in einem Kinderspital, bei dem ich entweder Vertrauen zu der Kinderschwester haben konnte oder Angst vor ihr hatte; oder eine der Pflegerinnen erinnert mich mit ihren blauen Augen an eine liebe oder verhasste Tante.

Alles erzeugt entweder Vertrauen oder Misstrauen! Vertrauen hat man somit zu Einzelpersonen: liebe Schwester – böse Schwester. Nie entwickelt man Vertrauen zu einem System: Krankenhaussystem – Gesundheitssystem. Wenn der Mensch in die Kindheit abstürzt, dann ist er Märchen-fixiert, wünscht sich ewige Jugend, ewige Schmerzfreiheit, ewiges Glück und so weiter. Heime und Spitäler benutzen diese Bilder und Assoziationen in ihrer Werbung und machen dadurch falsche Versprechungen.

5 TIPPS FÜR DIE LATELIFE-CRISIS

»Jeder wende für seine eigene Charakterveredelung so viel Zeit auf, dass keine Zeit verbleibe, andere zu kritisieren.«
(Autor unbekannt)

Beschäftigen Sie sich rechtzeitig mit Ihrer Selbsterkenntnis. Alle Lösungsstrategien liegen in Ihrer Hand, besser gesagt in Ihrer Biografie, schon lange verankert. Ihre eigenen Copings (Bewältigungsstrategien) bringen Sie entweder in ein Heim oder lassen Sie nochmals auf- und mitleben.

Was sie tun sollten, um zufrieden zu altern

Lernen Sie sich selbst kennen:

- Schreiben Sie ihre eigenen Ängste nieder.
- Schreiben Sie ihre Selbstzweifel auf.
- Beschäftigen Sie sich mit sich, üben Sie Selbsterkenntnis.
- Lernen Sie nachzulassen, auch ein Alpha kann ein guter Beta (Berater) werden.
- Akzeptieren Sie, dass Sie ein anderer sind als der, der Sie sein wollten. Erschrecken Sie nicht, wenn Sie eines Tages erkennen, was alles in ihrem Leben eine Art von Selbstbetrug war. Sie werden ihre eigenen Ersatzhandlungen plötzlich vor sich sehen. Sie werden erkennen müssen, dass nicht an allen ihren Problemen jemand anderer schuld war, sondern Sie selbst.
- Söhnen Sie sich mit ihren Feinden aus. Geben Sie zu, dass Sie manchmal die Schuld jemand anderem zugeschoben haben.
- Lernen Sie, langsamer zu leben (small is beautiful).
- Orientieren Sie sich nach innen. Gehen Sie in sich.
- Manchen Menschen geht es sehr gut: sie geben ihr Ich auf und legen es in die Hände Gottes.
- Bleib dir treu! Bleiben Sie sich selbst treu, bleiben Sie, was immer auch auf Sie zukommen sollte, bei Ihrer Grundeinstellung (trotz Entfremdungsgefühl). Können Sie sich erinnern, wir haben ge-

sehen, dass auch ein Kind und ein Pubertierender bei seiner Entwicklung ein Entfremdungsgefühl hat. Dieses entsteht, weil sich das Kind von seinem Kinderdasein verabschieden muss und plötzlich ein Erwachsener werden soll. Das Kind lebt mit Kindheitswerten. Sie als Erwachsener leben aber mit Ihren Erwachsenenwerten (falls Sie die haben). Diese Erwachsenenwerte sind die uns anerzogene Lebenstüchtigkeit. Wenn Sie versuchen, diese Lebenstüchtigkeit zu erhalten, wird das Entfremdungsgefühl entweder gar nicht auftauchen oder so gering sein, dass Sie damit leben können. Kindheitswerte und Erwachsenenwerte sind statisch. Sicherheit gibt das Beharrungsvermögen einer langjährigen Stabilisation. Nur die Krise an sich ist dynamisch und führt zu Änderungszwängen.

- Versuchen Sie, wenn sie gerne gearbeitet haben, weiter zu arbeiten.
- Verteidigen Sie ihr Prestige und ihr Haus.
- Verschenken Sie, vererben Sie nichts vor ihrem Tod.
- Begehen sie keinen Verrat an ihrer Werte-erfüllten Vergangenheit.
- Verteidigen Ihr Festhalten-Wollen von Dingen und Menschen, es bedeutet am Leben festhalten zu wollen.
- Seien Sie froh, dass Sie das Älterwerden zum Nachdenken bringt.

Die Problematik, ob Sie unter der Entfremdung leiden oder nicht, ist eine Frage Ihrer Erziehung. Es ist somit auch eine Frage ihres Normalitätsbegriffes schlechthin. Normalität an sich ist die Frage, was war in und aus Ihrer Erziehung normal. Wie stark sind Ihre Normen ausgeprägt – anders gesagt – wie stark stehen Sie unter dem Druck, normal zu reagieren? Menschen die ein starkes Normalitätsgefühl haben, trachten immer danach, ganz normal zu sein, ganz angepasst zu sein, sich selbst und der Umwelt gefallen zu müssen. Bei diesen Menschen wird die Normalität zum Zwang. Gerade aber aus diesem Zwang heraus liefern sie sich selbst ein Hauptmotiv, um der Entfremdungssituation zu entfliehen. Anderen wieder, so wie mir selbst, ist das alles egal. Ich lebe für mich. Wenn mich jemand nicht aushält oder wenn mich jemand nicht will, ist das sein Problem, mit und ohne Entfremdungsangst.

- Üben Sie, Alltagsroutinen aufzugeben, Gewohnheiten abzule-

gen. Üben Sie, Emotionalität auszuleben (nicht nur, wenn Sie betrunken sind oder am Ballermann, sondern in der täglichen Praxis).
- Über Sie, mit mehr Risikobereitschaft zu leben.
- Manche Menschen wieder beschäftigen sich ein Leben lang nicht mit ihrem Älterwerden. Sie wissen nicht, dass sie »Andere« werden in Zeit und Raum. Diese trifft es hart. Sie reagieren manchmal mit einer Art Weltüberdruss (der für alle Entwicklungsphasen typisch ist). Dieser wird durch eine Art Langeweile, welche oft der Müdigkeit zugrunde liegt, ausgelöst. Als Alte stehen wir an einer Schwelle, an der die Triebkräfte schwächer werden und benötigen mehr Schlüsselreize als früher, um uns bewegen zu können. Eine neue Motivsuche ist erforderlich.
- Lernen Sie, im Leben Krisen zu meistern. Jene Menschen, die aus ihrem Lebenslauf heraus Krisen zu beherrschen lernten, man könnte auch sagen, eine schwierige Biografie hatten, die meistern auch noch gesund und engagiert die Latelife-Crisis. Sie haben genug Strategien zur Hand, um diese neue Entfremdung durchstehen und beherrschen zu können. Diese Leute entwickeln sich im Alter wahrscheinlich zu jenen, zu denen die jüngeren Leute »weise Alte« sagen. Sie verwerten die Krise als neue Entwicklungschance und dekompensieren nicht.
- Lernen Sie zu sublimieren: aus Kummer zu studieren, aus Mangel an Sexualtrieb Bücher zu schreiben. Vergessen Sie aber dabei nicht, dass jede Vergeistigung zur Unterdrückung der emotional-impulsiven Charakterkomponente führt, dass dann nicht nur die Beziehung zum anderen Geschlecht, sondern auch die zwischenmenschliche Beziehungsfähigkeit beeinträchtigt wird.
- Agieren Sie Widerständen zum Trotz.
- Reisen Sie in Länder, deren Sprache Sie nicht beherrschen.

Was Sie nicht tun sollten: Flucht vor der Seinsverfremdung

- Sie können sich auch *treiben lassen*. Leute die so agieren, sind Leute, die ihr Leben lang durch das Erlebnis der Zufälligkeit leben. Sie können natürlich sagen, das geht mich alles nichts an, ich lasse die Dinge laufen, wie sie halt sind. Beschwichtigung ist die Folge: »Es wird schon jemand meine Situation retten, etwas für mich machen.«

- *Wutausbrüche gegen die Welt.* Andere Menschen wieder, die nur gewohnt sind, zornig zu werden, werden auch in der Latelife-Crisis gegen die neue Situation rebellieren. Im Wutausbruch erlebt der Entfremdete eine Art Ekstase, er kann damit aus dem Entfremdungsgefühl heraustreten. Auch Weinen oder die Zornmanie sind Verhaltensweisen, die den Betagten Sicherheit in der nun unsicheren Welt geben.
- Auch die beliebte Übung »sich auf den Kopf zu stellen«, das heißt eine verkehrte Welt zu sehen, die *Realität nicht so wahrhaben* zu wollen wie sie nun mal ist, ist ein Ausbruchsversuch von Menschen, die sich wehren, aber dazu nicht den Kopf, sondern nur ihr Gefühl verwenden. Das Maximum dieser Übung, ist wohl das, was wir Verwirrtheit nennen.
- *Statische Anklammerung*: Menschen die nie gelernt haben, Krisen zu bewältigen, suchen im Altvertrauten ihre Rettung, sie suchen den Kinderwert der Geborgenheit. Das Altbewährte aus der Kinderzeit gibt Vertrauen: Rituale, Kultur, Geborgenheit. Sie suchen das Wissen der (älteren) Erwachsenen, vertrauen dem Chef, der sie lobt oder bestraft. Diese Mittel geben Sicherheit, die Sicherheit des Kindes. Die Kinderwelt ist eine geschlossene Welt. Solche Menschen gehen sehr häufig ins Pensionisten- oder Altersheim. Wenn Sie es nicht schaffen sollten, diese verdammte Entfremdung in den Griff zu bekommen, dann fixieren Sie ihren Konflikt und werden sozusagen ein chronisch Verfremdeter, ein chronisch Kranker. Man fühlt, durch die Umgebung vermittelt, dass man ein nicht mehr notwendiges Dasein lebt, und zieht sich in die Regression und in die Flucht in den Tod zurück.
- *Desorientierung oder Verwirrtheit.* Einige von uns Alten finden keine normale Bewältigungsstrategie mehr und *verabschieden sich von der Welt.* Sie heben den Telefonhörer nicht mehr ab und flüchten, möchten nicht mehr erreichbar sein. Es darf doch nicht vergessen werden, dass wir Alten von der Sprache leben. Wir stützen uns auf das, was die Eltern sagten (vielleicht in ihrem Dialekt sagten). Der Dialekt gibt Festigkeit, Halt, Sicherheit. Das

Kind setzt immerhin Dinge dem Wort gleich. Die durch Worte vermittelte Beziehung in diese Umwelt wird wörtlich genommen, die Welt sprachlich erklärt. Eine andere wörtliche Sprache macht Angst und Furcht.

Das Älterwerden meiner Seele

Altern beginnt mit dem Gefühl, älter zu werden. Das Gefühl für irgendeine Leistung zu alt zu sein, kann schon verhältnismäßig frühzeitig auftreten. So las ich einmal einen Brief eines Neunzehnjährigen, dem eine befreundete Dame geraten hatte, eine Fremdsprache zu erlernen: »Was mein Gedächtnis anbelangt, so haben Sie vielleicht Recht, aber ich bin nicht mehr in dem Alter, in dem man alles ohne Schwierigkeiten lernt wie mit fünfzehn Jahren.« Der Verfasser des Briefes fühlte sich mit neunzehn Jahren schon zu alt zum Erlernen einer neuen Sprache. Eine siebenundzwanzigjährige Patientin, der man eine Arbeit vorschlug, antwortete, dass sie diese nicht ausführen könne, weil sie sei nicht mehr jung genug sei, um den ganzen Tag über auf den Beinen zu stehen und herumzulaufen. In beiden Fällen hat das Gefühl des Alterns deutlich den Charakter des Negativen, des Nicht-mehr-Könnens.
Das heißt, der Mensch fühlt sich auf einer bestimmten Altersstufe – und dabei handelt es sich um ein Gesamterlebnis der Lebensgefühle. Das Alterserlebnis wird teilweise durch die soziale Beziehung mit Gleichaltrigen positiv oder negativ beeinflusst. Schon das Kind hat dieses Alterserlebnis. Es fühlt sich zu Gleichaltrigen hingezogen, die an Entwicklungsstand und Kräften gleich sind. Damit habe ich Ihnen in diesem Buch schon einmal geraten, sich nicht zu den moribunden, zu den dauernd jammernden Alten hinzubewegen, sondern zu den gesunden oder noch besser zu den Jugendlichen. Sie wissen schon, man färbt ab, und »gleich und gleich gesellt sich gerne«. Der Umgang mit jammernden Alten führt dazu, dass Sie dieses Rollengefühl übernehmen und wirklich alt werden! Somit gibt es für jeden Menschen ein eigenes subjektives, seinem Lebensgefühl entsprechendes Älterwerden. Denn »man ist so alt wie man sich fühlt« und nicht wie man biologisch, kalendarisch ist.

Um von vornherein alle Missverständnisse auszuschalten, müssen wir grundsätzlich zwischen Altwerden und Altsein unterscheiden. Das Alter ist ein Zustand des Gesamtorganismus, nachdem die Zeit ihr zerstörerisches Werk vollbracht hat. Also, ein nicht umkehrbarer Zustand sozusagen, eine Läsion, ein Leiden. Das Altern hingegen ist eine Entwicklung des Organismus (und der Seele) auf sein Ende zu, also ein langsamer, aber durch uns selbst beeinflussbarer biochemischer (und seelischer) Prozess des Lebens. Beim Älterwerden wird permanent Energie abgegeben.

Körperliches Kreuz

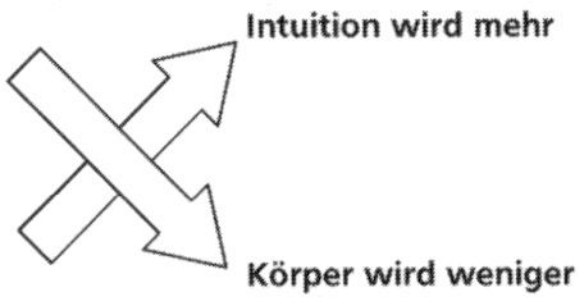

Seelisches Kreuz

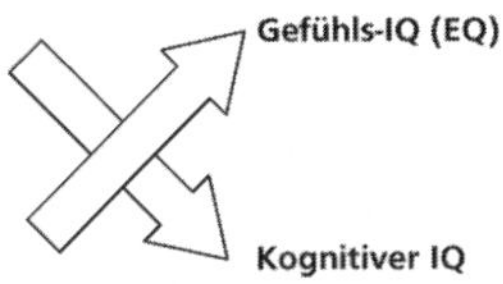

Das Altern ist kein Zustandsbild, sondern eine Entwicklung, die man noch lange beeinflussen kann. Das Leben ist wie eine heiße Wärmflasche; sie kühlt eben langsam ab. Oder wie eine geöffnete Parfümflasche; sie verduftet. Erst wenn alle Energie abgegeben ist, kommt es zur Unordung, zur Unangepasstheit schlechthin. Die Flasche ist dann leer!
»So lange man lebt, bleibe man lebendig«,
»So lange man lebt, duftet man«,
»So lange man lebt, sei man warm, warm an Gefühlen«.
Alt werden heißt auch: Der Körper richtet sich nach dem seelischen Befinden, nicht nach den Befunden. Die Seele richtet sich nach dem Körper. Also ist die Seele vor dem Körper zu bewegen.

Das Alter medizinisch gesehen

Verweilen wir kurz bei der Definition des Alters oder besser bei der Beschreibung des Alterns. Wir beginnen schon in jungen Jahren alt zu werden. Der Verfall des Organismus setzt so früh ein, dass der gesunde Menschenverstand es kaum zu fassen vermag. Prof. Charles Richet und andere Autoren setzen ihn bei fünfundzwanzig Jahren an, manche Autoren sogar gleich nach der Geburt. Viele Beschreibungen, die in der Literatur vorkommen, sollte man allerdings als verjährt, als selbst veraltet ansehen. Metschnikof etwa betrachtete Altern noch als Krankheit (Orthobiose) an sich. Er behauptete, dass Altern eine Vergiftung des Körpers durch Darmfäulnis sei. Bogomoletz sah den Ursprung des Alterungsprozesses im Bindegewebe und hat als Verjüngungskur Blutserum empfohlen. Alexis Carrel begründete die Externo-Therapie und meinte, dass Altern sehr individuell sei, dass Altern durch Lebensführung, Schlafdauer, Handarbeiten, körperliche Übungen usw. beeinflussbar sei.

Ich sage: »Auch im Alter gilt: Wie man die Leute nennt, so sind sie oder, besser gesagt, so benehmen sie sich.« Warum nennt man mich Senior? Seit wann bin ich der? Warum nennt man jemanden rüstig? Sind wir bei den Rittern?

Warum sagt man zu einem Pflegeheim, einem Pensionistenheim *Heim*? Eigentlich ist es ja nichts anderes als ein Hostel und die Schwestern eigentlich Hostessen. Diese sehen sich aber als Schwestern, also fangen sie zum Niederpflegen an, suchen nach somatischen Störungen, …

Ein *Alzheimer* benimmt sich wie ein Alzheimer, und damit kommt er ins Morbus-Alzheimer-Altersheim.

Älter wird man, wenn man mitbekommt, dass man älter wird!

Eine Klosterschwester, die genügend Selbsterkenntnis hatte, schrieb an ihren Herrn folgenden Brief: »Herr, du weißt besser als ich, dass ich alt werde und dass ich eines Tages alt bin. Hindere mich, geschwätzig zu werden und rette mich besonders vor dem Wahn, dass

ich mich bei jeder Gelegenheit über alles äußern müsse. Schenke mir die wunderbare Einsicht, dass ich zuweilen Unrecht haben kann! Befreie mich von der Lust, mich in anderer Leute Angelegenheiten zu mischen. Bewahre mich vor der Sünde der Weitschweifigkeit. Gib mir Flügel, dass ich rasch zum Wesentlichen gelange! Schenke mir die Gnade, mit Takt und Geduld die Sorgen anderer anhören zu können. Aber versiegle meine Lippen, wenn es meine Gebrechen betrifft. Ihrer werden immer mehr, und mein Verlangen, darüber zu sprechen, wird mit jedem Jahr größer. Mach mich genügend sanftmütig, eine Heilige will ich nicht werden. Der Umgang mit Heiligen kann oft recht anstrengend sein. Doch ein griesgrämiges altes Weib ist eines der Meisterwerke des Teufels. Mach mich hilfreich, aber nicht geschäftig, fürsorglich, aber nicht herrschsüchtig. Wenn man über eine so enorme Lebensweisheit verfügt (wie ich sie zu haben glaube), findet man es bedauerlich, wenn sie nicht allen zugute kommen kann. Aber du weißt, Herr, dass ich zum Schluss noch gerne ein paar Freunde haben möchte. – Amen!«
Diese Nonne weiß über ihr noopsychisches Hirnkasterl Bescheid. Sie hat das, was man Selbsterkenntnis nennt. Schlecht wird es im Alter erst dann, wenn dieser Mechanismus ausfällt, man sich nicht mehr im Griff hat. Man hat sich eines Tages nicht mehr im Griff, wenn man nur noch Material von früher im Hirn hat, wenn man sich nur mehr mit Nostalgie beschäftigt.

Älter wird man, wenn man (nur noch) in der Nostalgie lebt!

Es ist also kein Wunder, dass der Boom zur Nostalgie in unserem Jahrhundert wieder ausbricht, weil er erstens in uns steckt, und weil er uns zweitens einen Urlaub von der harten realistischen Welt ermöglicht. Wir träumen von unserer Oma, von der Tanne vor dem Bauernhaus. Wir erinnern uns, verinnerlicht, an den Lachonkel, werden inspiriert vom Geruch eines alten Schweinestalls, wenn er uns um die Nase weht. Wir versetzen uns in unsere Kindheit zurück. Dieses Versetzen in die frühere Zeit gibt uns nicht nur Urlaub, sondern auch Sicherheit und ein vertrautes, heimeliges Gefühl. Aber auch Trauer steigt in uns auf, wenn wir an Daheim denken. Jeder weiß doch, dass traurige Kinderaugen uns so entsetzen, dass wir zwangsweise spenden; natürlich, denn wir trauern nicht nur um das arme Kind auf einem Foto, sondern um uns, um das Kind, das wir waren und noch sind. Wir trauern um das vernachlässigte Kind, um das misshandelte Kind, um das ungeliebte Kind, um das verletzte Kind; kurz, wir trauern um das Kind, das wir selbst einmal waren oder annehmen, gewesen zu sein, und dessen Wunden dem Erwachsenen das Leben so schwer machen!

Das Daheim erfährt man durch seine Erlebniswelt in dieser Kinderzeit. Nun gibt es nicht nur so genannte normale Verarbeitungen, sondern auch eben pathologische. Es gibt oder gab nicht nur ein gesundes, sondern auch ein krankes Daheim. Das Coping wird zum Selbstschutz. Unsere Aufgabe ist die behutsame »Minensuche« durch Gespräche um und zur Biografie. Wie nahm ich meine Kindheit wahr? Wie verarbeite ich meine Eindrücke? Wie erlebe ich heute meine Gegend, einen Menschen? Wie bedroht, wie glücklich bin ich?

Wir Menschen verarbeiten unsere Hier- und Jetzt-Existenz und mischen diese mit alten Eindrücken und Erinnerungen. Daher sprechen wir von einer äußeren Welt und ihrer Wirklichkeit (Eindruck) und von einer inneren Welt, die stark von der Erinnerung geprägt und emotional beeinflusst ist. Die Mischung ist unsere Realität, die wirklich oder unwirklich sein kann. Diese Mischungen führen zu unserer persönlichen Sichtweise oder Weltanschauung, aber auch zur Paranoia. Ist die Mischung zwischen realer Außenwelt und erlebter Innenwelt richtig, und sind unsere daraufhin entstehenden Aktionen (Copings) normal – was immer das auch sein soll – werden wir in der Umwelt existenzfähig sein. Ist aber unsere Verarbeitungsleistung (Innenwelt und Außenwelt) von Haus aus gestört (Risikofamilien, falsche Erziehung zur falschen Zeit, primäre Geisteskrankheiten usw.), bedienen wir uns eines »unnormalen Verhaltensmusters« und werden, wie man so sagt, auffällig oder dekompensieren, weil der Korrekturmechanismus falsch funktioniert.

Folgendes Beispiel steht für eine Reaktion, die man bei Alzheimer als Problem bezeichnen könnte und nichts anderes ist als eine falsche Verarbeitung der Innen- und Außenwelt. Ein Mensch agiert aus seiner ihm eigenen Innenwelt und teilt seiner Außenwelt (Um-

gebung) etwas mit. Diese Handlungen (Copings) sind und bleiben, wie schon beschrieben, ein Leben lang gleich, ob sie nun richtig oder falsch sein sollten. Immer ist aber ein Auslöser, ein Schlüsselreiz, von früher nötig.
Problem: Patient soll schlafen, wird bettflüchtig, zornig und schreit.
Verinnerlichte Reaktion: Er hatte beim Schlafengehen schon immer seine pathologische Biografie verinnerlicht und verarbeitet seine Anwesenheit im Heim nicht. Er reagiert aus dem pathologischen Gestern – von seinem Daheim – und agiert somit wie daheim.
Biografie: Vater und Mutter haben immer gestritten; dabei haben sie die Türen zugeschlagen. Das Türenschlagen ist eine schmerzliche Erinnerung.
Pathologische Verarbeitung (Coping): Die Krankenschwestern hier schlagen absichtlich die Türen zu, um mich zu ärgern. Wahnbildung.

Älter wird man, wenn die Angst zunimmt!

Nehmen Sie einem Durchschnittsmenschen die Lebenslügen und Sie nehmen ihm zu gleicher Zeit das Glück. (Henrik Ibsen) Wir Menschen lügen uns ein Leben lang selbst an. Wir wollen vom Alter und vom Tod nichts wissen. Eines Tages, meistens in einer Krise, übermannt uns aber plötzlich die Angst. Wir begreifen, dass Altern Angst macht. Angst vor dem eigenen Alter, Angst vor Tod, Angst vor der eigenen Nicht-Nützlichkeit. Wir wollen wieder jung sein, wieder schön sein, wieder schmerzfrei sein, das Leben neu beginnen, wieder Kinder bekommen, das Leben wiederholen.
Diese Sehnsüchte und Ängste können uns aber die anderen, Familie oder Betreuer kaum nehmen. Wir selbst sind es, die uns therapieren müssen. Wenn wir dies nicht tun, geht die Angst in den sozialen Tod, eine Art Selbstmord über. Diesen sozialen Tod erlebt und erfühlt man! Es wird alles langsamer, es wird alles grauer, weniger reizvoll, das Telefon läutet auf einmal nicht mehr, man wird für die Umwelt uninteressant. Es kümmert sich keiner mehr, die Postsendungen werden weniger, keiner schreibt; selbst die gesammelten Fotos und Dias braucht man nicht mehr, wem soll man sie

schon zeigen (das alte Zeug). Sportfreunde kommen nicht mehr, es gibt nichts zu sporteln mit einer Multimorbidität, Einladungen fallen weg. Man hat gelebt!!! Das war's!
Aber soll das schon alles gewesen sein? Man wird oft in diesen sozialen Tod hineingezwungen, weil man selbst den Hintern nicht bewegt und sich an die heutige Zeit nicht anpassen will, weil man die Welt nicht mehr versteht und des Daheims beraubt wird. Man fühlt sich in eine tote Welt abgelegt und wie ein Kind betreut, man wird seiner Copings beraubt, weil einem Ich-Wichtigkeiten genommen werden.

Älter wird man, wenn die Ersatzhandlungen zunehmen

Eine junge Frau und ein guter Koch sind der Untergang des alten Mannes! (Volksmund) Eine der vielen Ersatzhandlungen von Männern ist die tragisch komische Verbindung eines alten Mannes mit einem jungen Mädchen. Eine komische Ersatzhandlung gegen die eigene Angst nennt man Ambivalenz. Wir wünschen allen Bekannten ein hohes Alter, aber wollen selbst nicht alt werden. Es gibt auch politische Ersatzhandlungen – den Orden bekommt man erst, wenn man alt ist! Einige Alte versuchen, ihr Schicksal zu rationalisieren, linkshirnlastig zu bearbeiten, sich das Alter zu erklären. Manche projizieren ihr Alter auf die anderen: »Die sind alt, ich nicht!« Die müssen erst Angst davor haben, na, frage nicht!
Manche Alte überkompensieren ihr Alter. Sie versuchen, nochmals jung zu sein, fahren wie verrückt Rennrad oder so wie ich Motorrad. Die Damen tragen schrille Kleider und erscheinen wie alte Amerikanerinnen. Viele verleugnen und freuen sich, dass sie noch eine Großmutter oder Mutter haben. Es ist schon eine Freude, wenn man in der Familie einen noch Älteren vor sich hat, dann ist man (glaubt man zumindest) noch nicht der Nächste, der gehen muss! Es war immer spaßig von einer neunzigjährigen Patientin zu hören: »Gell, Herr Professor, heute kommt meine Mama auf Besuch!« Weil man annimmt – auch stark Verwirrte – dass die Mama vor einem stirbt, tut es gut, sie noch zu haben.

Älter wird man, wenn die prämorbiden Störungen zunehmen

Jeder lebt in seiner Zeit. Das fällt uns im Alter auf den Kopf: Der Zeitgeist prägte – konditionierte – in uns Verhaltensmuster. Diese Verhaltensmuster (für die wir nichts können) nehmen im Alter meistens zu. So ist es nicht verwunderlich, dass viele der heute Alten folgende Kinderschäden haben:

Sie sind und bleiben *autoritätshörig*. Die heute ältere Generation wurde dazu erzogen, wenig Ich-Bewusstsein zu entwickeln. Der oberste Grundsatz bei Entscheidungen lautete: »Der Chef wird es schon richten!« Wenn alle oberen Chefs versagen, der Werksleiter, der Politiker, dann bleibt uns noch immer das Anrufen des obersten Chefs, also des lieben Gottes.

Viele von uns haben eine geringe *Sprachgewandtheit*. Wir haben nicht gelernt, unseren Mund richtig aufzumachen und einzusetzen. Es mangelt somit an entsprechendem Wortschatz. Beim Reden war die Angst ständiger Begleiter. »Holzauge sei wachsam«, war die Devise.

Wir wurden zum *stillen Leiden* erzogen. Wir haben gelernt, viele Sorgen und Entbehrungen zu ertragen, ohne uns zu wehren.

Mit viel Mühe und harter Arbeit haben wir uns etwas erarbeitet. Eine Wohnung, das erste (natürlich alte) Auto, einen Schrebergarten. Dieses Eigentum führt zu einem sehr ausgeprägten *Eigentumsdenken*. Wir schmeißen nichts weg: das gehört uns, das haben wir uns redlich verdient. Es ist kein Sammeltrieb, wenn wir heute auf unsere Sachen gut aufpassen, es ist Erfahrung. Man hat schon gelernt, seine Wertsachen zu verstecken. Immer wurde mir alles weggenommen. Zuerst von meiner älteren Schwester, dann von den Russen. Da muss man alles verstecken. Blöd ist nur, dass man so langsam aber vergisst, wo man sein Zeug versteckt hat.

Wir sind von unseren *Berufen geprägt*, sprechen und sprachen unsere Milieusprache. So ist es kein Wunder, dass man als Maurer gerne wieder einen Maurer als Gesprächspartner hätte. Ein Gleichgesinnter versteht, worüber man spricht und was man meint.

Wir sind *unordentlich* oder *Ordnungsfanatiker*. Wer innere Ordnung hat, braucht keine äußere und umgekehrt. Für jeden gilt eine andere Nestordnung. Was für den einen schmutzig ist, erscheint

dem anderen fast steril. So sind wir eben erzogen. So war und ist unser Mutterhaus.
Wir sind alle *politisch Vorgeschädigte*. Reden Sie nur ja keinen eingefleischten Katholiken oder Sozialisten mit dem falschen Gruß an, sie erzeugen sich einen Todfeind.
Was wir aber hatten und haben ist *Pflichtgefühl*! So ist es kein Wunder, dass wir uns auch in der Pension Pflichten suchen. Welch Glück ist es, doch wenigstens die Enkelkinder täglich um sieben Uhr in die Schule führen zu dürfen!
Wir lernten die *Entbehrungen* kennen. Nur die Entbehrung führte dazu, dass man wenigstens eine Klobürste, eine altes Häferl sein Eigen nennen darf und schätzt.
Und da ist doch noch der Grund für den erbärmlichen *Geiz* meines Vaters. Der Vater war in tiefster Armut aufgewachsen. Wir hatten nie ordentliche Kleider und wir durften uns nie satt essen. Damals wurden ich und mein Vater zum Geizhals. Es war in unserer Zeit nichts zu haben, und wir haben die Angst, dass diese Zeit wiederkommen könnte.
Unsicherheit war unser Begleiter. Man wusste nicht, wann, wie und ob man verhaftet wird. Da will man auch manchmal heute nicht spazieren gehen; »wer weiß?« Da bleibt man gerne in seinen eigenen vier Wänden in Sicherheit.
Ich glaube, dass Sie sich nun selbst ihre eigene »Vorschädenliste« erstellen können. Alles in allem sind das aber nicht die Symptome einer Demenz (und das sollte auch ihre Gattin, ihre Tochter, ihr Sohn wissen), sondern Auswirkungen unserer Zeitgeistprägung. Übrigens, unsere Kinder und Enkelkinder werden im Alter andere »Vorschäden« haben als wir heute.

Biologischer Abbau

Altern ist eine zum Tode führende Krankheit. (Aristoteles) Der biologische Abbau beginnt mehr oder weniger im 25. Lebensjahr. Fest steht, dass wir Verhaltenseigenarten, Neurosen und eigentümliche Verhaltensmuster mit ins Alter nehmen. Diese sind also keine primären Störungen des Alters. Einige Menschen haben das Pech, dass sie alle Steigerungsstufen, die möglich sind, durchlaufen; und in einer bestimmten Steigerungsstufe werden wir alt. Altern bedeutet Veränderung auf mehreren Ebenen, nämlich Änderungen der psychischen, körperlichen und sozialen Situation.

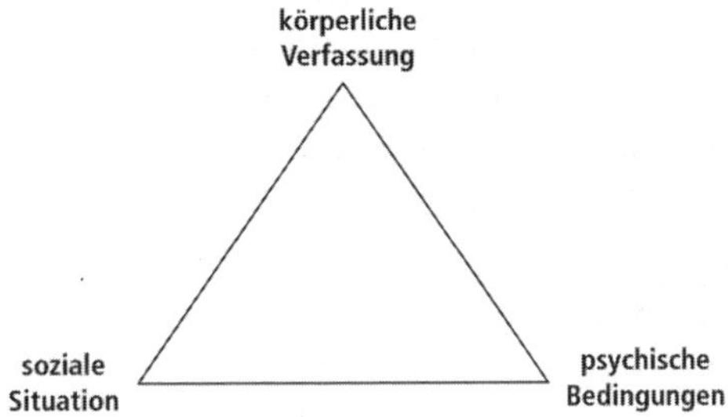

Ganzheitliches Belastungsmodell

Körperliche Verfassung: Zellen haben eine Lebensgeschichte, sie ermüden, der Körper muss Leistungseinbußen hinnehmen. Der Grundumsatz nimmt ab, die Nervenleitgeschwindigkeit nimmt ab, die Gesamtleistung ist reduziert, die Kompensationsfähigkeit nimmt ab, Multimorbidität nimmt zu.
Soziale Situation: Veränderungen im privaten und beruflichen Leben, Wegsterben der Verwandten und Bekannten, Nestleere, Sinnentleerung, Umstellung der seelischen Abläufe und der Gefühle, Biografie kommt zum Tragen, Schönheit nimmt ab, Neurosen und Bewältigungsstrategien bleiben.
Psychisches Befinden: Das Erleben der körperlichen und sozialen Veränderungen wirkt sich erheblich auf das psychische Befinden aus, auch dann, wenn keine nennenswerten biologischen, pseudoneurasthenischen Abbauerscheinungen wahrgenommen werden. Der Mensch wird durch das Altern ein anderer; er muss akzeptieren, dass er derjenige ist, der er nun im Alter ist, er muss lernen, mit seinen Wehwehchen seelischer und körperlicher Art umzugehen.
Älterwerden ist somit schwere Arbeit! Beim Älterwerden müssen wir lernen, viele gefühlsmäßig einschneidende Faktoren zu überstehen, wenn wir nicht jung sterben wollen. Somit muss man Älterwerden erlernen. Wesentlich dabei erscheint es mir, den Satz »Was Hänschen nicht lernt, lernt Hans nimmer mehr« zu vergessen!

6 DER LEBENSLAUF ALS UMKEHRPHÄNOMEN – GEWINN UND VERLUST

Wir sprechen häufig von der »zweiten Lebenshälfte«. Ja, kann man das Leben so eindeutig in zwei Hälften teilen? Sicherlich nicht schematisch nach der bloßen Anzahl der Kalenderjahre, denn das Leben ist mehr als eine Rechenaufgabe. Im Übrigen weiß ja auch keiner, wie hoch seine Jahresrechnung einmal wird. Dennoch ist mit der zweiten Lebenshälfte etwas sehr Richtiges und Wichtiges ausgedrückt. Es gibt irgendwann im Leben eine starke Richtungsänderung, die ich Umkehrphänomen nenne. Diese geschieht entweder plötzlich, dann nennt man es Dekompensation, oder allmählich; oft wird man sich dessen nicht einmal selbst bewusst. Nur die anderen merken, dass man schön langsam ein anderer wird, und anders als üblich agiert und reagiert.

So nebenbei erwähnt: Man könnte auch sagen, dass im Alter (meistens durch einen Auslöser bedingt) die Linkshirnleistung (Verstand) weniger wird, dass aber gleichzeitig die Rechtshirnleistung (Gefühl) zunimmt. Diese Zunahme an emotionalem Verhalten entsteht dadurch, dass unsere Über-Ich-Norm nachlässt; dass sozusagen die Über-Ich-Bremse versagt. Wenn unsere Normen nachlassen, unser Über-Ich schön langsam sterben geht, beginnt das ehrliche Leben ohne Lebenslügen und entschuldigende Beschönigungen. Dann ist man der, der man ist.

Es gibt einen Zeitpunkt, da hören die Weißhaarigen auf, Haltung zu bewahren und sich anzupassen. Sie hören auf, die Formen zu wahren. Im Zuge dieser Entwicklung verlieren sie die Grundlagen ihrer moralisch-ethischen Haltung. Die Wohnung darf auf einmal unaufgeräumt sein. Auch ein Zuckerkranker erlaubt sich, Mehlspeisen zu essen. Sparen ist dann unwichtig, alles Geld wird ausgegeben (und nicht dem Enkelkind geschenkt). Jetzt erlauben sich diese Alten, sich auch einmal einen anzusaufen. Jetzt brauchen sie sich nicht mehr zu waschen oder zu rasieren. Es ist Schluss mit der Höflichkeit, mit der Scheinheiligkeit. Plötzlich spielen sie nicht mehr die gute Seele des Hauses, sie pfeifen drauf. Plötzlich sind die Menschen so wie sie sind, ohne Über-Ich-Bremsen. So gesehen ist das Umkehrphänomen eine schöne Erkrankung, plötzlich darf man der sein, der man immer war, aber mit Ersatzhandlungen verschleiert hat.

Dass sie damit die Umgebung frustrieren, interessiert sie nicht mehr. Eine Rücksicht auf andere gibt es nicht mehr. Plötzlich steigen die Ehekonflikte (die es natürlich schon ein Leben lang gegeben hat) auf. Plötzlich schlägt der Papa die Mama oder er vergisst sie überhaupt gleich ganz. Er weiß nicht mehr wie sie heißt, wer sie ist und was die fremde Frau überhaupt da in seinem Bette macht? Mit absoluter Bitterkeit (immerhin hat er seine Frau vierzig Jahre lang gehasst, aber ertragen) wird der Alterskampf, die Scheinheiligkeit der Menschen nun offenbar. Die Prachtehe ist passee, Mama, die noch nicht dement genug ist, um zuzugeben, dass sie ihn auch nicht wollte, ist entsetzt über das Verhalten von Papa.

Plötzlich verlagert der Papa seine Zuneigung wegen nie erhaltener Liebe von seiner Frau auf den Hund. Der darf nun ins Bett, der darf alles – seine Gattin nichts mehr. Das ist aber kein Morbus Alzheimer, sondern die Auswirkung einer ethisch-moralischen Familienbiografie im Zuge des Umkehrphänomens. Die Kinder stehen dabei, sind fassungslos. Sie wollen, dass die Scheinanpassung, die sie gewohnt sind, weiter existiert; das ist ihnen vertraut! Es kann nur eine Folge geben: Den Papa als »unangepasst« in ein Heim zu geben, um nicht sehen zu müssen, wie sie selbst einmal enden könnten.

Gerade aber im Leben unausgesprochene Dinge gewinnen im Alter die Überhand. Plötzlich spricht der angeblich senile Papa, die an Alzheimer erkrankte Mama das aus, was sie immer aussprechen wollten. Sie sagt, dass sie den Papa nie geliebt hat und ihn nur geheiratet hat, weil kein anderer da war. Er sagt plötzlich, dass er die Russin, die er in Stalingrad kennen und lieben gelernt hatte, nun vermisst und er weiß sogar noch, wie sie heißt! Ein Skandal, eine Unangepasstheit ohnegleichen!? Plötzlich fallen die Über-Ich-Normen weg, die Scheinheiligkeit stirbt und nicht der Mensch, ganz im Gegenteil, der ist wie neugeboren! Der wohlerzogene (mit Über-Ich-Normen verdorbene Mensch), ausgeglichen erscheinende Mensch wird bei einem ganz simplen, ja fast lächerlichen Anlass zu einem unangepassten Menschen. Ganz plötzlich wird das Haar, das täglich an den richtigen Platz gestriegelt wurde, nicht mehr dorthin gekämmt. Ganz plötzlich wird die Mutter nicht mehr zuerst aufstehen (wie ihr Leben lang), um dem Papa das Frühstück zu machen. Ganz plötzlich wird sie eben wieder rechtshirnlastig. Man spürt in manchen Dingen einen gewissen Stillstand, ja sogar eine Verminderung von Kräften, über die man bisher meinte, ohne Bedenken verfügen zu können. Was von diesem Ereignis an gerechnet, nachher noch an Lebensjahren zu erwarten ist, ist durch den spürbaren Einschnitt deutlich getrennt. Deshalb nennt man diesen neuen Teil die zweite Lebenshälfte.

Lebenslauf im Sinne der Sonnenuhr

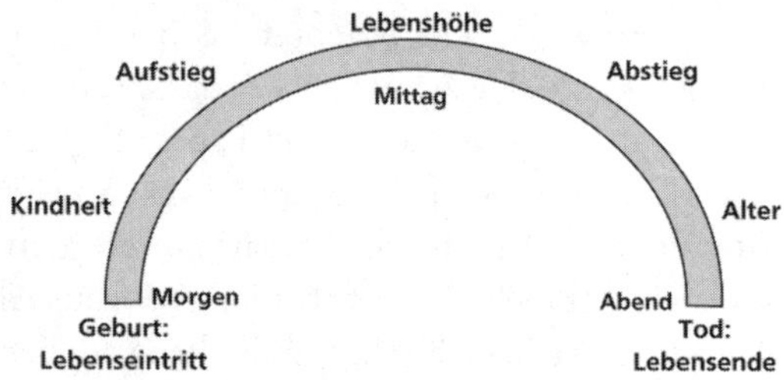

Nun, ob man will oder nicht, es geht im Leben zuerst bergauf und dann bergab. Es gibt eben ein Leben mit morgendlicher Frische, Lebenslust, Tatendrang, einen Himmel voller Träume, Geigen, Pläne und Erwartungen. Ein zunehmendes Kraftgefühl – vergleichbar dem Ansteigen der Sonnenwärme gegen Mittag. Und dann die entgegengesetzte Bewegung: das Kälterwerden am späten Nachmittag, das Abnehmen der Sonnenkraft, das Ausgehen des Elan vitale.
Ich hingegen glaube nicht an das Sonnengleichnis, sondern an das von mir über viele Jahre empirisch erforschte Umkehrphänomen. Ich glaube an den Gewinn und Verlust im Alter! An den Verlust des IQ (Intelligenzquotienten) und an den Gewinn des EQ (Emotionalquotienten).

Umkehrphänomen und Lebenskalender

Gerade im hohen Alter, wenn die noopsychischen (rationalen) Leistungen nachlassen, greift man auf altbewährtes, thymopsychisches, Material zurück. Es gibt Sicherheit, so zu handeln wie man etwa

1920 gehandelt hat. Ich nenne diesen Vorgang, bei dem Noopsyche mit Thymopsyche (zumindest bei einer Überforderung oder Dekompensation) getauscht wird, Umkehrphänomen.
Trotz der Zunahme des Gefühlsverhaltens wird der Alte kein Kind, denn er besitzt eine komplette Biografie und hat eine Menge Copings entwickelt.

Umkehrphänomen beim Kind

In der Kindheit ist der Anteil unseres Rechtshirns sehr hoch. Das Kleinkind ist emotional, benimmt sich unkultiviert. Mit einem Wort, es »lebt« im wahrsten Sinne des Wortes. Es lebt trieblich, emotional, intuitiv aus der unteren Lade, aus dem Bauch heraus. Der Anteil des Gedächtnisses (IQ) hingegen ist sehr gering. Woher auch?
Das Kleinkind lebt eben. Im Laufe des weiteren Lebens wird ihm dieses freie Leben aberzogen. Was das Kind an Unkultiviertheit verliert, gewinnt es an Kultiviertheit dazu. Das heißt, dass man schon beim Kleinkind von einer Verlust- und einer Gewinn-Rechnung oder einem Umkehrphänomen sprechen kann.

Umkehrphänomen beim Kleinkind:

Verlust, Verzicht: Im Säuglingsalter muss das Kleinkind seine Kleinkindphase aufgeben (verlieren), es muss sich der Mutterbrust entwöhnen, die es gewöhnt ist und die es liebt. Das Verwöhntwerden ist zu Ende. Mit dieser Umstellung – schön langsam etwas anderes zu essen als immer die Brust zu bekommen, muss es seine Bequemlichkeit aufgeben. Es darf nicht mehr wie früher in die Windel machen und alles unkontrolliert geschehen lassen wie bisher. Es muss auch schön langsam lernen, seine Mutter zu verlassen.
Gewinn: Das Kleinkind gewinnt hingegen neue Werte. Es bekommt statt der Mutter mehr Selbstständigkeit, aber auch Eigensinn (Trotz). Es kann sich nun für die Selbstständigkeit als Gewinn entscheiden, oder aber auch weiter in die Windel machen.

Umkehrphänomen beim Kind:

Verlust: Plötzlich ist das »nur Spielen« vorbei. Das Kind muss zu einer bestimmten Zeit aufstehen, um rechtzeitig in den Kindergarten, in die Schule zu kommen. Es muss auf die Uhr schauen, um den Schulweg nicht als Spielweg zu verkennen. Das Trödeln ist vorbei. Es muss während der Schulzeit auf die Spielsachen verzichten.

Gewinn: Es wird langsam, aber sicher linkshirnlastig geprägt. Es lernt die handfeste Alltagswelt kennen. Es lernt, sich zu benehmen und seine Über-Ich-Normen zu entwickeln. Es lernt die Gesetze der äußeren Wirklichkeit (im Lesen, Schreiben, Rechnen usw.) kennen.

Umkehrphänomen beim Erwachsenen:

Verlust: Der nun schon fast Erwachsene verliert seine Pubertät. Er verliert das grüblerische Suchen nach dem Ich. Er verliert das Anschwärmen von Stars als Idealbilder für das eigenen Ich. Er verliert das Ausschwärmen von zu Hause, die Weltenbummelei mit Freunden.

Gewinn: Der Mensch erreicht das selbstbewusste Handeln, eine Position in der Gesellschaft und die Ruhe und Geborgenheit durch die Gründung einer Familie.

Umkehrphänomen im Alter (Latelife-Crisis):

Verlust: Gerade im Alter – in der Alterskrise – ist die Veränderung des eigenen Lebens, vorwiegend das des Fühlens besonders stark zu spüren. Dies deshalb, weil (gegenüber der Pubertäts- oder Kindheitskrise) sich der Körper der Seele und die Seele dem Körper entfremdet. Man empfindet die Entfremdung des Körpers besonders stark als Verlust.

Verlust	**Gewinn**
Kognitive Mechanismen	Triebhaft-affektiv
Nachlassen der körperlichen Leistungsfähigkeit.	Erhöhung von global geprägten Funktionsmustern der Gefühle.
Logik	Rhythmus
Ratio	Bilder
Zahlen, Reihenfolgen	Farbe
Lesen	Gefühle
Analyse	Stimmung

Natürlich bilden auch im Alter die affektiven (Fühlen) und kognitiven (Denken) Mechanismen ein untrennbares Ganzes. Trotzdem werden mit der Zunahme des Alters die triebhaft-affektiven Handlungen mehr und die kognitiven Lösungsversuche weniger. Somit ist im Alter mit einem Verlust von kognitiven Mechanismen zu rechnen. Wobei diese aber mit triebhaft-affektiven Mechanismen kompensiert werden können.
Die Krisenbewältigungsstrategien sollten im hohen Alter mit den (hoffentlich) erlernten und geübten Gefühlen (EQ) statt mit auswendig Gelerntem (IQ) stattfinden.
Es entstehen im Alter Handlungen, die der affektiven Logik entsprechen. Das heißt Verhaltensrituale, die in der Kindheit erlernt wurden, treten stärker ans Tageslicht, sie werden nicht mehr durch kognitive Bremsen gestört. Die im Erwachsenenalter so hoch bewertete Bildung, Kultur, Intelligenz nimmt im Alter (akut oder langsam) ab. Sie kennen das sicher; man braucht eben mehr Notizzettel, um sich Namen oder Telefonnummern usw. zu merken. Auf diese Weise wird so nach und nach unser IQ weniger. Wobei es dabei sicher einen Zusammenhang zwischen Ausgangsleistung und Endleistung gibt. Dem Menschen, der viel gespeichert hat, dem bleibt meistens auch noch im Alter etwas davon erhalten, und wenn es nur die Salondemenz ist. Wer nie etwas in seinem Kasten hatte, braucht im Alter auch nicht danach zu suchen – da ist eben nichts drin!
Gewinn: Der Gewinn des Alters ist die »Emotionale Intelligenz«, in Analogie zum Intelligenzquotienten von mir als Emotionalquotient – EQ bezeichnet. Um fast genau dieselbe Dosis, die der IQ weniger wird, wird der EQ mehr! Das heißt, dass der ältere Mensch auf seine früheren Copings und Intuitionen zurückgreifen kann (wenn er welche hat). Der Mensch versucht alles auszuspielen, was er in seiner Kindheit als erfolgreich abgespeichert hat. Grundvoraussetzung, um das Umkehrphänomen als Chance zu nützen, ist es Gefühle und Reaktionen auf Gefühle als Kind erlernt zu haben. Je mehr (auch negative) Gefühle wir zu beherrschen erlernt haben, umso besser wird uns die Krisenbewältigung gelingen. Wir so genannten Erwachsenen in voller kognitiver Leistung, begeben uns ja auch von Zeit zu Zeit auf die im Alter zu erwartende affektiv-triebhafte Ebene. Wir spielen Kindergefühl: zu Weihnachten,

zu Ostern, wenn wir mit dem Enkelkind am Meer eine Sandburg bauen, wenn wir mit Plastilin basteln, wenn wir frohe Wanderlieder singen. Was in der Kindheit funktionierte, wird nun wieder als Lebensrollenspiel eingesetzt.

- Die Krisenbewältigungsstrategien werden affektiv logisch statt kognitiv.
- Wie gesagt, je mehr positive Gefühle und deren Reaktionen (Coping) man als Kind erlernt hat, umso besser wird man sich im Alter fühlen.
- Es kann ein Gewinn im Alter werden, wieder »nur« symbolisch denken zu können.
- Es kann ein Gewinn werden, wenn das »magische Denken« wieder auftritt.
- Es kann ein Gewinn sein, wieder mehr in Ritualen zu denken und zu handeln.

Für Menschen, die im Alter wieder in diese Phase abstürzen, wird es interessant, denn sie spüren ihre Kindheitsgefühle wieder. Es kann ein Gewinn im Alter sein, die eigenen Kindheitstalente wieder zu entdecken. Einige von uns Alten wollten immer schon malen, rhythmisch tanzen oder musisch tätig sein. Durch den notwendigen Beruf wurde dieses Gefühlsmerkmal behindert. Nun kann dem Wunsch nachgekommen werden. Es ist ein Altersvorteil, dass verborgene Kinderfähigkeiten wieder zunehmen. Man kann wieder blödeln, kindisch sein, mit den Enkelkindern »auf du und du« sein.

- Im Alter steigert sich oft das Musik- und Harmoniebedürfnis.
- Die personale Intelligenz wie Selbstbeherrschung, Eifer, Beharrlichkeit und die Gabe, sich selbst zu motivieren, nehmen zu.
- Gefühle haben die biologische Funktion bei der Befriedigung von Bedürfnissen zu helfen, Ideen und Wege dazu zu finden. Es kann ein Vorteil des Alters werden, die Suche nach Konfliktlösungen gefühlsgesteuert anzugehen.
- Es ist ein Altersvorteil, nicht mehr rational-intelligent erscheinen zu müssen.
- Emotionale Intelligenz (und damit ein Gewinn) liegt auch in der Tatsache, Handlungen intuitiv durchzuführen. Man braucht nicht mehr alles zu erklären.
- Man darf wieder »spielen« – man darf wieder narzisstisch sein.

Mögliche Auswirkungen des Umkehrphänomens

Natürlich gibt es auch im Umkehrphänomen das Phänomen, »komische Reaktionen« aus der Kindheit wieder aufleben zu lassen. Im Folgenden möchte ich einige dieser Reaktionen beispielhaft darstellen und das zugrunde liegende Urprogramm (die Prägung) erklären.

Kranksein: Für manche Menschen ist die Erkältung, die Mittelohrentzündung, die Lungenentzündung oder gar der hohe Blutdruck der größte Gewinn. Sobald man krank ist, wird einem Liebe entgegengebracht. Man muss nichts leisten, man bekommt Blumen und Besuche – mehr oder weniger – geschenkt. Wer will da nicht krank sein? Wer will da nicht im Alter im Spital oder Heim liegen? Plötzlich ist man wichtig. (Es gibt nur einen Tag, der noch wichtiger ist, das ist der Tag des eigenen Begräbnisses, dann kommen alle – das wird eine »schöne Leich«.)

Urprogramm: Viele (meist bürgerliche) Menschen haben nur Zuwendung und Liebe bekommen, wenn sie krank waren. In ihrer gesunden Zwischenzeit versorgte sie die Köchin, die Bedienerin. Aber wenn sie krank waren, da ist die Mutter gekommen. Das war dann ein Hit, den kann man im Alter wiederholen, der ist programmiert. Ich bin krank – alle lieben mich. Ich bin gesund – allen bin ich gleichgültig. Diese Prägungen führen förmlich die Erkrankungen herbei. Jeder wünscht sich eine schöne, natürlich Aufsehen erregende Erkrankung. Man erweckt Aufmerksamkeit, wobei man dafür keine Gegenleistung erbringen muss. Im Varietee würde man sagen: »Leute mit Krebs sind pure Egoisten.« Darum: »Liebe deine Krankheit – sie hält dich jung!«

Sammeln: Aus manchen Wohnungen wird scheinbar ein Abfallhaufen. Alte Menschen sammeln alles Mögliche, alte Zeitungen, die sich in der Ecke meterhoch stapeln, unbrauchbar gewordene Drähte und Medikamente, Sardinendosen und verbogene Nägel, Bonbonnieren mit vertrocknetem Inhalt, Hüte aus den zwanziger Jahren sowie den kompletten kaputten Küchenmaschinenpark.

*Urprogramm:*Im Vordergrund steht die Angst vor der Verarmung. Alles Angehäufte ist Besitz. Jeder Besitz bedeutet Sicherheit. Somit ist das Sammeln kein Symptom des M. Alzheimer, sondern ein

»in mir sitzendes Seelenprogramm«, das zum Überleben erforderlich ist. Der Mensch lebt eben vom Besitz: Besitz des Partners, einer Liebe, von Geld, eines Tieres. Wenn die normalen Besitztümer (Partner) weniger werden, brauche ich Gegenstände, um dieses Minus auszugleichen. Also, liebe (Verwandte) Kinder: »Alles normal bei der sammelnden Oma!« Sollten Sie auf die Idee kommen, die Wohnung der Oma zu entrümpeln, können Sie die Oma gleich mit auf den Mist werfen. Was bleibt denn dann noch übrig? Sie, die alle zwei Monate einmal vorbei kommen? Schwach, kann ich da nur sagen!

Schließmuskelprobleme: Wie ein Kleinkind macht sich der alte Mensch nun wieder in die Hose und verleugnet das. Ich kann mich sehr gut daran erinnern, dass ich eines Tages, so als Fünfjähriger im Kinderspital gelegen bin. In der Früh merkte ich die Bescherung: ich hatte ins Bett gemacht. Sofort begriff ich die Situation: Ich darf nicht nach Hause gehen, wenn mein Bett nicht sauber ist. Also gehört der »Stuhl« weg. Ich machte aus ihm ein Knöderl und schoss dieses in das Nachbarbett. Die Situation war gerettet, ich wurde entlassen. Wenn mir persönlich nun eines Tages der Schließmuskel einen Streich spielen würde, würde ich nie zugeben, dass mir das passiert ist. Ich will erstens nicht wieder in ein Kinderspital, ich möchte zweitens nicht mehr abhängig sein, nicht gepflegt und entmündigt werden. Also muss ich meinen Stuhl wem anderen schenken. Ich werde erklären, dass dies nicht von mir ist, sondern dass es der Nachbarhund war oder dass Fremde mir in die Wohnung gemacht hätten oder Ähnliches.

*Urprogramm:*Kein Mensch will klein sein, Säugling sein, von anderen abhängig sein. Wenn ich nicht wieder Baby sein möchte, setzt sich mein altes Programm in Bewegung und ich lehne »Kindsein« und damit Stuhl und Urin in meiner Hose, in meinen Bett usw. ab. Sollten Sie, lieber Angehöriger, der Mama zuliebe dieser eine Windelhose anlegen, fühlt sich die Mama in ihrer Vorstellung »ich bin wieder Säugling, bin wieder abhängig« bestätigt. Die logische Folge: Sie schreit oder weint die ganze Nacht! Tränen sind eine Möglichkeit, die inneren Wunden zu reinigen, sodass sie zu heilen beginnen können. Die Ursache ist klar, dieser alte Mensch wurde von seiner Umgebung wie ein Kind behandelt. Also muss er sich auch wie ein Säugling verhalten. Es muss das thymopsychische Urprogramm (EQ) »Ich schrei die ganze Nacht, bis wer kommt« durchgezogen werden.

Zornig werden: Ein Mensch nach einem Schlaganfall, der nicht mehr verständlich sprechen kann, nimmt natürlich an, dass ihn der Gesprächspartner versteht, dieser aber nicht antworten will. Die Folge ist: er reagiert mit Zorn. Dieses zornige Gehabe kann er, er ist es aus der Trotzphase gewöhnt.

Urprogramm: Oft hatte man als Kleinkind nur dann Zuwendung von der eigenen Mutter bekommen, wenn man entsprechend zornig geworden ist. Erst wenn man blau im Gesicht war, ist die Mama gekommen, hat mich zur Kenntnis genommen.

So drückte sich das Kleinkind früher aus und tut dies auch heute wieder. Es ist sein von ihm persönlich angelerntes Signal. Es ist ein wunderschönes Ventil. Oft wird dieses Ventil aber gerade dann aufgemacht, wenn liebende Menschen in der Gegend sind. Dies frustriert natürlich die Betreuer. Aber vergessen Sie nicht, man hat gelernt, dass man sich Zornausbrüche nur bei der Mutter erlauben durfte. Man sagte sich, wenn ich auf meine Schwester losgehe, kommt die nicht mehr. Wenn ich auf meinen Gatten losgehe, pfeift mir der etwas und lässt sich scheiden. Wer bleibt übrig? Die Mutter, oder in der Praxis des Altersheimes, die Lieblingskrankenschwester!

Hysteriforme Reaktionen: Mich machen Dinge wie eine kaputte Steckdose oder die verlegten Autoschlüssel verrückt. Ich kann, könnte man sagen, Wichtiges von Unwichtigem nicht mehr unterscheiden. Was soll ich jetzt als Erstes tun? Dies oder das? Das macht mich verrückt. Ich bekomme Herzklopfen und Atemnot, das ist alles zum Verzweifeln. Heute kommt der Elektriker und der Installateur, ein Wahnsinn!

Urprogramm: Der biologisch veränderte Mensch will trotz seiner Krafteinbußen das Prestige bewahren. Große Entscheidungen sind ihm schon lange weggenommen. Also will er wenigstens kleine Entscheidungen und Maßnahmen selbst positiv erledigen. Er will damit beweisen, dass er noch voll und ganz der Alte, der Chef ist. Immerhin bedeutet Versagen abtreten. Er kommt in Druck und in eine Versagensangst. Ich erlebe immer wieder in Heimen, wie sich Personal toll bemüht, mit älteren Herrschaften Kochtraining zu machen. Dieses Kochtraining machen die jungen Leute natürlich mit den neuesten Geräten. Die Folge davon ist, dass sich unsere alten Herrschaften sehr bemühen – aber mit der neuen Gerätschaft überfordert sind (nicht mit dem Kochen), und nach dem Training »schlechter drauf sind« als vor dem Programm. Ja, liebe Kolleginnen und Kollegen, für ein Kochprogramm mit älteren Menschen – die sich beweisen wollen – braucht man ihre altbewährten (Programme) Allesbrenner, den alten Kochlöffel, die sicherheitsgebende alte Umgebung und nicht eine neue Küche, die nur den Betreuern gefällt. Können die überhaupt kochen?

Keppeln (Meckern, Klagen): Kommt man zu spät zur Mama, heißt es sofort: »Du hast anscheinend Besseres zu tun!« Will man helfen, heißt es: »Ich lass mir nichts schenken.« Verweigert man einen Wunsch, kommt sofort die Antwort: »Ja natürlich, wer bin ich schon?«

Urprogramm: Es ist sehr schwer auszuhalten, dass jeder Mensch alleine lebt und auch alleine stirbt. Es ist eine Art Bilanz des Lebens, die man im Alter macht. Wofür war ich da, wer beweint meinen Tod? Bleibt etwas von mir zurück? Es setzt eine Art Trotzreaktion (auch in der Pubertät möglich) als Latelife-Crisis ein, wobei diese Reaktion meistens (wie auch in der Pubertät) negativ ist. Zeigen Sie, werter Angehöriger oder Pfleger, dass Sie jünger sind, dümmer sind. Fragen Sie nach den alten Zeiten, nach Kochrezepten – weil die Mama den besten Mohnstrudel aller Zeiten gemacht hat. Diese Demutshaltung Ihrerseits macht ihre Mutter wieder zur Chefin und gibt ihr Ich-Wichtigkeit (soziale Kompetenz) zurück.

Menschenablehnung: »Mein Vater war früher als Sozialarbeiter so kontaktfreudig, er liebte Besuche, tratschte mit jedem über alles und jedes. Schauen sie ihn jetzt an, er ist verhärmt, traut keinem über den Weg und lässt keinen mehr in die Wohnung. Ja, er beschimpft sogar alle anderen als Arschlöcher, die er auch nicht mehr sehen möchte!«

Urprogramm: Die Erfahrung eines langen Lebens kann man nicht streichen. Viele alte Menschen haben eben gelernt, »dass das halt so ist, wie es ist«. Trotzdem passten sie sich angeblich ein Leben lang als soziale Menschen an. Nun, wo die Normen weniger werden, braucht man auch weniger zu lügen, der Alte wird schlechthin

der ehrlichere Mensch. Der Auslöser für diese Verhaltensänderung ist oft – und das muss man schon bedenken – das Nachlassen des Gehörs. Sobald das Gehör nachlässt (ob man dies nun zugibt oder nicht), wird die Wahnstimmung (die reden über mich) größer.
Psychische Dekompensationen (Umkehrphänomene) können auch auf Grund von körperlichen oder psychischen Auslösern passieren. Ich kann Ihnen nur raten: Versuchen Sie, die in der Tabelle aufgeführten Auslöser zu vermeiden.
Gründe für ein vorzeitiges Umkehrphänomen (Dekompensationsgründe):

Körperliche Auslöser	**Psychische Auslöser**
Alle Erkrankungen, welche die Sauerstoffzufuhr zum Gehirn behindern	Tod eines Angehörigen
Lungenerkrankungen	Tod eines Bezugstieres
Durchblutungsstörungen	Coping-Beraubung
Kardiale Dekompensationen	Schreck
Schilddrüsenüberfunktion	Änderung des Wohnsitzes
Schilddrüsenunterfunktion	Seilbahnfahrten
Nebenniereninsuffizienz	was kränkt, macht krank
Zuckererkrankung	zu schnelle Sprache
Ernährung	Ich-Verlust
Wassermangel	Unterforderung
Vitamin-B12-Mangel	Überforderung
Folsäuremangel	Ortswechsel
Natriummangel	Trauer
Kaliummangel	Lebensbilanzierung

7 GIBT ES ALTERSWEISHEIT?

Erfahrung ist die Summe der Dummheiten,
die wir in unserem Leben gemacht haben.
(Autor unbekannt)

Alt wird man, wenn das Leben schwerer wird; schwerer wird das Leben, wenn man sich nicht mehr an das Hier und Jetzt anpassen kann. Somit bedeutet leben, zu versuchen sich anzupassen. Alle Tierarten, die sich angepasst haben, haben viele Jahrtausende überlebt. Die, die sich nicht anpassen wollten oder konnten, sind ausgestorben.

Ich erinnere mich an eine Bergtour, die ich voriges Jahr mit meiner Gattin gemacht habe. Ich habe ihr gesagt – immerhin habe ich ja immer alle Touren geplant –, dass dieses Vorhaben eine sehr kurze einfache Kletterei sein werde. Wir sind als Burschen eine Stunde bis zum Einstieg gegangen, dann folgten anderthalb Stunden Kletterzeit und eine Stunde zurück zum Auto. Nun, wir haben diese Tour gemacht, sind beim Auto nach sechs Stunden völlig fertig erschienen. Beim Bier haben wir uns erinnert, dass das Ganze früher viel schneller und einfacher gegangen ist. Verdammtes Alter, verdammtes Älterwerden. Nun, nachdem wir wieder nüchtern waren und genug um die verlorene Jugend getrauert hatten, entschlossen wir uns, nur mehr Touren zu machen, die für uns adäquat sind. Da wir in der Pension sind, haben wir gegenüber der Jugendzeit den Vorteil, uns die Zeit aussuchen zu können; wir können ja sogar Montag oder Dienstag gehen. Mit einem Wort, alt werden ist super, wenn man es akzeptiert! Und wenn man sich anpassen kann.

Je nach Wissenschaft oder Alterszustand unterscheidet man verschiedene Anpassungsarten. In der amerikanischen Literatur spielt der Begriff *adjustment* heute eine große Rolle. Übersetzt auf Deutsch würde das Wort in etwa Anpassung, Angepasstsein bedeuten. Im Angepasstsein oder im Sich-nicht-anpassen-Können oder -Wollen liegt der Schlüssel zum Verständnis der alten Menschen untereinander und auch vom alten zum jungen Menschen. Angepasstsein und Reagieren zu können ist zweidimensional: Es besteht aus einem subjektiven Gefühl – meinem Gefühl – und einer objektiven Wahrnehmung, das ist jenes Gefühl, das die anderen (die Öffentlichkeit) in uns erzeugen.

Subjektives Gefühl	**Objektives Gefühl**
Befriedigung im Leben: »Ich bin ja brav!«	Eine Summe von Verhaltensweisen und Beziehungen, die von der Gemeinschaft, in der das Individuum lebt, gebilligt werden.

Der gut angepasste Mensch ist derjenige, der sich glücklich und zufrieden fühlt und von der Gemeinschaft Zustimmung zu seiner Lebensart erfährt.
Dann wäre der nicht angepasste Mensch derjenige, der mit seinem Leben unglücklich und unzufrieden ist und den die Gemeinschaft somit auch ablehnt. Sehr viele Menschen, die sich nicht mehr an das Hier und Jetzt anpassen können, flüchten daher in ein für sie spezifisches Ghetto, in eine Ghettosituation von Gleichgesinnten. Sie gehen in eine Selbsthilfegruppe oder gar in ein Heim und suchen dort Gleichgesinnte auf.
Wir können somit eine persönliche Anpassung und eine soziale Anpassung unterscheiden:

Persönliche Anpassung	**Soziale Anpassung**
des Individuums an die Gemeinschaft.	der Gemeinschaft an das Individuum. Diese findet nicht statt, daher Alzheimergesellschaften als Pseudo-Anpassung – Ersatzhandlung.

Altern ist für jeden Menschen eine narzisstische Kränkung

Meistens reagiert die Umgebung, die Gesellschaft, auf diese Kränkung falsch. Somit ist der Generationskonflikt geboren. Er ist, wenn Sie so wollen, vorprogrammiert!
Der angepasste Mensch (nach Burgess) zeichnet sich durch folgende Merkmale aus:

- Er nimmt an Beschäftigungen, Therapien oder Arbeiten teil.
- Er ist von solchen Aktivitäten befriedigt.
- Er ist zufrieden, glücklich.

- Er wird nicht aggressiv gegenüber Angehörigen und Betreuern.
- Er möchte neue Erfahrungen machen sowie das Gefühl der Sicherheit haben.

Es besteht kein Zweifel, dass jede Lebensphase eine Umstellung und eine Neuanpassung erfordert. Ein Verhalten, das auf einer Stufe als durchaus angepasst gelten muss, kann auf der nächsten Stufe nicht mehr als adäquates Verhalten bezeichnet werden.

Anpassungs-Coping

Die Anpassung bildet sich aus dem Grundstock der früheren biografischen Prägungen (Sozialisationen), je nach der Art der Lebenssituationen. Doderer sagt: In der Kindheit wird dir ein Kübel aufgesetzt (Erziehung), dessen Inhalt dir ein Leben lang runter rinnt! Ändert sich diese Erziehung, so erlebt der Mensch entweder eine Stimulation oder eine Frustration. Fühlt sich ein Mensch einer neuen Lage nicht gewachsen, scheinen seine Reaktionen dadurch blockiert zu sein. Er sucht sich an die neue Situation anzupassen, aber dieses Bemühen stößt auf Schwierigkeiten. Er dekompensiert oder regrediert.

Viele Schwierigkeiten der Umstellung und Anpassung an die neue Lebenssituation liegen am Betagten selbst (natürlich können sie auch organischer Natur sein). Dem, der aus dem Berufsleben schon ausgeschieden ist, nimmt man auch nicht übel, wenn er etwas äußert, was nicht mehr so ganz up to date ist. Allerdings nimmt man ihn möglicherweise auch nicht mehr ganz ernst! Er genießt eine gewisse Narrenfreiheit. Aber es lohnt sich, diese zu nutzen. Ich meine damit, dass man natürlich auch von früher reden kann.

Man sollte aber dabei bedenken, dass die eigene Sichtweise aus der Biografie trügen kann (man sollte sich öfter fragen: war das wirklich so?), dass man seinen eigenen Erinnerungsbestand von Zeit zu Zeit überprüfen müsste, dass man einen Bezug zur Gegenwart herstellen muss.

Altersweisheit heißt also nicht, dass man auf alte Weisheiten zurückgreift und meint, diese hätten auch heute noch Gültigkeit, weil sie früher (also immer) Geltung hatten.

Altersweisheit ist viel mehr die Weisheit, zur Vergangenheit auf Distanz zu gehen.

Vergangenes Verhalten:	**Das Hier und Jetzt:**
Perseverationen (Wiederholungen)	Neues lernen
Automatismen	Informiert sein
geben Sicherheit	Abenteuersuche

Distanz zur Vergangenheit ist die Fähigkeit, Perspektiven zu wechseln sowohl von vorn nach hinten als auch von der Vergangenheit zur Gegenwart. Altersweisheit heißt demnach für mich, den Versuch zu unternehmen, eine hausgemachte Senilität zu verhindern.

Die öffentliche Anpassung (soziale Anpassung)

Diese Anpassungsschwierigkeiten würde ich heute in drei Gruppen unterteilen:
a) Gerontologisches Adjustment
Die Anpassung der Gesellschaft an die älter werdenden, »normalen« (noch angepassten) Menschen ist weitestgehend gelungen. Man findet diese Menschen als Bewohner in Hotels, die man zufälligerweise Pensionistenheime, Wohnheime und ähnlich betitelt. Die Qualität der Hotels ist für beide Partner genügend. Es sind nur zufällig Fachbetreuer beschäftigt, obwohl einfaches Bedienungspersonal genügen würde.
b) Geriatrisches Adjustment
Auch die Anpassung an somatisch erkrankte Menschen bringt in der Altenpflege noch keine Schwierigkeiten mit sich, die ATLs (Aktivitäten des täglichen Lebens) werden entweder aktiv oder passiv durchgeführt. Die Behandlungspflege überwiegt. Körperliche Pflege ist der einzige menschliche Kontakt, »Intimität auf Distanz«.
c) Psychogeriatrisches Adjustment
Besser gesagt: »Psychosoziales Adjustment«, funktioniert meines Erachtens kaum. Zur Begründung möchte ich anführen: Der Umgang mit seelisch gestörten Menschen führt bei näherer Betrachtung immer zu Gefühlen des Mitleids, des Ärgers, der Angst, der

Hilflosigkeit. Das »Anderssein« der Patienten löst in uns also Gefühle aus, aus denen heraus wir falsch reagieren. Der so genannte verhaltensgestörte Alte ist nicht angepasst, somit ein anderer, ein Fremder. Alles Fremde macht dem »normalen« Menschen Angst, er wird unsicher. Da man nicht weiß, was man mit Fremden machen soll (der ist ja wie ein schwer erziehbares Kind oder ein Ausländer), versucht der Mensch das Problem mit einer Ersatzhandlung – Beruhigung des schlechten Gewissens – aus dem Gemeinschaftsverband auszustoßen (praktisch in ein Heim zu geben) oder Anpassungsrituale zu erfinden. Er kommt in eine geschlossene Station. Da gibt es dann die verschlossene Türe (den gesicherten Trakt) als Maßnahme gegen die Fluchttendenzen. Der angepasste Junge erfand gegen den unangepassten Alten die geschützten Stationen, wobei man nicht weiß, wer wen vor wem schützt.

Die persönliche Anpassung

Im heutigen täglichen Leben ist ständiger Wandel die Regel, obwohl unsere Adaptionszeit langsamer wird. Früher, als wir jung waren, war es ganz einfach. Man konnte ganz rigide verfahren, so wie es im Lehrbuch gestanden ist, nach A kommt B, nach B kommt C, nach Z kommt die Pension. Heute geht es nicht mehr nach Schema. Alles ist täglich neu, selbst die Zahnpasta im Supermarkt. Sie hat gestern noch im ersten Regal gelegen, und ist heute woanders. Diejenigen, denen es an Anpassung mangelt, finden sich weder mit der Zahnpasta im Supermarkt noch in der Öffentlichkeit zurecht. Das macht Angst, Unsicherheit und ein tiefes persönliches Unbehagen. Das bringt so genannte Anpassungsschwierigkeiten. Die Schwierigkeiten der Anpassung sind an eine Reihe von Faktoren geknüpft, wie der Abnahme der generellen Leistungsfähigkeit und der Unfähigkeit, alte Gewohnheiten aufzugeben. Der Mensch muss sich an die neuen inneren und äußeren Gegebenheiten in jeder Lebensphase anpassen. Tut er dies nicht, so werden leicht Störungen in seinem Verhalten die Folge sein. Natürlich ist Unangepasstheit und Krankheit (M. Alzheimer) nicht dasselbe, aber es besteht zwischen beiden doch eine sehr enge Beziehung. Es ist eben so, dass alte bewährte Copings und Rituale von einer Phase in die nächste mit übernommen werden.

C.G. Jung sagt von der Phase, die wir als das Schaffensalter bezeichnen, dass viele Menschen hier ein mehr oder weniger deutliches Festhalten an der Bewusstseinsstufe der Kindheit, ein Sträuben gegen die Schicksalsmächte in uns und um uns, die uns die Welt verwirklichen wollen, zeigen. In genau der gleichen Weise aber sträubt sich der alternde Mensch gegen das Abstreifen jener Züge, die der vorhergehenden Epoche eigen sind: Er will nicht altern. Jung betont mit Recht, dass der Mensch in der Schaffenszeit, also auf der Höhe seines Lebens, oft meint, dass er für die Probleme des Lebens eine definitive Lösung gefunden habe. Aber die großen Fragen kennen keine endgültige Lösung und mit dem Älterwerden erscheint das, was der Mensch als gesichert angenommen hatte, wieder in Frage gestellt. Strebt der Jugendliche nach Verwirklichung seiner Ideale, sucht er diese in die Welt einzubinden, so ist der Mensch im Schaffensalter vorwiegend auf das Praktische, die Erreichung seiner Ziele in der Wirklichkeit, auf die äußere Leistung gerichtet.

Der alternde Mensch muss erkennen, dass die Leistung nicht alles ist und wiederum nach etwas anderem suchen. Es gibt keine (normale) Rückkehr auf die früheren, überwundenen Stufen.

Solange sich der Mensch auf der Höhe des Lebens befindet, ist er ausgefüllt mit dem berechtigten Streben nach Sicherung seiner Existenz und dem Sorgen für die Familie, in erster Linie für die Kinder. Aber wenn dieser Zweck erfüllt ist, soll der Gelderwerb, die Weitereroberung und die Besitzvermehrung über jeden vernünftigen Sinn hinaus beständig weitergehen? Jung sagt: Wer dies versucht, muss es mit seelischen Einbußen bezahlen. Er ist, so möchte man sagen, der neuen Phase nicht angepasst (gewachsen).

Eine siebzigjährige Frau, die sich in Kleidung, Haltung und Benehmen als junges Mädchen zu geben und jüngere Männer an sich zu ziehen versucht, die vielleicht eifersüchtig darauf ist, dass jüngere Frauen mehr Beachtung finden als sie selbst, ist der Lebensphase, in der sie sich befindet, nicht angepasst. Ebenso wenig aber auch ein Mann gleichen Alters, der sich seiner Erfolge bei jungen Mädchen rühmt, und der sich den Anschein eines Jünglings zu geben sucht. Alle diese Menschen (auch ich) sind nicht im eigentlichen Sinne krank, aber sie sind wie wir schon feststellen konnten, unangepasst.

Diese Anpassungsschwierigkeiten sieht nur unsere Seele, nicht unser Auge. Wir erkennen nicht mehr, dass wir nichts mehr erkennen. Da wir nichts mehr erkennen, reagieren wir auch plötzlich anders, für die Außenstehenden persönlichkeitsfremd. Oft haben wir dann nicht begriffen, aber erfühlt, dass wir in einer Krise sind. Es entsteht eine Verhaltensstörung.

Anpassungsschwierigkeiten ergeben sich aus den verschiedenen Lebenskrisen. Diese Lebenskrisen führen entweder zur Entwicklung (Anpassung) oder zur Dekompensation (Nicht-Anpassung) und zu einer Verhaltensstörung. Die Folge ist: Wir werden fremdbestimmt. Früher einmal hieß es, man solle Kinder sehen, aber nicht hören. Dieser Aphorismus gilt nun für Sie als Omi oder Opi wieder. Das heißt für die Hier- und Jetzt-Zeit, dass wir Alten nur zwei Möglichkeiten haben, nicht aufzufallen und damit in ein Heim zu kommen: Entweder wir versuchen uns anzupassen, nämlich an die Jugend, oder wir müssen vor unseren Kindern flüchten, uns »rar machen«. Dies gilt natürlich nicht, solange Sie sich für die Kinder oder Enkelkinder noch aufopfern können, aber für die Zeit, in der Sie sich erwarten, dass das, was Sie für die Kinder getan haben, zurückkommen sollte!

Nicht mehr angepasst sein können, heißt in der Folge als »infantil« oder als »dement« wahrgenommen zu werden. »Wenn du schlimm bist, nicht isst, nicht schläfst, dich nicht wäschst, kommst du ins Heim!«

Das führt dazu, dass wir nicht mehr Ich sein können und dürfen, und damit ergibt sich eine weitere Unangepasstheit. Wir werden fremdbestimmt (für unser Geld); kollektiv: von der Umgebung, von Nachbarn, vom Arzt, singulär: von Tochter und Sohn. Sie bestimmen, was für uns gut sein sollte. Sie versuchen Gutes zu tun, anstatt Gutes zu bewirken. Ich frage Sie nun persönlich: Sind Sie noch anpasst?

Die soziale Anpassung ist die der Gesellschaft an das Individuum. Die Gesellschaft hat die Pflicht, sich mit ihren Einrichtungen und Forderungen an die alten Menschen anzupassen und ihnen die persönliche Anpassung zu erleichtern.

Es ist doch so: Der noch angepasste Mensch ist seinem subjektiven Gefühl nach glücklich und zufrieden im Leben; seine Verhaltensweisen werden von der Gesellschaft, in der er lebt, akzeptiert. Der sich nicht mehr anpassende Mensch ist seinem subjektiven Gefühl nach unzufrieden, als Ersatzhandlung regrediert er; daraus entsteht das Gefühl: keiner will mich mehr, mich braucht keiner; die Folge ist Isolation. Die Gesellschaft antwortet auf die Frage: Was tun wir mit ihm? mit Heimplätzen in der falschen Annahme, dass dies die Beendigung der Isolation sei. Die Jugend kann mit den Problemen der Isolation im Alter nichts anfangen und schaut weg. Es wäre eine Integrationspolitik erforderlich, die die Alten nicht in die Emigration zwingt, sondern ihnen das einfache Da-Sein ermöglicht, aus ihnen Immigranten macht.

8 ALTERSWEISHEITEN

»Wissen Sie, ich höre ein bisschen schlecht«,
sagte der Alte zu dem Jungen.
»Wo soll ich mir meine Erfahrungen
hinstecken, junger Mann?«

Altersweisheit 1

Leben Sie im Hier und Jetzt. Zu Altersweisheit gelangt man nur, wenn man lernt, sich mehreren Generationen anzupassen, hier und jetzt zu leben und nicht im Gestern oder Vorgestern. Alle Anpassungsversuche sind Versuche, am Lebendigen weiter teilzunehmen oder in der Spätfolge, sich am Unbelebten zu erfreuen. In unserem Nachbarhaus spielt ein junger Bursche, man kann sagen, fast Tag und Nacht Hip-Hop-Musik, lautstark, wiederholend, furchtbar. Das erinnert mich daran, dass meine Eltern sich über meine Musik schon geärgert haben und sie »Negermusik« nannten. Heute geht es mir auch so, ich stehe nicht auf Hip-Hop. Eines Tages benötigte ich für einen Vortrag ein solches Musikstück, ich ging zu dem Jungen und fragte ihn, was er denn da spiele und ob er mir nicht ein oder zwei Musikstücke dieser Sorte aufnehmen könnte. Plötzlich (man muss allerdings eine Weile in dem lauten Milieu aushalten lernen) gefiel mir auch diese Musik. Ich blieb eine ganze Weile bei dem Jungen. Und wissen Sie was, seither sind wir Freunde. Und ich spiele von Zeit zu Zeit, je nach meiner eigenen Stimmungslage, Hip-Hop. Ich habe von dem Jungen gelernt, dass wir nicht mehr nur Lieder aus der alten Postkutschenzeit spielen müssen, sondern auch Rap hören können.

Altersweisheit 2

Versuchen Sie, ihre Erfahrungen mit dem Heute zu paaren. Man könnte doch als Alter den Jungen erklären, wie es gestern war. Aber die Jungen müssten dann uns das Gameboy-Spielen beibringen. Dies würde ein assoziatives Lernen im Hier und Jetzt ermöglichen.

Altersweisheit 3

Altern ist Gewinn und Verlust. Während im Alter die so genannte kognitive Weisheit abnimmt, nimmt die so genannte emotionale Weisheit zu. Aus einer kognitiven Weisheit (IQ) sollte eine Gefühlsweisheit (EQ) werden. Ich glaube, es ist völlig egal, ob man mit fünfundachtzig noch Algebra kann oder mit siebzig noch einen Würfel zeichnen, und diesen nicht mit einen Quadrat verwechselt. Worauf es ankommt, um lebensfähig zu bleiben, ist »leben«. Mit dem Begriff der Altersweisheit als Gefühlsintelligenz, als Trieb, als Bedürfnisintelligenz können wir alle gar nicht altern, wir können nur wachsen, blühen, reifen. Wir alle haben kein Alter (weil es keine Zeit gibt). Wir alle können nur an einem Kreislauf teilnehmen. Somit ist Älterwerden eine ganz einfache Lebensfrage: War ich lustig, bin ich lustig?Erlaube ich mir, wieder kindisch zu sein? Erlaube ich mir meine eigene Gefühlsintelligenz?

Altersweisheit 4

Altern Sie in Würde. Wir müssen in uns selbst (nicht durch unsere Umgebung beurteilt) in Würde älter werden: In Würde älter werden, heißt ja nichts anderes als zu akzeptieren, dass man älter wird; und dies ohne Schönheitsoperationen oder sonstige Ersatzhandlungen. Der, der im Leben eine schöne Seele hatte, behält sie auch im hohen Alter. Der, der psychisch immer »böse« war, dem hilft auch keine Schönheitsoperation.

Altersweisheit 5

Der, der sich nicht an das »Lebendige« anpassen kann oder will, muss *lernen, natural high zu werden.* Bestaunen Sie und freuen Sie sich über totes Material – Blumen, Steine, Bäume. Nehmen Sie sich Zeit, Dinge zu bestaunen für die Sie im Berufsleben keine Zeit hatten.

Altersweisheit 6

Alte sind klug, sie wissen, wo oben und unten ist, sie wissen was im Leben rechts und links ist. Das gibt ihnen Selbstbewusstsein. Es wird sogar behauptet, dass Kinder von alten Eltern schneller reif werden, da die Eltern den Kindern mehr Lebenserfahrung weitergeben können. (Das gilt natürlich nicht für neurotische oder psychisch kranke Eltern.)

Altersweisheit 7

Interessieren Sie sich für die Generation Ihrer Enkel. Und zwar auch noch dann, wenn sie keine niedlichen kleinen Kinder mehr sind. Sie wissen schon, jeder lebt nur in seiner Zeit. Die heute Jungen leben ihre Zeit, die sich wesentlich von der unseren unterscheidet. Facts über die heutigen Jugendlichen, die wir (wenigstens) kennen, aber noch besser, auch erlernen sollten. Der heutigen Elterngeneration wird mehr Toleranz und Verständnis bescheinigt denn je. Als Vergleich dient zum Beispiel die Länge der Haare: Vor dreißig Jahren wurde noch um jeden Zentimeter gekämpft. Heute können sich die Kids (so nennt man die Kinder heute) weitestgehend stylen wie sie wollen. Auch wenn es den Eltern (oder den Großeltern) nicht gefällt. Wenn Sohn, Tochter, Enkelkind für sein Schönheitsideal das Piercing entdeckt, ist das super, daran gehindert wird der Nachwuchs kaum. Mehr als zwei Drittel der Jungen stufen die Familie in ihrer Wertskala als »sehr wichtig« ein. An erster Stelle steht die Familie allerdings nicht. Freunde, die Clique wie das heute heißt, zählen noch mehr. Bei 73 Prozent der Befragten stehen »Freunde« auf Platz eins im Wertesystem.
Ärgern Sie sich also nicht, wenn die Jungen nur auf Besuch kommen, wenn sie Geld brauchen. Allerdings gibt es einen Tipp: geben Sie keines her. Verbrauchen Sie es selbst mit Ihren Freunden oder für ihr neues Erscheinungsbild. Denn, so hat man herausgefunden: Das Wichtigste im Leben der Jungen ist Musik und Shoppen. Dazu brauchen sie Geld. Vielleicht sollten Sie sich fragen, ob das ausgerechnet Ihr Geld sein muss. Musik hören und Shoppen gehen sind die Nummer eins, wenn es um Freizeitgestaltung geht. Musik ist für die Jugend so etwas wie ein emotionales Grundbedürfnis (ein Gebrauchsgegenstand).
Im richtigen Zusammenhang kann alles cool sein: Hitparaden, Starmania, Rap genauso wie Ethno, House oder Hip-Hop. Haben Sie sich vielleicht einmal eine Hitparade angehört oder Starmania verfolgt? Versuchen Sie es doch. Das ist ein Weg in die Welt der Jugend.

Wissen Sie eigentlich, was die Jugendlichen dazu sagen? Ich sage es Ihnen, es ist sehr interessant: Der Sänger von den »De La Soul« sagt: »Wissen Sie, Hip-Hop ist ein Gefühl. Viele von uns Schwarzen hatten keine eigene Kultur, wir haben sie uns selbst erschaffen und wir sind stolz darauf. Es war«, so berichtet er weiter, »vorerst nichts anderes als ein billiges Freizeitvergnügen« (wir kennen so was ja auch oder?) »der New Yorker Gettokids«. Wie keine andere Richtung wurde aus einer Freizeitunterhaltung ein Geschäft. Die Gettokids haben Mode, Werbung, Film und die moderne Sprache beeinflusst. In rhythmischem schnellem Sprechgesang, Rap genannt, erzählen sie dabei zu einem Hintergrundbeat Geschichten aus ihrem Leben jenseits der Glitzerfassaden der US-Metropole. Der verbale und musikalische Wettkampf wurde für die Jugendlichen zu einem Ventil für ihre überschäumende Emotion. Jetzt wissen wir Alten teilweise schon wieder mehr als viele europäische Jugendliche, die dies nur nachäffen, um ihre Ich-Wichtigkeit zu erhöhen. Wesentlich beim Einkaufen ist, dass man das Firmenlogo am Allerwertesten trägt oder auf der Brust. Man ist nur jemand mit Armani (übrigens ich trage die auch, ist wirklich affengeil) und wie die anderen In-Firmen alle heißen! Das erste Mal zur Sache geht es etwa mit dem fünfzehnten Lebensjahr. Sex zu haben, ist ein Muss, sonst ist man out. Beim Kreuz mit dem lieben Gott sprechen die Zahlen für sich: Nur sechs Prozent der Jungen interessieren sich laut Umfrage für Religion. Wir schlittern also sozusagen in ein postchristliches Zeitalter. Was heißt das alles für uns Alte? Wir müssen umlernen. Schulen Sie sich in pseudoenglischem Vokabular. Ändern Sie ihre geprägte Einstellung zur Kleidung, zum Schönheitsideal, zur Homosexualität, zum Outfit, zum Fast Food, zur Musik, überlassen Sie den Enkeln, ob sie sonntags in die Kirche gehen oder nicht; am besten, Sie mischen sich nicht ein – und Sie sind noch up to date!

Altersweisheit 8

Füllen Sie Ihre Energiespeicher regelmäßig auf. Sie können sich nur dann anpassen, wenn Sie noch genug positive Lebensenergie in sich tragen. Wenn nicht, sind sie weg vom Fenster. Leben oder nicht mehr leben, anpassen oder nicht mehr anpassen, ist auch eine Frage des Wollens. Der Antrieb ist Ursache des Lebens (Bewegungsprinzip).

Altersweisheit 9

Die Energie des Menschen wird durch Gedanken und Handlungen gebremst oder gefördert und wird auch von unserer Umgebung auf uns übertragen. Es gibt nichts Schlechteres, als einer falschen Alterstheorie nachzulaufen bzw. einen faulen Freund zu haben. Der alternde Mensch muss erkennen, dass nicht Leistung alles ist, sondern Anpassung. Der Mensch muss sich also in jeder Lebensphase an die neuen inneren und äußeren Gegebenheiten anpassen.

Altersweisheit 10

Verwenden Sie die »Als-ob«-Perspektive. Viktor Frankl, ein Psychiater, der während des Zweiten Weltkriegs viele Monate in einem Konzentrationslager verbracht hat, fordert dazu auf, in Gedanken die »Als-ob«-Perspektive zu verwenden. »Wie wird mein Leben aussehen, wenn ich einen Rollstuhl brauche? «, oder: »Was ist, wenn unser Papa wirklich einen M. Alzheimer bekommt?« Das kann helfen, über einige mögliche Ziele und Werte in der Zukunft nachzudenken, während man eine bestimmte (gefühlsmäßige) Distanz hält. Man übt praktisch noopsychisch-thymopsychische Handlungen durch, noch bevor die Notwendigkeit dazu eingetreten ist. (Übungen von Leidenscopings, oder wenn Sie so wollen, Umgang mit dem Leiden.) Suchen Sie den Sinn ihrer eigenen Langlebigkeit, betreiben Sie Prävention, Seelenlifting!

Altersweisheit 11

Bringen Sie sich täglich in eine neue Situation. Lassen Sie sich von jungen Leuten etwas erklären. Die wollen doch auch nichts anderes als Sie, nämlich wichtig sein. Sagen Sie den Jungen, dass sie es heute schwerer haben, als wir es hatten. Wir gingen unser Leben geradlinig, nach A kommt B und so fort – und die Jungen heute?

Altersweisheit 12

Versuchen Sie täglich, sich selbst an neue Begebenheiten anzupassen. Wenn Sie einmal ein Motorrad gefahren sind, gehen Sie doch in ein Motorradgeschäft, plaudern Sie mit den Jungen, die dort herumstehen. Sie werden merken, wie interessant diese Gespräche sind. Sie werden erkennen können, dass die Jungen nicht so böse sind wie sie vielleicht aussehen!

Altersweisheit 13

Freunden Sie sich mit moderner Musik an. Probieren Sie es nur, heizen Sie ihr Gerät an, dass es den Nachbarn aus dem Bett schmeißt! Übrigens, »leise« klingen Pop, Hip-Hop und House nach nichts.

Altersweisheit 14

Dort wo Sie noch kein Interesse entwickelt haben (Computer, Handy oder Ähnliches) müssen Sie versuchen, wenigstens *Interesse vorzutäuschen.* Dann wird sich die äußere Geste bald in eine innere Einstellung wandeln und echtes Interesse wird sich einstellen. Auch ich weiß bis heute noch nicht so recht, was denn ein Gameboy ist, aber ich spiele mit meinem Enkelkind. Natürlich gar keine Frage, er gewinnt immer. Aber was will ich denn als Opa noch gewinnen? Sein Herz, sein Gefühl und nicht das dumme Spiel.

Altersweisheit 15

Imitieren Sie die Jugend. Was tut die Jugend – sie hat den Unabhängigkeitstrieb. Die jungen Leute gehen ihre eigenen Wege, sie leben ihr eigenes Leben. Ihr Leben gilt den eigenen Altersgenossen (aber nicht den Alten). Aus diesem Grunde müssen es alte Menschen ihren Kindern gleichtun und sich möglichst unabhängig machen von der nachfolgenden Generation. Das heißt aber bitte nicht, dass Sie in ein Altersheim gehen sollten, ganz im Gegenteil.

Altersweisheit 16

Nehmen Sie an allen Dingen teil. Überall sind Sie gerne gesehen, wenn Sie lernen, alters-tolerant zu werden. Sie sind nicht der Wichtigste durch ihre Erfahrung, sondern weil sie noch teilnehmen.

Altersweisheit 17

Aktivitäten müssen befriedigen. Vergessen Sie nicht, dass alles, was sie tun, Spaß machen muss. Sie müssen nicht um jeden Preis Gartenarbeiten machen, wenn es Sie nicht freut, nicht um jeden Preis stricken, nur weil sie das können.

Altersweisheit 18

Üben Sie Änderungen. Bauen Sie die Wohnung öfter um. Werfen Sie ihr altes Sakko weg, kaufen Sie sich ein neues.

Altersweisheit 19

Freuen Sie sich über Schwierigkeiten. Viele Schwierigkeiten im Leben ergeben eine hohe Chance, gesund zu bleiben. Es ist nichts schwerer zu ertragen als eine Reihe von guten Tagen.

Altersweisheit 20

Vermeiden Sie die Flucht in negative Gefühle. Das, wenn man so will, wieder gefühlsbetonte Kindlichwerden: das zu tun, was man schon immer machen wollte, verhindert die Flucht in die negativen, ambivalenten Gefühle wie:

- »Es soll nur nicht schlechter werden.«
- »Hauptsache ist ein Dach über dem Kopf.«
- »Hoffentlich habe ich bald weniger Schmerzen.«
- »Hoffentlich sterben die anderen vor mir.«

Altersweisheit 21

Werden Sie wieder kindlich (nicht kindisch), üben Sie zeitweise Neotenie. Der britische Anthropologe Ashley Montagu hat über fünfzig Bücher geschrieben und heute, im Alter von achtundachtzig Jahren formuliert er ein Rezept gegen das psychische Altern. Der Begriff Neotenie bezeichnet in der Biologie die Übernahme oder Verlängerung von kindlichen oder jugendlichen Merkmalen in das Erwachsenenalter. Das Beibehalten kindlicher Eigenschaften wie Neugier, Flexibilität, Offenheit, Spontaneität, Lebensfreude wird in der Neotenie als positiv erachtet. Wenn es uns gelingt, diese Eigenschaften, die uns als Kinder ausgezeichnet haben, in das Erwachsenenalter hinüber zu retten und zu bewahren, bleiben wir sowohl physisch als auch emotional gesund und fit. Wir verlängern unser Leben, indem wir Kinder bleiben, und verkürzen unser Leben, je mehr wir uns ausschließlich im Hirnspeicher bewegen (Noopsyche).

Seit ich Enkelkinder habe, wird es mir bewusst, dass es schön ist, wieder kindlich zu sein, weil es schön war, ein Kind gewesen zu sein. Ich möchte sagen, Kindischsein liegt mir (uns Menschenkindern) im Blut, in unserer, wie ich es sage, tymopsychischen Biografie. Das kennen wir schon alles, das haben wir alle schon durchlebt. Wie oft haben wir als Kind die Ungerechtigkeit empfunden, dass Große alles dürfen, nur wir Kinder nicht. Ich glaube, ich habe mir als Kind schon vorgenommen, den Erwachsenen alles »heimzuzahlen«, wenn ich einmal groß bin (und wieder kindlich sein darf). Ich wusste damals noch nicht, dass der Erwachsene dieses Verhalten »Senilität« nennt. Senilität nennt man also, wenn man sich so verhält, wie man sich schon ein Leben lang verhalten wollte? Aha! Ich habe mir als Kind vorgenommen, wenn ich einmal groß bin, dann züchte ich in der Badewanne Goldfische. Ich nahm mir vor, als Erwachsener so richtig »schlimm zu sein«! Schlimm sein ist lustiger als brav zu sein (angepasst zu sein). Endlich wieder »unkultiviert sein zu dürfen«, ist super. Nicht mit Messer und Gabel zu essen, da rutscht einem ja alles wieder auf den Teller oder auch daneben – nein so richtig schön mit den Fingern. Außerdem darf man nicht vergessen, dass »Bravsein« schrecklich langweilig und anstrengend ist Wenn man still auf einem Stuhl sitzt, schlafen einem die Beine ein. Aber nicht nur das Kind, auch der Große wird im Altersheim wieder zum Zappelphilipp. Vorsicht, dieses Benehmen, dieses Verhalten können Sie aber nur ausleben, wenn Sie nicht in einem Heim sind und die Familie weit entfernt von Ihnen wohnt! Sind Sie in einem Heim, oder die Familie wohnt in ihrer Nähe, wird sich die Familie wie die Großen benehmen (unsere Kinder glauben dann, dass sie jetzt unsere Eltern sind). Wir hingegen glaubten, wenn wir groß sind, alles das machen zu können, was wir immer schon gerne machen wollten: vor dem Mittagessen eine große Tafel Schokolade essen, nie mehr die Nase putzen. »Wenn ich groß bin, heirate ich und lege meiner Frau eine Spinne ins Bett. Ich und meine Frau kriechen den ganzen Tag auf dem Teppich herum, und wir blasen so laut Papiertrompete, wie es uns gefällt.« Solches Verhalten entspricht unserer Thymopsyche, unserer Gefühlsseele (das ist, wie ich schon erwähnte, die erste der beiden). Wobei der so genannte intellektuell wirkende Erwachsene in der zweiten Seele wohnen sollte, die man Noopsyche nennt. Diese kommt nun kurz zu Wort:

Altersweisheit 22

Die Hirnmenschen (Verstandesmenschen) haben es schwer. Die ernsten Typen haben es schwer im Leben. Die, die alles wissen, die das Leben förmlich studiert anstatt gelebt haben. Das sind jene Leute, die ein Leben lang gelernt haben, die ein Leben lang nur den so genannten Hirn-Gedächtnisspeicher gefüllt haben. (Können Sie sich an das erste Kapitel erinnern? Es sind jene Bürgerlichen, die selbst in Portugal nicht in eine einheimische Bar gehen, weil diese eben zu gefühlsbetont wäre.) Diese Menschen beziehen ihre Energie oder besser gesagt, Noch-Energie aus dem rationalen Wissen (oder aus dem Glauben, dass sie viel wissen). Sie müssen täglich bekunden, dass sie jeden alten Stein auf der Reise kennen, und wer die Ruinen zurückgelassen hat. Sie fragen sich täglich:

- War ich gescheit (gebildet)?
- Wer war ich?
- Wer werde ich?
- Wer wollte ich sein?

Diese Hirnmenschen wollen auch im hohen Alter als Hirnmenschen akzeptiert und anerkannt werden. Sie versuchen bei jeder undenklichen Gelegenheit, das Gespräch auf ihr Fachwissen zu lenken, um an Wichtigkeit zu gewinnen. Viele davon sind »Fachtrottel«. (Ich muss zugeben, auch ich rede natürlich gerne über seelische Altersprobleme, sonst weiß ich nichts oder nicht viel. Aber das, was Sie mit mir auch noch können, ist echt schön blöd sein.) Vor kurzem war ich wieder einmal für meine Forschungen mit einer älteren Reisegruppe unterwegs (das heißt wir waren alle ungefähr gleich alt). Die Teilnehmer saßen am Abend beim Wein zusammen, ich wollte Witze erzählen, blödeln oder sogar darüber reden, was wir denn heute alles erlebt haben (wenn es mir einfällt natürlich) und über das, was wir morgen erleben werden. Da aber die übrigen Teilnehmer lauter »Noopsychische«, man kann auch sagen Salondemenzen waren (das sind Leute, die wirklich viel wissen, aber schon alles durcheinander bringen), war mir diese Unterhaltung nicht möglich. Nun versuchte ich es anders. Ich wollte blödeln, Witze machen, banal ordinär sein. Aber kaum begann ich, einen Witz zu erzählen, meinte ein Mitreisender, dass er nun sechs Wochen in einen All-inclusive-Club gehen würde. Er redete und redete, was man dort alles zu essen bekäme, wie toll es dort sein werde. Das von mir begonnene Gespräch wurde also abgewürgt, dann kam der Beruf, »was sie alles waren und konnten« – da konnte ich mich ja nur genieren! Nachdem das Gespräch über heute und morgen nicht möglich war, meine Witze nicht gezogen hatten, teilte ich meinem Reisebegleiter mit, dass es mir »Wurst« sei, wo er demnächst hinfahren würde und welches Essen es dort geben möge. Damit war unsere Kommunikation beendet. Erledigt! Fazit: Ich werde immer mehr die Gesellschaft von Thymopsychikern suchen und Noopsychiker auf Distanz halten. Lerne daraus, dass du der bist, der du bist. Kein Mensch kann ein anderer werden. Er kann maximal den anderen verstehen lernen. Dadurch wird unsere Toleranzgrenze erhöht und uns und den anderen geht es besser.

Altersweisheit 23

Versuchen Sie, im Leben beide Clowns darzustellen. Sie wissen schon, im Zirkus treten immer noch zwei Menschentypen auf, ein weißer Clown und ein bunter, lustiger. Sie wissen schon, der weiße ist der ernste, der bunte der dumme. Je mehr Sie in Ihrem Leben in beiden Speichern abgespeichert haben, umso leichter wird es Ihnen fallen, »älter zu werden«. Sie können stundenweise den weißen und stundenweise den bunten Clown spielen. Es geht um nichts! Je einseitiger Sie sind (nur weiß, nur bunt) oder waren, umso schwerer wird Ihnen das Älterwerden fallen. Sie können dann nicht mehr »aus ihrer Haut heraus« und bleiben ein einseitiger Kasperl. Es kann doch ein Steckenpferd sein, eine Mischung zwischen buntem und weißem Clown zu werden.

Altersweisheit 24

Reiten Sie viele Steckenpferde. Ich denke, das ist leicht erklärt. Wenn Sie im täglichen Leben nur ein Steckenpferd geritten haben, werden Sie auch in Zukunft nur dieses reiten können. Das ist aber schlecht, denn wenn dieses durch Erkrankung ausfällt, was machen Sie dann? Haben Sie hingegen mehrere Tauschmöglichkeiten, dann wird es leichter. Sie tauschen eben das eine Hobby gegen das andere aus. Ich bin ein Leben lang klettern gegangen; weil Klettern nicht mehr geht, schreibe ich halt Bücher. Beides – Klettern und Schreiben – muss früh erlernt werden (und nicht erst im Alter) und muss vor allem Spaß machen; darauf kommt es an.

Übrigens, weil ich gerade den Begriff Steckenpferd verwendet habe, möchte ich natürlich und sofort auch noch die Menschen in Ackergäule und Rennpferde unterteilen. Was ich damit sagen möchte, ist, dass aus einem Rennpferd kein Ackergaul und aus einem Ackergaul kein Rennpferd werden kann. Jeder ist, was die Biografie aus ihm gemacht hat. Das heißt in der Praxis des Lebens: Wenn Sie immer schon ein Ackergaul oder ein Rennpferd waren, werden Sie es auch im hohen Alter sein. Es ist eben so, dass es Menschen gibt, die sich ein Leben lang gerne bewegen und von dieser Bewegung Energie erhalten. Es gibt aber auch Menschen, die sich ein Leben lang gerne ruhig verhalten, Sicherheit haben wollen und diese für ihr Leben brauchen. Sie können sich jetzt schon vorstellen, dass die einen sogar freiwillig in ein Heim gehen, die anderen hingegen aus jedem Heim immer wieder flüchten und durchgehen werden. So bedeutet Altern gefühlsmäßig für jeden Menschen etwas anderes. Das menschliche Leben verläuft nicht nach einem einheitlichen Muster. Wenn ich mir gestatten dürfte, den Unterschied zwischen den Menschen als bunter Clown zu betrachten, würde ich Folgendes sagen.

- Es gibt alte Leute, die fliegen nach Teneriffa – dies ist der mobil gebliebene Pensionist, dieser hilft sich noch selbst. (Mit ihm befasst sich die Gerontologie.)
- Es gibt Leute, die »fliegen« (= fallen) zu Hause hin – Menschen mit Mehrfacherkrankungen. Diese pflegt meistens noch die Heimhilfe oder ein anderer Sozialdienst. (Sie gehören in das Fachgebiet der Geriatrie.)
- Es gibt Leute, die »fliegen« ins Pflegeheim. Diese werden dann

stationär vom Pflegepersonal betreut. (Diese betreut die immobile Geriatrie, diese haben Pech gehabt.)
- Es gibt Leute, die glauben fliegen zu können – sie leiden unter einer altersbedingten Wahnvorstellung. (Diesen nimmt sich die Gerontopsychiatrie an.)

Die Alters- und Entwicklungsstufen können sich – man könnte fast sagen – zufälligerweise mit dem Geburtsdatum decken, müssen es aber nicht. Oft ist ein Mensch organisch erst vierzig Jahre alt, aber seelisch schon lange tot. Ein anderer hingegen ist psychisch erst dreißig Jahre alt, obwohl er kalendarisch ein Sechzigjähriger ist. Und wie Sie sicherlich einige Menschen auch kennen: »im Gesicht« wie ein Baby, im Hirn wie ein Neunzigjähriger. Mein Enkelsohn Rainer machte mir diese Unterschiede mit einer Aussage als Fünfjähriger sehr deutlich. Er sagte eines Tages zu mir: »Sag, Opa, wie alt warst du, als du Professor gespielt hast?« Sie sehen, die unterschiedlichen Altersaspekte verwirren sogar mein Enkelkind, sie zeigen aber doch eines deutlich: Mein Enkel ist – psychisch gesehen – dort, wo ich wieder bin: im Spielalter. Wir können wieder (der Kleine und der Alte) spielen. Wir sind nicht mehr oder noch nicht im Erwachsenenalter. Das gibt zu denken. Warum kann ein Siebzigjähriger wie ein Dreißigjähriger agieren, wirken und leben? Warum kann ein Fünfunddreißigjähriger (zumindest manchmal) wie ein Dreijähriger sein und auch so wirken? Sie werden sagen: Na, weil er zu wenig Knoblauch isst, bei dem anderen Typen aber selbst der Knoblauch nichts helfen würde; der war ja immer auf Sicherheit aus, und Ende. Nun, ich möchte sagen, weil der eine von den beiden (raten sie mal welcher) immer schon genug Seelennahrung bekommen hat und noch immer zu sich nimmt (und das hat nichts mit dem Knoblauch zu tun), aus diesem Grund noch immer lebt und weiterhin gerne lebt ...

Altersweisheit 25

Geben Sie der Seele genug Stoff (Hafer oder Heu), egal ob sie ein Rennpferd oder Ackerpferd sind. Mit genug Hafer oder Heu gehören sie zu den jung gebliebenen Alten. Diese jungen Alten fallen weder auf den Jugend- noch den Seniorenkult rein. Sie leben von ihrer eigenen Seelenahrung.

- Führen Sie jeden Tag einen Hund spazieren, obwohl sie gar keinen haben.
- Interessieren Sie sich noch für andere Sachen außer ihren eigenen Erkrankungen.
- Leben und genießen Sie das Leben trotz Mehrfacherkrankungen.
- »Ich bin ich und hinter mir die Sintflut«, könnte das Lebensmuster sein.
- Beim Erwachsen- und Älterwerden ist eben oft die Ausgangsleistung entscheidend für die Endleistung.
- Beteiligen Sie sich nicht an den diversen Kulten (die färben ab).

Kinderkult, Jugendkult und Seniorenkult sind von den so genannten Erwachsenen erzeugte Kunstprodukte. Immerhin gab es eine Zeit, in der weder die Alten noch die Kinder dieser Alten Geld hatten, somit auch keine Kult-Konsumenten waren. Früher unterschied man noch nicht zwischen der Welt der Kinder, der Welt der Erwachsenen oder gar der Welt der Senioren. So wie man erst seit weniger als vierhundert Jahren das Wort »Kinder« eingeführt hat, gibt es erst ab etwa 1990 das Wort »Senioren«. Die Sitte, den Geburtstag eines Kindes zu feiern, hat es im 18. Jahrhundert in Amerika noch nicht gegeben und auch die Gepflogenheit, das Alter eines Kindes genau anzugeben, ist noch relativ jung, nicht älter als zweihundert Jahre. Praktisch erst mit der zahlenmäßigen Zunahme der Älteren (und deren Geld) ist das Wort »Senioren« entstanden. Man erfand somit soziologisch gesehen eine bestimmte Kategorie von Menschen.

Heute feiert sogar die WHO den Tag der Kinder und den Tag der Senioren. Und wirft uns somit erst durch ihre blödsinnigen Feierlichkeiten der Jugend zum Fraß vor (Generationenkonflikt). Auf einmal heißen wir nicht mehr nur Senioren (an sich schon eine schwachsinnige Bezeichnung), sondern werden von der Jugend Grufti oder Komposti betitelt. Von Natur aus haben wir Menschen weder Kleinkinder noch Pubertierende gerne, und schon gar nicht Gruftis. Sie sind unkultiviert und passen nicht in die Welt der Verstandesmenschen. Natürlich ist die Idee der »Kindheit«, die in der Renaissance entstanden ist, eine für die Kinder positive, vielleicht sogar eine menschliche. Die Erfindung der »Senioren« kann ich aber beim besten Willen nicht als menschliche Idee empfinden. Die Erfindung der Kindheit hat wenigstens durch die Worterfindung auch eine soziale Strukturierung begründet. Hat aber auch der Altersbegriff eine soziale Struktur gebracht? So wie die Idee der Kindheit schön langsam verschwindet, hat die Idee, uns Alte als ganz normale Menschen zu sehen, noch gar nicht begonnen. Wobei uns gerade Anti-Aging-Therapien und Wellnessideen (alleine) kaum weiterhelfen werden.

Wir älteren Menschen müssen uns demnach selbst helfen, auch in höheren Lebensjahren »Menschen« zu bleiben, um als diese und nicht als Senioren oder Gruftis akzeptiert zu werden. Da wäre mir der Ausdruck »du bist ein bunter Clown« oder ein »weißer Clown« noch lieber, da hätte ich wenigstens eine Rolle in der Gesellschaft zu erfüllen, hätte sozusagen eine Aufgabe.

Schön sind jene Leute, die ein Streitross und nicht nur ein Steckenpferd reiten. So wie der Körper Nahrung braucht, und zwar nicht irgendwelche, sondern nur die ihm zusagende (Lieblingsspeise), so benötigt auch die Seele Nahrung. Die Nahrung der Seele ist im Sinn ihres Seins und in ihrer eigenen Biografie zu suchen. Das kann für den einen ein Streitross, für den anderen ein Steckenpferd sein. Diese spezifische Seelennahrung ist immer streng »gefühlsbiografisch« zu sehen. Für den Arbeiter wird in seiner Pension eher die Nahrung eines Streit- oder Rennpferdes das Richtige sein, für den (immerwährenden) Beamten hingegen ein Steckenpferd als Seelennahrung genügen.Nur das Material, das sie sich ein Leben lang selbst zugeführt haben, können sie im Alter wieder heraufholen und so lange sie frisch genug sind, mit etwas Neuerem ergänzen. Das, was Ihnen in ihrer Biografie früher Kraft gab, gibt Ihnen auch heute im Alter wieder Kraft, ist Kraftnahrung. Der heute ältere Mensch isst kein Müsli, aber vielleicht eingebröckeltes Brot in einem Feigenkaffee. Er isst nicht Chinesisch, aber vielleicht ein gegen seinen hohen Cholesterinspiegel sprechendes fettes Fleisch. Der Mensch lebt aber nicht vom Brot allein. Unsere Gefühlsseele ist so wie eine Litfasssäule. Alles was wir ein Leben lang plakativ eingeprägt haben, können wir auch im hohen Alter abrufen und als Nahrung verwenden.

Für den einen ist das Steckenpferd das oberste Plakat auf seiner Litfasssäule, für den anderen das Streitross. Wenn diese Litfasssäule

nur halbwegs funktioniert, sind diese Fixpunkte in unserem Leben, welche uns emotional begleitet haben, immer wieder abrufbar.
Damit der Speicher (wir werden die Litfasssäule ab sofort »Altgedächtnisspeicher« nennen) funktioniert, braucht dieser Energie. Diese erhält er über die Blutgefäße. Das heißt, so lange die Blutgefäße funktionieren, wird auch eine Wirkung von Seiten unseres Gehirns zu erwarten sein.
Man ist so alt wie seine Blutgefäße. Wenn man den Gehirngefäßen nur den Knoblauch gibt oder der Seele nur die Biografie anbietet, reagiert das Gehirn und die Seele mit Unsinn. Das heißt, dass weder Knoblauch noch Trankerln, weder Make-up noch Anti-Falten-Mixturen, noch die finanziellen Rücklagen ganz ohne ihre Mithilfe auskommen. Ein erfülltes viertes Lebensviertel können Sie sich nur selbst geben. Was Sie mit dem letzten Viertel ihres Lebens machen, ist somit einzig und allein Ihr Werk. Sie müssen sich durchringen, zu akzeptieren, dass Sie Ihr Hirn bei der Pensionierung nicht mit in den Ruhestand schicken. Ruhestand darf weder Stillstand noch sinnloser Aktivismus sein!
Lustig finde ich doch, dass die Pensionisten keine Zeit haben. Sie eilen von einem Termin zum anderen, um aus dem Leben zu flüchten. Sie haben Angst »alt« zu werden oder gar zu sterben. Alle diese Ängste führen schließlich und endlich zu diesem sinnlosen Aktivismus, den wir Ersatzhandlung nennen wollen. Der Volksmund würde diese Ersatzhandlungen mit den Worten: »Der ist mit einem Hintern auf zehn Kirtagen!« zusammenfassen.
Weise Alte werden eben älter, sie rennen ihrem Älterwerden nicht davon, sie beschäftigen sich mit dieser Thematik. Wenn das schon so ist, dann laufen Sie nicht vor Hier und Jetzt davon, flüchten Sie nicht durch andauernde Termine aus dem Leben, denn sollten Sie dies dauernd tun, würde ich Sie jetzt schon, obwohl Sie noch ganz normal wirken, als »verwirrt« bezeichnen.
Sie sollten nicht aus dem Leben flüchten. Suchen sie sich eher ein Streitross und nicht ein Steckenpferd, werden sie kein alter Ackergaul! Nur das Benehmen eines Streitrosses ist ein Mittel gegen das sinnlose Alter, gegen Müßiggang und Langeweile. Dieses hier empfohlene Streitross (und nicht Steckenpferd) soll und muss aus ihrer Biografie kommen, muss aus dieser in dieser gesucht werden. Vie-

le Rentner versuchen, mit einem Steckenpferd über die Runden zu kommen. Dies sind leere Ersatzhandlungen, die keine wirkliche Befriedigung, keinen Sinn ergeben.

Sie sehen, ich empfehle Ihnen keine »Altersbücher« (von jungen Menschen geschrieben). Diese empfehlen nämlich die Suche nach einem Hobby (»Gehen sie in einen Schachclub, sammeln Sie Bierdeckel, gehen Sie in einen Schrebergartenverein oder werden Sie Obmann eines Grautaubenzüchterclubs.«) Auch das ist doch oft nur, wie oben beschrieben, ein so genannter sinnloser Aktivismus – eine Ersatzhandlung.

Auch steht in diesen Büchern, wie toll das Altern ist. Dass das Gedächtnistraining das Nonplusultra sei, dass Wellness und Turnen ihr Leben (natürlich nur biologisch und nicht psychisch gesehen) verlängern könne. Blöd ist nur, dass die meisten Hobbys nicht mehr möglich sind, und dann?

Viele Steckenpferd-begeisterte Jugendliche sagen: »Wenn ich in Pension bin, werde ich viel lesen« –, ich sage, sie werden nicht, da sie ein Glaukom bekommen. »Ich werde viel wandern«, sagen sie – ich sage, sie werden nicht, da sie Arthrose haben, oder sie sagen »viele Opern hören« –, ich sage, sicher nicht, weil ihr Gehör schlechter wird.

Suchen Sie sich emotionale, affektive, gefühlsbetonte Streitpferde. Das sind solche, die Sie aus ihrer Biografie kennen. Freizeitgestaltung sollte nicht nur Spaß machen, sondern für Sie sinnvoll sein.

- Willst du eine Stunde glücklich sein, so trinke,
- willst du eine Woche glücklich sein, mache Urlaub.
- Willst du bis zu deinem Lebensende zufrieden sein, suche dir eine Ich-Wichtigkeit, die sich aus einem Streitpferd ergibt.

Die Streitpferdstory eines heute Achtzigjährigen: Bei einem meiner Vorträge lernte ich ein ganz reizendes Ehepaar kennen. Die Gattin eilte nach dem Vortrag sofort auf mich zu, im Schlepptau ihren achtzigjährigen Gatten und meinte: »Was sagen Sie, Herr Professor, zu meinem Mann, der schneidet Tag und Nacht Holz, kann kaum die Stämme schleppen, keucht, schwitzt, sieht aus, wie wenn er jeden Augenblick umfallen würde. Glauben Sie, der lässt sich vom Sohn helfen oder lässt endlich diese schwere Arbeit und sucht sich ein Hobby?« Natürlich meint es die Gattin gut mit ihm, natürlich meint sie nun, ich schimpfe den Achtzigjährigen und rate ihm zum Sitzen und zu einer Ölheizung. Leider habe ich gegen die Gattin und für das Holzmachen reden müssen, dem Achtzigjährigen mitteilen müssen, wie toll es ist, dass wir, die alte »Generation«, nicht auf die Jungen angewiesen sind, weil wir es noch alleine schaffen. Dass es Spaß macht, wenn man arbeitet bis zum Umfallen und am Abend müde und erledigt ist. Das ist ein tolles Streitpferd, mit dem kann man was anfangen als Mensch aus der Brotarbeitergeneration. Immerhin sind wir ein Leben lang gewöhnt, einen Neun-Stundentag über die Bühne zu bringen, sind gewöhnt, dass wir nur dann Applaus erhalten, wenn wir keuchen, schwitzen, müde sind. Das heißt, liebe Gattin – lobe deinen achtzigjährigen Mann, wenn er vor Müdigkeit umfällt, er ist toll und ohne ihn geht es eben nicht. Weil klar sein muss, der Sohn kann das eben nicht so gut wie der alte Fuchs.

Das Streitpferd älterer Frauen (und nicht Damen oder solche, die welche sein wollen) besteht im Bekochen der Familie. Die Mama kocht Tag und Nacht, schwitzt, hat Herzklopfen und wird müde, aber sie schafft es, dass alle in der Familie mehr essen als sie essen sollten. Ihr Streitpferd – die Familie zu Tode zu füttern im Sinne des Muttertriebes – funktioniert. Die ganze Familie lobt das Essen, die Menge und dass sich Mama für sie aufopfere. Ja, was will sie denn, kann sie denn anders, als sich aufzuopfern? Lassen Sie die Mama ihre Opferbiografie ausleben, solange sie lebt. Bestellen Sie um Gottes willen nicht »Essen auf Rädern« in der Annahme, dass dann die Mutti Zeit für ein Steckenpferd hätte. Das ist zwar gut gemeint von Ihnen. Aber eines machen Sie damit, sie bringen die Mama unter die Erde. Dann können Sie das Essen auf Rädern essen!

Der alte Ackergaul versucht mit allen Mitteln, nicht erschossen zu werden. Er wiehert, bettelt um Heu und Zuwendung. Diese Zuwendung sucht er aus seiner subjektiven Welt und nicht aus der objektiven Welt der Realität, in dem sein Bauer (hoffentlich) noch lebt.

Eine heute siebzigjährige Klientin, die noch in ihrer Wohnung leben konnte, da ich sie betreute, erzählte mir voll Stolz ihren Wochenplan: Morgen müsse sie wieder mal zum Röntgen, übermorgen sagt sie, »müssen wir zur Pyelographie«, so meint ihr Arzt. Am

Freitag hätte sie sowieso keine Zeit, weil der Augenarzt auf dem Terminkalender stehe. Sie hätte mit einem Wort keine Zeit, die ganze Woche ist ausgefüllt. Und übrigens, nächste Woche steht ebenfalls schon viel auf dem Programm. Der Jungbauer (Sohn) aus seiner realistischen, objektiven Welt meint zu mir, dass dies ein Wahnsinn mit der Alten ist. Er (der gute Sohn) müsse sich alle Augenblicke dienstfrei nehmen, weil er seine Mutter überall hinfahren müsse. Auch der schon installierte Besuchsdienst (damit der alten Dame nicht so fad ist) habe schon keine Freude mehr mit dem alten Ackergaul. Immer wenn er auf Besuch kommt, ist die Alte weg. Das hat ja keinen Sinn mehr. Was will denn die mit ihren siebzig Jahren? Will die Jungfrau werden oder gar zur Schönheitsoperation? Wenn man diese Story aus dem Blickwinkel des alten Ackergauls sehen will, hat sie Recht. Voll Begeisterung erzählt sie, wie wichtig sie ist, eigentlich müsste man sagen, wie wichtig sie für die Ärzte ist. Sie ist im Mittelpunkt – ist wichtig. Sie erhält Zuwendung. Man kümmert sich um sie. Sie erhält Aufmerksamkeit.
Nun, uns Profis ist klar, die Dame bettelt um Zuwendung, wie sie es aus ihrer Biografie heraus erlernt hat. Sie greift auf alte bewährte Strategien zurück. Schrei ich, sagt sich der Säugling, dann kommt meine Mama. Dasselbe macht unsere Dame. Sie schreit nach Arztterminen und bekommt den Lohn, einen Termin. Noch dazu führt sie der Sohn – der ja sonst nicht kommen würde. Das schlechte Gewissen des Sohnes ist ihr Gewinn! Die Haupttherapie findet übrigens im Vorzimmer des Arztes statt, da kann man sich mit seinen Erkrankungen einbringen, man kann ein Entlastungsgespräch führen, man ist unter gleich gesinnten alten Ackergäulen; jeder verfolgt dieselbe Strategie aus der Biografie. Der dritte eindeutige Vorteil ist die Bewegung. Alle alten Ackergäule müssen sich durch die Gegend schleppen – ob sie wollen oder nicht – da der Hausarzt nicht auf Besuch kommt. Das heißt, Besuche beim Arzt, auch ohne diagnostischen oder therapeutischen Sinn, bringen Bewegung, und das ist besser als einen alten Gaul in der Box stehen zu lassen.
Erkennen Sie nun den Unterschied zwischen Steckenpferd, Streitpferd und altem Ackergaul? Dann ist es ja gut. Nicht unerwähnt darf man lassen, dass bei manchen Menschen (biografisch gesehen) das Steckenpferd zufällig auch das Streitpferd sein kann.

Altersweisheit ist somit das Angepasstsein an sich und seine Umgebung. Es ist der Versuch, eine hausgemachte Senilität zu verhindern.
Sich regen bringt Segen! Warnung: Nichtstun kann ihre Gesundheit gefährden!

NACHWORT

»In dem Augenblick,
in dem das Kind in uns stirbt,
beginnt das Altern.«
(Francois Maurois)

Die Menschenseele ist Nomade. So lange man lebt, muss sich etwas bewegen. Sie (und damit auch der Körper) kann nicht ruhig im Zimmer sitzen; sie muss sich bewegen. Und wenn sie sich nicht selbst bewegt, muss sie bewegt werden! Wie sie sicher erlesen konnten, hat vieles in unserem Leben zum Auf- oder Ableben mit der eigenen Biografie zu tun. Nur die eigene Gefühlsbiografie kann uns am Leben halten oder auch vorzeitig umbringen.

Die Biografie ist die stete Komödie, wichtig sein zu müssen, wichtig sein zu wollen. Jeder Mensch hat (solange er lebt) das Gefühl, eine wichtige Rolle spielen zu müssen. Es ist die unendliche Rolle, sich im Leben als unentbehrlich beweisen zu müssen. Diese uns zustehenden Rollen spielen wir entweder aus dem Hirnbereich oder aus dem Bauchraum heraus, gut oder schlecht. Einige von uns versuchen die schwierige dramatische Mischung beider Textbücher. Der Wissende spielt seine Rolle als Dramatiker, oft als Pessimist. Der Bauchmensch hingegen legt seine Rolle als Optimist, als Komiker an. Dabei besitzt der Intellektuelle zwar alle Schärfe des Verstandes, aber zu seinem Nachteil (für sich und seine Umgebung) wenig Witz oder Humor, wenig Herz oder Güte und Charme. Der immer kindlich agierende Komiker stört hingegen sich selbst sowie die anderen durch das immer Witzig-Sein.

Jeder spielt im Leben seine ihm zugedachte Rolle, die wir auch Charakter oder Persönlichkeit nennen können. Ich glaube, dass die richtige Mischung das Geheimnis des Erfolges im Dasein ist; erst sie ermöglicht uns die Rolle des Weisen. Wird der Mensch in seiner Rolle eingeengt oder wird ihm diese sogar genommen, fühlt er sich alt und ausgestoßen aus dem Theater des Lebens. Keine Frage, dass er dann auch körperlich rascher altern muss als der, der noch mitspielen darf. Vergessen sie nicht: Das Einzige, das wirklich nur jedem Einzelnen von uns gehört, ist seine Biografie.

Heute leben wir Alten eigentlich nicht in einer Zeit des Generationenkonflikts, einer Zeit, in der die Jungen gegen die Überalterung kämpfen, sondern wir leben in einer Zeit, in der die unterschiedlichsten Generationsbiografien auffällig werden. Wie töricht wären Konflikte? Die Jungen von heute sind die Alten von morgen, und das, wogegen sie heute ankämpfen, ist morgen ihr Schicksal. Vieles, das wir Alten aus unserer Biografie heraus kennen und lieben gelernt haben, geht derzeit verloren. Das verunsichert uns, wir fühlen uns unserer Biografie beraubt.

- Das Zeitalter der öffentlichen Fürsorge geht zu Ende.
- Das Ende des bisherigen Pensionssystems ist spürbar nahe gekommen.
- Das Ende des bisherigen Gesundheitssystems ist absehbar.
- Das Ende des Arbeitstriebes zugunsten des Spieltriebes wird deutlich.
- Alter wird seit neuestem diskriminiert. Man muss sich schämen, so alt zu werden!

Somit brauchen wir Anti-Diskriminierungsbüros. Das bedeutet, dass gerade die ältere Generation mehr Aufklärung, aber auch mehr Prävention benötigt. Dies geht nur dann, wenn wir Alten meinen Vorschlag der Altersweisheit, sich anzupassen, annehmen lernen. Eine Vorbereitung auf das Altern der Seele müsste im Kindergarten beginnen, bei den Jungen fortgeführt werden und bei uns Alten erst enden. Die Selbstbehandlung der Altersseele muss beginnen, noch ehe der Arzt mit Medikamenten kommt, die Familie aufopfernd agiert, oder man sich der öffentlichen Fürsorge ausliefert.

Nun, trotzdem wird bei vielen heute älteren Leuten die Präventionsidee zu spät kommen. Es sind dies Menschen, die schon Verhaltensstörungen haben, unter denen die Familie und die Betreuer leiden. Gerade für die Familienangehörigen und die Altenbetreuer werde ich mein nächstes Buch schreiben. Es wird aber auch darum gehen, ein paar Worte über verwahrende und rehabilitativ tätige Heime zu verlieren. Denn, wie sage ich immer: Es ist ein Menschenrecht, rehabilitiert zu werden. So gesehen muss es auch ein Menschenrecht sein, so genannte Alzheimerklienten, Demenzpatienten zu rehabilitieren, statt sie aufzuheben.

- Zufrieden sein ist große Kunst,

- zufrieden scheinen, großer Dunst,
- zufrieden werden, großes Glück,
- zufrieden bleiben, Meisterstück!

Bleiben Sie weiterhin »zufrieden« mit dem, was sie haben, mit der Tatsache, dass sie noch in der Früh aufstehen können, noch einen Tag erleben können. Leben sie ihn! Vergeuden sie ihn nicht!

ANHANG

Glossar

1. Differenzialdiagnostischer Ausgang:
Patienten dürfen von der Institution aus für eine bestimmte Zeit in ihre Wohnung zurückkehren. Dieser so genannte differenzialdiagnostische Ausgang war mein erster Versuch, Langzeitpatienten wieder in ihr angestammtes Milieu zu begleiten. Dabei konnte ich feststellen, dass sich Klienten – auch mit einem M. Alzheimer – in der Wohnsituation (wenn diese schon lange Zeit besteht) wieder normaler fühlen und dass sie verschiedene Symptome, die sie im Heim oder in der Institution haben, nicht zeigen.

Es ist die Differenzialdiagnose

zwischen	und
domizil-orientierter Welt	institutionalisierter Welt.
Hier dient der Lebenslaufals Reiz, als ein bekanntessicherheitsgebendes Milieu.	Hier ist die pathologische Welt,aus der man in die Krankheit flüchten muss.

2. Elan vitale:
Ein Ausdruck, der alle Lebensenergien Lebensantriebe zusammenfasst.

3. Halloeffekt, negativer:
Unter diesem Begriff versteht man das, was wir normale Menschen als »selbstbestimmende Prophezeiung« bezeichnen. Das, was wir erwarten, trifft meistens auch ein! So macht Angst eben auch Angst! Wenn wir erwarten, dass unsere Erkrankung schlechter wird, wird sie es auch.

4. Irreversibilitätstheorie:
Die frühere Alterstheorie besagt, dass alle Altersvorgänge (psychische und körperliche) unwiederbringlich zu einer Verschlechterung führen.

5. Neotenie:
Unter Neotenie versteht man, sich kurzzeitig fallen zu lassen, sich selbst zuzulassen, »Kindlichsein« als Therapie. Es ist eine Art Well-

nessprogramm, nicht als Hirnmensch sondern als Gefühlsmensch zu leben. Alle Maßnahmen erinnern an die Beschäftigungstherapie. Beschäftigen kommt eben aus dem Spieltrieb und nicht aus dem Leistungstrieb wie die Arbeit.

6. Noopsychischer Seelenanteil:
Das noopsychische Gedächtnis (Seele) ist jener Anteil unseres Gehirns, in dem nur kognitives, rationales, auswendig gelerntes Material gespeichert wird. Es ist unsere Hirnrinde, die grauen Zellen, mit denen wir ernst denken.

7. Parasympathikotoner Typ:
Menschen, die vom Grundbedürfnis »Sicherheit« leben, nenne ich mit einem von mir erfundenen Ausdruck parasympathikoton. Es sind Leute, die ein Leben lang ruhig, gewissenhaft, angepasst, nur nach Gesetzen leben können. Sie sichern ihr Leben mit vielen Versicherungen ab und gehen mit fünfzig Jahren probewohnen in ein Pensionistenheim, um mit Sicherheit ein Bett zu haben, wenn sie krank werden sollten.

8. Reversibilitätstheorie:
Besagt, dass man zwar mit dem Älterwerden Erkrankungen (natürlich auch seelisch gesehen) bekommen kann, dass aber alle Alterserkrankungen (zumindest ideologisch gesehen) auch wieder gutzumachen sind. Selbst wenn man nur lernt, mit seinen Krankheiten leben zu können, hätte dies reversible Auswirkungen auf Körper und Geist.

9. Schichtlehre:
Freud unterteilte die Seele in drei Schichten: Ich, Über-Ich und Es. Er war damit der anatomischen Seelenlehre weit voraus. Heute weiß man, dass es diese Areale tatsächlich auch gibt. Das Es sitzt unten (Es-Triebe) und wird beim Erwachsenen durch das Über-Ich, das darüber sitzt (unserem Gewissen, die Sprache des lieben Gottes) kontrolliert. Unser Ich ist natürlich unsere Noopsyche, unser Denkapparat; dieser sitzt dazwischen.

10. Snouzelenapparat:
Ist ein Wort das es nicht gibt, das ich aber gerne bösartig verwende. Unter dem Begriff Snouzelen versteht man ganz gewöhnlich »Schmusen«. Seit neuestem wird dieses Schmusen nicht von Mensch zu Mensch durchgeführt, sondern in eigenen Räumlichkeiten. Man

kann sich zum Schmusen in ein Wasserbett legen, in einen Raum voll gestopft mit Kugeln und Ähnlichem, also eine Art Ersatz für die basale Stimulation, für die Stimulation von Mutter zu Kind. Keine Frage, dass dieses Zeug hilft. Wenn man aber einen Menschen zu früh (noch vor der Interaktionsstufe eines Säuglings) in diesen »Apparat« bringt, wird er schlechter. Er gelangt in ein Säuglings- statt in ein Erwachsenenverhalten. Geistig normale Menschen können schon so dann und wann die Neotenie, Snouzelen oder Wellness als beruhigende Freizeitgestaltung wählen. Sie ziehen sich nach der Therapie wieder an und sind wieder Erwachsene. Bei Demenzklienten besteht die Gefahr, dass sie nach der Therapie nicht mehr herauskommen und in dem frühkindlichen Status bleiben.

11. Sympathikotoner Typ:
Als sympathikotone Typen bezeichne ich alle Menschentypen, die ein Leben lang vermehrt Adrenalin ausschütten, Menschen die nie ruhig sein können, die Weltbeweger sind.

12. Thymopsychischer Seelenanteil:
Die Thymopsyche ist unsere Stimmungsseele. In ihr werden Triebe, Stimmungen, Gefühle, Affekte abgespeichert. Sie ist unser Lebensmotor, unser Antrieb.

13. Übergangspflege:
Die Übergangspflege wurde von mir 1979 ins Leben gerufen. Sie ist heute als Starthilfe anzusehen und eine zeitlich begrenzte reaktivierende Pflegeform, um stationäre Klienten aus dem Krankenhaus wieder in ihr Wohnmilieu zu integrieren. Diese Übergangspflege beginnt immer mit dem differenzialdiagnostischen Ausgang. Das Herzstück ist – wie in meinem Psychobiografischen Pflegemodell – die Seele des Betagten. Ziel der Übergangspflege muss sein: Spitalbetten abzubauen, Eigenverantwortlichkeit an den Klienten zurückzugeben, Respektierung seiner Lebensgewohnheiten. Die Übergangspflegepersonen haben eine eigene Ausbildung nach Prof. Böhm und werden vorwiegend für und im Wohnmilieu geschult. Sie dürfen nicht mit der so genannten Sozialschwester oder Hauskrankenpflege verwechselt werden.

14. Warm-satt-sauber-Pflege:
1970 erfand ich das Wort Warm-satt-sauber-Pflege und meine damit, das die meisten pflegenden Institutionen (auch heute noch) ihre

Pflegequalität nur in diesen Begriffen sehen. Ich meine aber, dass das Leben vorwiegend seelisch zu sehen ist und somit auch die Pflege vorwiegend seelisch sein muss. Wenn ein Mensch seelisch lebt, dann macht er sich auch selbst sauber. Wenn ein Mensch seelisch lebt, dann heizt er sich auch ein und isst. Wenn aber ein Mensch seelisch nicht mehr lebt, warum sollte man ihn dann zwangsbaden, -füttern und -wärmen? (Ausnahme sind natürlich komatöse Klienten oder frisch operierte ...)

Liste der Häuser, die nach Böhm-Richtlinien arbeiten

Es handelt sich um Häuser, in denen zum Aufleben statt zum Aufheben agiert wird. In diese Häuser und Institutionen würde ich mich selbst begeben, da sie nach dem Psychobiografischen Pflegemodell arbeiten und nach einer Überprüfung mit einem Qualitätssignum ausgezeichnet wurden.

Deutschland

Station »Zille sein Milljöh« in Steglitz
c/o Heimleiter Herr Burkhard Bachnik
Paulsenstr. 5–6
D-12163 Berlin/Steglitz
Tel.: 0 30/8 97 91 20 — Erstzertifizierung 2004

Hauskrankenpflege, Urlaubs-Kurzzeitpflege
Gudrun Jager
Eichhörnchenweg 4
D-15537 Erkner — Erstzertifizierung 2004

Haus am Mühlenteich
AWO Schleswig-Holstein GmbH
Dr.-Julius-Stinde-Str. 1
D-23738 Lensahn — Erstzertifizierung 2002

Haus Buttendoor »Pflege im Alter«
Butendoor 11
D-24576 Bad Bramstedt
Tel.: 0 41 92/77 02 — Erstzertifizierung 2002

Haus Dorothee
Gerontopsychiatrische Einrichtung
Itzehoer Chaussee 62
D-24808 Jevenstedt
Tel.: 0 43 37/91 91 90 Erstzertifizierung 2005

Hauskrankenpflege Lahn-Dill
Bettina Lebershausen
Neuer Weg 2
D-35764 Sinn-Edingen
Tel.: 0 64 49/92 18 37 Erstzertifizierung 2004

»Gute Stube«, Altenzentrum St. Elisabeth
Biesenstr. 22
D-47137 Duisburg Erstzertifizierung 2005

Altenheim Montabauer
Dillstr. 1
D-56410 Montabauer Erstzertifizierung 2004

Altenpflegeheim Frankfurt
Lange Straße 10–16
D-60311 Frankfurt am Main Erstzertifizierung 2005

Otto und Anna Herold Altersheimstiftung Karlstadt
Rudolf-Glauber-Str. 26
D-97753 Karlstadt
Tel.: 0 93 53/98 31 00 Erstzertifizierung 2005

Luxemburg

»Maison de retraite Saint-François
2, rue de l'Hôpital
L-8509 Redange
L-6777 Grevenmacher Nachzertifizierung 2005

»Haaptmann's Schlass in Berbourg«
4, rue Brucherstross
L-6831 Berbourg Nachzertifizierung 2005

»Maison de retraite Saint Joseph«
37, rue Colmar-Berg
L-7525 Mersch Nachzertifizierung 2005

Österreich

Häuser zum Leben
Haus Rosenberg
Rosenhügelstr. 192
A-1130 Wien
Tel.: 01-8 88 63 81 — Erstzertifizierung 1997

Geriatriezentrum am Wienerwald
Demenzstation (Dr. Gatterer)
Jagdschlossgasse 59
A-1130 Wien — Erstzertifizierung 2000

Häuser zum Leben
Am Mühlengrund
»Betreuungsstation«
Breitenfurterstr.
A-Wien 23 — Erstzertifizierung 2005

Pflegeheim Stockerau
Landstr. 16
A-2000 Stockerau
PDL: Gertrude Spulak — Erstzertifizierung 1997

Haus Elisabeth Caritas St. Pölten
PDL Andreas Dockner
Unterwagramerstr. 46
A-3108 St. Pölten
Tel.: 0 27 42/25 71 22 — Erstzertifizierung 1999

Pflege- und Therapiezentrum Ybbs
Station 18, St. Sr Gertrude Richtsfeld
Station 18 A, St. Pflg. Josef Haberer
A-3370 Ybbs — Erstzertifizierung 2002

Pflegeheim Sonnenhof Linz
Sonnenpromenade 50
A-4040 Linz
Tel.: 07 32/77 13 41 — Erstzertifizierung 1998

Bez. Altenheim Gaspoldshofen
Klosterstr. 12
A-4673
Tel.: 07735/6561 — Erstzertifizierung 1998

LKH St. Veit Grafenhof
Frau Dir. Maria Wölfler
St. Veitstr. 46
A-5620 St. Veit/Pongau Erstzertifizierung 2003

Übergangspflege Tirol
Kampl Reinhard
Schmidtorgasse 5
A-6060 Hall in Tirol Erstzertifizierung 2002

KFJ Stiftung Zell am Ziller
PDL: Rainer Klaus
Gerlosstr. 5
A-6280 Zell am Ziller
Tel.: 0 52 82/22 39/14 Erstzertifizierung 1999

AH-Landeck 1 Stk Süd
Andreas Machac
Schulhausplatz 11
A-6500 Landeck Erstzertifizierung 2000

Johannes von Gott Pflegezentrum
(Stationen Barbara und Anna)
Kainbach 23
A- 8047 Graz
Tel.: 03 16/30 10 81 Erstzertifizierung 2005

Altenwohnheim Peinten
Peintenstr. 3
A-9800 Spittal/Drau
Tel.: 0 47 62/24 77 Erstzertifizierung 2001

AH Marienheim
Gmünderstr. 3
A-9800 Spittal/Drau
PDL: Sachs Ortner Eva
Tel.: 0 47 62/23 71 Erstzertifizierung 2000

Alten- und Pflegeheim Gmünd
Hintere Gasse 60
A-9853 Gmünd
PDL Christine Rabanser
Tel.: 0 44 47 32/2 23 10 Erstzertifizierung 2000

In Vorbereitung 2006
Übergangspflege Krankenhaus Zell am See
Anni Vogelreiter

Schweiz

AH Baumgarten Bettlach
CH-2544 Bettlach-Selzach
PDL: Hugi Heinz
Tel.: 0 326 45/21 11 Erstzertifizierung 2000

Dienstbotenheim/Oeschberg
Geschwister-Affolter-Stiftung
CH-3425 Koppingen Erstzertifizierung 2005

Martinsheim VISP
Gewerbestr. 7
CH-3930 Visp
Tel.: 02 79 48/36 00 Erstzertifizierung 2003

Alters- und Pflegeheim Frenkenbündten
Gitterlistr. 10
CH-4410 Liestal Erstzertifizierung 2006

Kooperationspartner Österreich

»wie daham«
Senioren- und Pflegezentren
Otto Scheiflinger, Elisabeth Zaminer
A- 9555 Glanegg 30

Kooperationspartner Deutschland

Heimerer Akademie
Sekretariat Frau Christiane Fleischer Schrott
Hohmannstr. 7 b
D-04129 Leipzig

Vitanas Akademie GmbH
Meranerstr. 1
D-12681 Berlin

AWO-Bezirksverband Rheinland e.V.
Dreikaiserweg 4
D-56068 Koblenz

Weiterführende Literatur

Amery, Jean: Über das Altern. Revolte und Resignation. Klett Verlag, Stuttgart 1968
Boetticher, Karl, W.: Aktiv im Alter. ECON, Düsseldorf 1975
Böhm, Erwin: Krankenpflege – Brücke in den Alltag. Psychiatrie-Verlag, Bonn 1985
Böhm, Erwin: Pflegediagnose nach Böhm. Recom Verlag, Basel 1989
Böhm, Erwin: Alte verstehen. Psychiatrie-Verlag, Bonn 1991
Böhm, Erwin: Ist heute Montag oder Dezember. Psychiatrie-Verlag, Bonn 1992
Böhm, Erwin: Verwirrt nicht die Verwirrten. 9. Aufl., Psychiatrie-Verlag, Bonn 1996
Böhm, Erwin: Video. RBS, Luxemburg 2000
Böhm, Erwin: Psychobiographisches Pflegemodell. Band 1. 2. Aufl. Maudrich Verlag, Wien 2001
Böhm, Erwin: Psychobiographisches Pflegemodell. Band 2. 2. Aufl. Maudrich Verlag, Wien 2002
Collange, Christiane: Ich bin doch kein Kind mehr. ECON, Düsseldorf 1991
Eibl-Eibesfeld, Irenäus: Liebe und Hass. Piper, München 1984
Fix und vierzig. Eine Studie des Max-Planck-Institutes für Psychiatrie 1992
Golman, Daniel: Emotionale Intelligenz. dtv, München 1997
Graber, Gustav, H.: Charaktertypen und ihre Schicksale in tiefenpsychologischer Sicht. Goldmann, München 1971
Großmann, Alois: Ich lasse mich nicht unterkriegen. Ariston, Genf/München 1992
Grün, Anselm: 50 Engel für die Seele. Herder, Freiburg/Breisgau 2000
Lütz, Manfred: Lebenslust. Pattloch Verlag, München 2002
Rauscher, Wilhelmine: Lust Unlust. Sensen Verlag, Wien 1984
Riemann, Fritz: Grundformen der Angst. Reinhardt Verlag, Basel 1992
Roth, Gerhard: Fühlen, Denken, Handeln. Suhrkamp, Frankfurt 2001
Schwinger, Silkle: Hurra wir leben länger. Orac, München 1998
Sieczka, Helmut, G.: Sich selbst erkennen. Felicitas 1988
Simon, Eva: Was mir gut tut, wenn's mir schlecht geht. Herder, Freiburg/Breisgau 2000